DIREITO CONSTITUCIONAL PORTUGUÊS

I

PAULO OTERO
Prof. Catedrático da Faculdade de Direito da Univ. de Lisboa

DIREITO CONSTITUCIONAL PORTUGUÊS

I

Identidade Constitucional

4.ª Reimpressão da edição de Abril de 2010

DIREITO CONSTITUCIONAL PORTUGUÊS - I

AUTOR
PAULO OTERO

EDITOR
EDIÇÕES ALMEDINA SA
Rua Fernandes Tomás, 76 a 80
3000-167 Coimbra
Tel.: 239 851 904
Fax.: 239 851 901
www.almedina.net
editora@almedina.net

IMPRESSÃO | ACABAMENTO
DPS - DIGITAL PRINTING SERVICES, LDA

Outubro, 2020

DEPÓSITO LEGAL
308082/10

Os dados e as opiniões inseridos na presente publicação
são da exclusiva responsabilidade do(s) seu(s) autor(es).

Toda a reprodução desta obra, por fotocópia ou outro qualquer
processo, sem prévia autorização escrita do Editor, é ilícita
e passível de procedimento judicial contra o infractor.

Biblioteca Nacional de Portugal – Catalogação na Publicação

OTERO, Paulo, 1963-

Direito constitucional
1º v. : Identidade constitucional. -   p.
ISBN 978-972-40-4149-0

CDU   342
      378

À Susana, com amor

e

À Olívia, com esperança

NOTA PRÉVIA

01. O presente *Direito Constitucional Português*, destinado aos alunos da cadeira de Direito Constitucional, versa exclusivamente sobre a Constituição de 1976: trata-se, neste sentido, de um manual sobre o Direito Constitucional vigente.

Cumpre-se, deste modo, um desejo manifestado por diversos alunos, ao longo de vários anos, e uma promessa assumida e, sucessivamente, adiada.

02. Adoptando-se uma metodologia que procura conjugar o texto da normatividade escrita que faz parte da Constituição "oficial" e, simultaneamente, uma vivência institucional que, num diálogo entre doutrina e jurisprudência, permite surpreender a existência, numa dimensão paralela, de uma normatividade integrante da Constituição "não oficial", o *Direito Constitucional Português* assenta em três vértices de análise:

– A determinação da identidade da Constituição (1.º volume);
– O recorte do modelo de organização política (2.º volume);
– Os termos de implementação da Constituição (3.º volume).

03. O *Direito Constitucional Português* que neste momento se publica tem duas particularidades subjectivas: é escrito por um jusadministrativista, reflectindo essa formação orientada para o Direito Administrativo em múltiplas das análises feitas ao longo do texto, e, por outro lado, corresponde ao pensamento por quem não foi constituinte (nem tinha idade, em 1975, para votar), nem exerce ou exerceu qualquer cargo em órgãos constitucionais, aumentando a distância emocional e o envolvimento pessoal com a matéria a analisar.

Nada disto exclui, óbvia e naturalmente, a existência de pré-compreensões e pressupostos ideológicos: não há trabalho que, no domínio das ciências sociais, seja axiologicamente neutro – todos os estudos de Direito (e os de Direito Constitucional, em particular) são comprometidos.

Os pressupostos ideológicos de partida encontram-se subjacentes aos alicerces do Estados de direitos humanos, tal como se encontram formulados nas nossas *Instituições Políticas e Constitucionais*, I vol., §9.º a §12.º.

04. Durante o tempo de redacção deste texto, tal como das aulas que ao longo de duas décadas tenho leccionado a milhares de alunos, nunca deixei de ter presente as três pessoas que me motivaram o gosto pelo Direito Constitucional:

- O *Prof. Doutor Jorge Miranda*, por cujo *Manual* iniciei o estudo do Direito Constitucional, meu Professor no Curso de Mestrado (1986/1987), de quem fui assistente durante vários anos (os melhores da vida académica), meu avaliador em todas as provas e concursos da minha carreira e, acima de tudo, um Amigo e um Exemplo de sabedoria sem arrogância, de dedicação universitária inexcedível e de liberdade científica;
- A memória do *Mestre Pe. Filipe Vieira*, responsável pelas aulas teóricas da minha turma de licenciatura, exemplo de uma vida dedicada ao serviço dos outros e com sacrifícios irreparáveis para a sua própria carreira académica;
- O *Mestre Ricardo Leite Pinto*, responsável pelas aulas práticas da minha subturma, recordo a serena sabedoria de uma já promissora autoridade científica e a infinita paciência que tinha para disciplinar um (já então) "contestatário" do pensamento dominante.

Lisboa, 8 de Dezembro de 2009.

PAULO OTERO

PLANO GERAL DA OBRA

Capítulo I – Identidade Constitucional

    Secção 1.ª – Identidade axiológica da Constituição
    Secção 2.ª – Identidade estrutural da Constituição
    Secção 3.ª – Identidade relacional da Constituição

Capítulo II – Organização do Poder Político

    Secção 1.ª – Princípios Fundamentais
    Secção 2.ª – Estruturas constitucionais da República
    Secção 3.ª – Estruturas políticas infra-estaduais

Capítulo III – Implementação da Constituição

    Secção 1.ª – Coordenadas da implementação da Constituição
    Secção 2.ª – Princípios gerais da actividade constitucional
    Secção 3.ª – Meios de implementação da Constituição

ELEMENTOS DE ESTUDO REFERENTES À CONSTITUIÇÃO DE 1976

(*a*) **Obras gerais**

AMARAL, Maria Lúcia
— *A Forma da República – Uma introdução ao estudo do Direito Constitucional*, Coimbra, 2005.
CANOTILHO, Gomes
— *Direito Constitucional*, 6.ª ed., Coimbra, 1993.
— *Direito Constitucional e Teoria da Constituição*, 6.ª ed., Coimbra, 2002.
CANOTILHO, Gomes; MOREIRA, Vital
— *Fundamentos da Constituição*, Coimbra, 1991.
CORREIA, Fernando Alves
— *Direito Constitucional – A Justiça Constitucional*, Coimbra, 2001.
GOUVEIA, Jorge Bacelar
— *Manual de Direito Constitucional*, 2 vols., 2.ª ed., Coimbra, 2007.
MIRANDA, Jorge
— *Direito Constitucional III – Direito Eleitoral e Direito Parlamentar*, AAFDL, Lisboa, 2003.
— *Manual de Direito Constitucional*, I, 8.ª ed., Coimbra, 2009; II, 6.ª ed., Coimbra, 2007; III, 5.ª ed., Coimbra, 2004; IV, 4.ª ed., Coimbra, 2008; V, 3.ª ed., Coimbra, 2004; VI, 3.ª ed., Coimbra, 2008; VII, Coimbra, 2007.
— *Teoria do Estado e da Constituição*, Coimbra, 2002.
MORAIS, Carlos Blanco de
— *Curso de Direito Constitucional*, I, Coimbra, 2008.
— *Justiça Constitucional*, I, 2.ª ed., Coimbra, 2006; II, Coimbra, 2005.
NOVAIS, Jorge Reis
— *Os Princípios Constitucionais Estruturantes da República Portuguesa*, Coimbra, 2004.
PINTO, Ricardo Leite; CORREIA, José de Matos; SEARA, Fernando Reboredo
— *Ciência Política e Direito Constitucional*, 4.ª ed., Lisboa, 2009.
QUEIROZ, Cristina
— *Direito Constitucional*, Coimbra, 2009.
SOUSA, Marcelo Rebelo de
— *Direito Constitucional*, I, Braga, 1979.

(b) **Obras colectivas**

AA.VV.
— *Estudos de Direito Regional*, ed. Lex, Lisboa, 1997.
— *Estudos sobre a Jurisprudência do Tribunal Constitucional*, Lisboa, 1993.
— *Legitimidade e Legitimação do Tribunal Constitucional*, Coimbra, 1995.
— *Nos 25 Anos da Constituição da República de 1976*, AAFDL, Lisboa, 2001.
— *20 Anos da Constituição de 1976*, Coimbra, 2000.
— *XXV Anos de Jurisprudência Constitucional Portuguesa*, Coimbra, 2009.
— *Themis – Revista da Faculdade de Direito da UNL – Edição Especial – 30 Anos da Constituição Portuguesa 1976-2006*, 2006.

BON, P. Le (org.)
— *Études de Droit Constitutionnel Franco- Portugais*, Paris, 1992
— *La Justice Constitutionnellle au Portugal*, Paris, 1989.

COELHO, Mário Baptista (coord.)
— *Portugal. O Sistema Político e Constitucional 1974/1987*, Lisboa, 1989.

MIRANDA, Jorge (org.)
— *Estudos sobre a Constituição*, I, Lisboa, 1977; II, Lisboa, 1978, II, Lisboa, 1979.
— *Nos Dez da Constituição*, Lisboa, 1987.
— *Perspectivas Constitucionais – Nos 20 Anos da Constituição de 1976*, I, Coimbra, 1996; II, Coimbra, 1997; III, Coimbra, 1998.

TEJADA, Javier Tajadura (coord.)
— *La Constitución Portuguesa de 1976 – Um estúdio académico treinta años después*, Madris, 2006.

TREMPS, Pablo Pérez (Coord.)
— *Jornadas Luso Españolas de Derecho Constitucional*, Mérida, 1999.

(c) **Dissertações de doutoramento publicadas**

ADRAGÃO, Paulo Pulido
— *A Liberdade Religiosa e o Estado*, Coimbra, 2002.

ALEXANDRINO, José Alberto de Melo
— *A Estrutura do Sistema de Direitos, Liberdades e Garantias na Constituição Portuguesa*, 2 vols., Coimbra, 2006.

AMARAL, Maria Lúcia Abrantes
— v. CORREIA, Maria Lúcia Amaral Pinto

BRITO, Miguel Nogueira de
— *A Justificação da Propriedade Privada numa Democracia Constitucional*, Coimbra, 2007.

CAMPOS, João Mota de
— *A Ordem Constitucional Portuguesa e o Direito Comunitário*, s.l., 1981.

CANOTILHO, Gomes
— *Constituição Dirigente e Vinculação do Legislador*, Coimbra, 1982.
CORREIA, Maria Lúcia Amaral Pinto
— *Responsabilidade do Estado e Dever de Indemnizar do Legislador*, Coimbra, 1998.
COUTINHO, Luís Pedro Pereira
— *A Autoridade Moral da Constitucional – Da Fundamentação da Validade do Direito Constitucional*, Coimbra, 2009.
CUNHA, Paulo Ferreira da
— *Constituição, Direito e Utopia*, Coimbra, 1996.
DUARTE, Tiago
— *A Lei por detrás do Orçamento – A questão constitucional da lei do orçamento*, Coimbra, 2006.
GOUVEIA, Jorge Bacelar
— *O Estado de Excepção no Direito Constitucional – entre a eficiência e a normatividade das estruturas de defesa extraordinária da Constituição*, 2 vols., Lisboa, 1998.
MACHADO, Jónatas
— *Liberdade de Expressão – Dimensões constitucionais da esfera pública no sistema social*, Coimbra, 2002.
MACHETE, Pedro
— *Estado de Direito Democrático e Administração Paritária*, Coimbra, 2007.
MARTINS, Afonso d'Oliveira
— *Le Revisión Constitucional y el Ordenamiento Portugués*, Lisboa-Madrid, 1995.
MARTINS, Margarida Salema d'Oliveira
— *O Princípio da Subsidiariedade em Perspectiva Jurídico-Política*, Coimbra, 2003.
MEDEIROS, Rui
— *A Decisão de Inconstitucionalidade – Os autores, o conteúdo e os efeitos da decisão de inconstitucionalidade da lei*, Lisboa, 1999.
MIRANDA, Jorge
— *A Constituição de 1976. Formação, Estrutura, Princípios Fundamentais*, Lisboa, 1978.
MONCADA, Luís S. Cabral de
— *Lei e Regulamento*, Coimbra, 2002.
MORAIS, Carlos Blanco de
— *As Leis Reforçadas – As leis reforçadas pelo procedimento no âmbito dos critérios estruturantes das relações entre actos legislativos*, Coimbra, 1998.
NABAIS, José Casalta
— *O Dever Fundamental de Pagar Impostos*, Coimbra, 1998.
NOVAIS, Jorge Reis
— *As Restrições aos Direitos Fundamentais não Expressamente Autorizadas pela Constituição*, Coimbra, 2003.

PIÇARRA, Nuno
— *O Inquérito Parlamentar e os seus Modelos Constitucionais – O caso português*, Coimbra, 2004.
PIRES, Francisco Lucas
— *Teoria da Constituição de 1976. A transição dualista*, Coimbra, 1988.
ROCHA, Joaquim Freitas da
— *Constituição, Ordenamento e Conflitos Normativos*, Coimbra, 2008.
SOUSA, Marcelo Rebelo de
— *Os Partidos Políticos no Direito Constitucional Português*, Braga, 1983.
URBANO, Maria Benedita
— *Representação Política e Parlamento – Contributo para uma teoria político-constitucional dos principais mecanismos de protecção do mandato parlamentar*, Coimbra, 2009.
VAZ, Manuel Afonso
— *Lei e Reserva de Lei – A causa da lei na Constituição Portuguesa de 1976*, Porto, 1992.

(*d*) **Comentários ou anotações à Constituição**

CANOTILHO, Gomes; MOREIRA, Vital
— *Constituição da República Portuguesa Anotada*, Coimbra, 1978; 2.ª ed., 2 vol.s, Coimbra, 1984; 3.ª ed., Coimbra, 1993; I, 4.ª ed., Coimbra, 2007.
MACEDO, Sílvio (Coord.)
— *A Constituição de 1976. Comentada e Ilustrada*, Guimarães, 2007.
MARTÍNEZ, Pedro Soares
— *Comentários à Constituição Portuguesa de 1976*, Lisboa, 1978.
MIRANDA, Jorge; MEDEIROS, Rui
— *Constituição Portuguesa Anotada*, I, Coimbra, 2005; II, Coimbra, 2006; III, Coimbra, 2007.
MORAIS, Isaltino; ALMEIDA, José Mário Ferreira de; PINTO; Ricardo Leite
— *Constituição da República Portuguesa, anotada e comentada*, Lisboa, 1983.
NADAIS, António; VITORINO, António; CANAS, Vitalino
— *Constituição da República Portuguesa. Texto e Comentário à Lei n.º 1/82*, Lisboa, 1982.
OTERO, Paulo (coord.)
— *Comentário à Constituição Portuguesa*, II, Coimbra, 2008; III, 1.º tomo, Coimbra, 2008.
PINHEIRO, António de Sousa; FERNANDES, Mário João
— *Comentário à IV Revisão Constitucional*, Lisboa, 1999.
SOUSA, Marcelo Rebelo de; ALEXANDRINO, José de Melo
— *Constituição da República Portuguesa. Comentada*, Lisboa, 2000.

(e) **Jurisprudência constitucional**

Acórdãos do Tribunal Constitucional, Lisboa, desde 1983.
FERREIRA, E. Paz; FERREIRA, R. Fernando; AMADOR, Olivio Mota
— *Textos de Jurisprudência Fiscal Constitucional*, 2 vols., Lisboa, 1996.
MIRANDA, Jorge (org.)
— *Jurisprudência Constitucional Escolhida*, 3 vol., Lisboa, 1997 e 1998.
MONJARDINO, Álvaro
— *As Autonomias Regionais em 10 Anos de Jurisprudência 1976-1986*, 2 vols., Horta, 1987.
Pareceres da Comissão Constitucional, 21 vols., INCM, Lisboa, 1976 a 1982.
PINHEIRO, Alexandre Sousa
— *Direito Constitucional – Elementos de estudo para as aulas práticas*, II, Lisboa, 2003.
PINHEIRO, Alexandre Sousa; LOMBA, Pedro
— *Direitos Fundamentais na Jurisprudência Constitucional: materiais de trabalho para aulas práticas*, AAFDL, Lisboa, 2006.

Ainda para consultar a jurisprudência constitucional portuguesa na internet:
— http://www.dgsi.pt/atco1
— http://www.tribunalconstitucional.pt/

(f) **Sítios da internet**

(1) *Órgãos de soberania*
— Presidente da República: http://www.presidencia.pt/
— Assembleia da República: http://www.parlamento.pt/
— Governo: http://www.portugal.gov.pt
— Tribunal Constitucional: http://www.tribunalconstitucional.pt/

(2) *Regiões Autónomas*
— Açores
— Assembleia legislativa da região autónoma: http://www.alra.pt/
— Governo regional: http://www.azores.gov.pt
— Madeira
— Assembleia legislativa da região autónoma: http://www.alram.pt
— Governo regional: http://www.gov-madeira.pt

(3) *Legislação*
— http://www.dre.pt/

CAPÍTULO I
Identidade Constitucional

SECÇÃO 1.ª
Identidade axiológica da Constituição

SEÇÃO 1ª

§1.º
A identidade axiológica da Constituição: introdução

1.1. Conceito de identidade axiológica da Constituição

I. Todas as Constituições pressupõem e traduzem uma determinada ordem de valores: não existem Constituições axiologicamente neutras[1].

Nem mesmo as Constituições liberais, dotadas de uma normatividade essencialmente orgânica, deixam de transmitir pelo seu silêncio uma determinada ordem de valores: o abstencionismo do Estado, a liberdade da sociedade e o individualismo dos direitos resultavam dessa ausência de normas.

A ordem de valores expressa pela Constituição, revelando sempre a concepção política dominante, traduz um traço identificativo do próprio texto constitucional: a cada Constituição corresponde uma determinada identidade axiológica.

A Constituição de 1976 não é aqui excepção: ela também comporta e revela uma ordem de valores que a caracteriza e identifica em termos axiológicos, sem, todavia, instituir um modelo de Estado identificado com um determinado e concreto projecto político ou ideológico[2].

II. Note-se, porém, que a identidade axiológica da Constituição não é uma realidade empírica, antes se configura como resultado de uma construção dogmática: trata-se, utilizando uma linguagem kantiana, de procurar encontrar uma "síntese do universo de conhecimentos"[3] que, partindo da nor-

---

[1] Não se mostra possível, por isso mesmo, a edificação de um conceito neutro de Direito Constitucional, cfr., neste sentido, por todos, Luís PEDRO PEREIRA COUTINHO, *A Autoridade Moral da Constituição – Da fundamentação da validade do Direito Constitucional*, Coimbra, 2009, pp. 581 ss.

[2] Cfr. GOMES CANOTILHO/VITAL MOREIRA, *Constituição da República Portuguesa Anotada*, Coimbra, 1978, p. 9.

[3] Cfr. IMMANUEL KANT, *Crítica da Razão Pura*, 4.ª ed., Edição da Fundação Calouste Gulbenkian, Lisboa, 1997, p. 116.

matividade constitucional, permita revelar um sistema de valores que atribua identidade à Constituição.

Há em todos os textos constitucionais uma pluralidade de elementos que, concatenados e ordenados, habilita extrair um sentido axiológico dotado de uma determinada "arquitectónica"[4]: esse todo surge, assim, como um sistema organizado e não um conjunto desordenado.

Ora, é esse sistema de valores emergente da Constituição que, conferindo-lhe uma específica identidade individualizadora e caracterizadora, se procura determinar na sua unidade e organização: os valores existentes num texto normativo são sempre dotados de uma ordenação e articulação que lhes confere um sentido unitário.

E é nessa unidade do sistema de valores resultante da normatividade constitucional, enquanto pura construção dogmática de origem doutrinal ou jurisprudencial, que se encontra o "rosto" identificativo da Constituição.

Neste sentido, a identidade axiológica da Constituição vai-se fazendo e nunca se encontra definitivamente feita: a "arquitectónica" do sistema de valores identificativos da Constituição está sempre aberta a futuros e melhores conhecimentos e à própria mutabilidade histórica[5], circunstâncias que, conferindo "autonomia evolutiva" à identidade constitucional[6], transmitem temporalidade e historicidade à própria identidade da Constituição.

III. A identidade axiológica da Constituição, revelando o conjunto de valores que emergem das suas normas e a permitem caracterizar como um todo sistemático, conferindo-lhe uma individualidade jurídica própria e autónoma, isto no sentido de a identificar em si (: identidade absoluta) e ainda por referência a outros textos constitucionais (: identidade relativa), projecta-se em quatro domínios nucleares:

(*i*) A ideia de Direito subjacente à ordem jurídica;
(*ii*) Os critérios teleológicos (fins) do projecto político;
(*iii*) O modelo de inserção externa do Estado;
(*iv*) A organização interna dos elementos do Estado.

---

[4] Cfr. IMMANUEL KANT, *Crítica*..., p. 657.

[5] Neste sentido, especificamente quanto ao sistema jurídico em geral, cfr. PAULO OTERO, *Legalidade e Administração Pública: o sentido da vinculação administrativa à juridicidade*, reimp., Almedina, Coimbra, 2007, p. 267.

[6] Cfr. JOÃO BAPTISTA MACHADO, *Participação e Descentralização, Democratização e Neutralidade na Constituição de 76*, Coimbra, 1982, p. 124, nota n.º 1.

Em cada um destes domínios, a normatividade constitucional torna possível extrair, por efeito de construção dogmática proveniente da doutrina ou dos tribunais, um conjunto de valores que permitem, no seu conjunto, traçar o perfil axiológico da Constituição.

IV. Tomando como referência de análise a Constituição de 1976, pode afirmar-se que, atendendo aos referidos domínios de projecção da ordem de valores, a sua identidade axiológica se expressa na seguinte síntese:

(*i*) A ideia de Direito reconduz-se a um *Estado de direitos humanos* (v. *infra*, §2.º);
(*ii*) Os critérios teleológicos do projecto político identificam-se com um *Estado de Direito democrático* (v. *infra*, §3.º);
(*iii*) O modelo de inserção externa do Estado configura um *Estado de soberania internacionalizada e europeizada* (v. *infra*, §4.º);
(*iv*) A organização interna dos elementos do Estado conduz a um *Estado unitário descentralizado* (v. *infra*, §5.º).

Cada uma destas "expressões-síntese" caracterizadoras do Estado Constitucional comporta no seu âmbito uma pluralidade de valores que, dotados de unidade e organização, traduzem no seu conjunto uma "arquitectónica" reveladora da identidade axiológica da Constituição de 1976: o elenco dos limites materiais de revisão constitucional, segundo resultam do artigo 288.º, desempenham aqui o papel de indícios reveladores de bens jurídico-constitucionais consubstanciadores da identidade da Constituição[7].

1.2. Identidade axiológica: efeitos e limites

I. A identidade axiológica da Constituição, além de revelar o sistema das coordenadas ideológicas subjacentes à Lei Fundamental, comporta três principais efeitos:

---

[7] Cfr. PETER HÄBERLE, *Verfassungsrechtliche Ewigkeitsklauseln als verfassungsstaatliche Identitätsgarantien*, in *Festschrift für Hans Haug*, Bern, 1987, pp. 81 ss.; RUI CHANCERELLE DE MACHETE, *A identidade da Constituição de 1976 e as suas diversas revisões*, in Themis – Revista da Faculdade de Direito da UNL – Edição Especial – 30 Anos da Constituição Portuguesa 1976-2006, 2006, em especial, pp. 64 ss.

Em sentido parcialmente diferente, considerando que podem existir limites materiais de revisão constitucional que não identificam a essência da Constituição material, cfr. JORGE MIRANDA, *Revisão constitucional*, in *Dicionário Jurídico da Administração Pública*, 2.º suplemento, Lisboa, 2001, p. 524.

(*i*) Determina, em primeiro lugar, um dever positivo de agir em conformidade: os aplicadores da Constituição têm de, no respeito pelas respectivas regras de competência, praticar todos os actos e tomar todas as providências no sentido de implementar, promover e garantir os valores em causa;

(*ii*) Envolve, em segundo lugar, um dever negativo ou proibição de agir: os aplicadores da Constituição não podem contrariar, violar ou colocar em risco tais valores;

(*iii*) Justifica, em terceiro lugar, a formulação de um princípio geral de interpretação da ordem jurídica infraconstitucional em conformidade com os valores que revelam a identidade da Constituição: entre dois (ou mais) sentidos de um enunciado jurídico, o intérprete ou aplicador deve sempre preferir aquele sentido que é mais próximo ou com maior amplitude garante os valores acolhidos pela Lei Fundamental.

II. Importa ter presente, no entanto, que, apesar de a Constituição expressar uma ordem de valores, pode bem suceder que não exista sempre uma perfeita harmonia axiológica, pois nunca se encontra garantida a ausência de conflitos entre diferentes valores: a identidade do todo não pode obnubilar as diferenças decorrentes de se estar perante a Lei Fundamental de uma sociedade plural, heterogénea e aberta[8], geradora de uma inerente complexidade da respectiva ordem axiológica[9].

Se é certo que a ordem de valores constitucional revela a identidade axiológica da Constituição, a verdade é que tais valores, algumas vezes fruto de "compromissos federativos"[10] entre diferentes forças políticas na génese do texto originário ou nos sucessivos processos de revisão constitucional, geram potenciais (ou efectivas) colisões ou conflitos entre valores.

Pode a identidade axiológica da Constituição ser passível, por conseguinte, de expressar valores entre si conflituantes e, por arrastamento, gerar

---

[8] Adoptando uma postura que, aderindo a Kelsen, refere ser difícil a compatibilidade entre a natureza aberta e plural das modernas sociedades democráticas e as posturas de cognitivismo ético fundamentadoras da validade do Direito, cfr. JOSÉ LAMEGO, *«Teleologia da Liberdade» e Conceito de Direito: a compreensão criticista da juridicidade como exigência de «constitucionalização» do ordenamento jurídico*, (dissertação de doutoramento na Universidade de Lisboa, inédita), Lisboa, 2001, p. 357.

[9] Cfr. PAULO OTERO, *Legalidade e Administração Pública*, pp. 250 ss.

[10] Expressão, usada no singular, de JOÃO BAPTISTA MACHADO, *Participação e Descentralização...*, pp. 123 e 126.

diferentes interpretações sobre o sentido, o alcance e a resolução de tais colisões axiológicas.

Mostra-se possível afirmar, porém, que existe um consenso mínimo quanto a dois aspectos metodológicos para ultrapassar potenciais conflitos axiológicos em torno da Constituição:

(*i*) Desde que os valores em causa tenham igual valia, isto é, não lhes tenha sido reconhecido um nível hierárquico diferenciado, qualquer colisão ou conflito nunca poderá conduzir a que um deles aniquile o outro: a ambos os valores constitucionais, segundo um processo ponderativo de concordância prática, deve sempre ser reconhecido um espaço mínimo de operatividade;

(*ii*) Se, pelo contrário, existir uma hierarquia entre os valores constitucionais em conflito, torna-se legítimo que o valor dotado de prevalência ou primado comprima ou, respeitado que seja o princípio da proporcionalidade, afaste qualquer espaço de operatividade ao valor com ele em colisão: a hierarquia entre valores faz sempre o mais fraco ceder perante o valor mais forte.

III. Sem prejuízo da questão em torno dos critérios de resolução das tensões ou antagonismos entre valores constitucionais, verifica-se que nas modernas sociedades há uma pluralidade de centros reveladores da ordem axiológica da Constituição: cada "revelador" – seja ele o legislador, a Administração Pública, os tribunais, a doutrina ou a própria sociedade civil – tem já delimitados espaços próprios de validade operativa das suas interpretações, verificando-se que o próprio Estado procura chamar a si a definição de regras de prevalência efectiva entre as diferentes interpretações.

Independentemente do contributo resultante da construção dogmática proveniente da doutrina, a existência de um sistema de fiscalização jurisdicional da constitucionalidade do Direito ordinário expressa, em última análise, a tentativa de prevalência decisória da interpretação constitucional feita pelos tribunais sobre o sentido último da ordem axiológica identificadora da Constituição: o Estado procurou confiar aos tribunais a última palavra na revelação (e garantia) da identidade axiológica da Constituição.

Resta mencionar, todavia, que a própria actividade dos tribunais reveladora da ordem de valores constitucional não está imune ao crivo crítico da doutrina: a ciência não se compadece com palavras dotadas de força obrigatória geral ou que tenham a autoridade pública de caso julgado; e a determinação da identidade axiológica da Constituição, apesar de ser passível de contar com a ajuda interpretativa dos tribunais, é na sua essência um problema dogmático da ciência jurídica e não o objecto de uma competência exercitável através de acto de autoridade do Poder político.

1.3. Evolução da identidade axiológica da Constituição

BIBLIOGRAFIA: PAULO OTERO, *Legalidade e Administração Pública*, pp. 418 ss., em especial, pp. 424 ss.; IDEM, *A erosão da Constituição de 1976: ainda existe a Constituição de 1976?*, in SÍLVIO MACEDO (Coord.), *A Constituição de 1976. Comentada e Ilustrada*, Liv. Ideal Editora, Guimarães, 2007, pp. 43 ss.

I. A identidade axiológica de uma Constituição é susceptível de evoluir, conhecendo diferentes fases e épocas, apesar de o seu texto escrito permanecer o mesmo: tal como o rosto do ser humano passa de criança a jovem, de jovem a adulto e de adulto a velho, sendo sempre a mesma pessoa, apesar de poder ter uma fisionomia como adulto ou velho em que sejam irreconhecíveis os seus traços fisionómicos de criança, também um texto constitucional dotado de longevidade pode sofrer diversas mutações na sua identidade axiológica.

Independentemente dos fenómenos de revisão constitucional, enquanto processos intencionais de modificação da Constituição, introduzindo alterações no quadro da ordem de valores vigente, observa-se que o simples decurso do tempo se mostra susceptível de alicerçar interpretações evolutivas e actualistas de um mesmo enunciado linguístico das normas constitucionais, tal como se revela passível de, por efeito de uma paulatina evolução, gerar diferentes desenvolvimentos constitucionais[11]: a ordem de valores identificadora de um texto constitucional pode, deste modo, sofrer alteração sem que ocorra qualquer modificação das suas normas escritas.

No limite, podem formar-se novos usos e novas práticas constitucionais que, invertendo tradicionais modos de interpretação e aplicação das normas escritas, gerem, desde que adquiram convicção de obrigatoriedade, normas constitucionais de natureza consuetudinária. Num tal cenário, estas novas normas constitucionais, tornando inaplicáveis as normas escritas com elas conflituantes, serão as normas portadoras de nova identidade axiológica da Constituição.

---

[11] Cfr. JORGE MIRANDA, *Manual...*, I, pp. 415 ss.; IDEM, *Manual...*, II, pp. 172-173.

Poderá suceder, numa hipótese de surgimento de novas normas consuetudinárias de natureza *contra constitutionem*, que, tornando inaplicáveis as normas escritas da "Constituição oficial", ocorra uma inversão (total ou parcial) da anterior ordem de valores constitucional: a identidade axiológica da Constituição terá sido substituída por uma nova identidade axiológica.

Nem será de excluir, numa tal hipótese, que a substituição da identidade axiológica corresponda a uma verdadeira mudança de Constituição material: a substituição da identidade axiológica torna-se então uma designação sinónima de transição constitucional.

II. Tomando como referência de análise a Constituição de 1976, verifica-se, desde o início da sua vigência até hoje, que também aqui ocorreu uma significa evolução da sua identidade axiológica.

Se exceptuarmos o domínio dos direitos fundamentais, do modelo constitucional originário resta muito pouco ou quase nada: a leitura do texto inicial da Constituição em matéria de princípios fundamentais, organização económica e organização do poder político é hoje um exercício de pura arqueologia jurídica.

O núcleo caracterizador da Constituição de 1976 foi sendo objecto de uma progressiva e paulatina erosão, permitindo observar que, sem embargo da amplitude das sucessivas revisões constitucionais[12], em sentido paralelo às normas da "Constituição oficial" se foi desenvolvendo uma prática informal interpretativa e aplicativa em sentido contrário que gerou uma "Constituição não oficial" com uma natureza subversiva do texto escrito. Muitas das revisões constitucionais limitaram-se a atestar o óbito de normas escritas que já se encontravam mortas pela sua total ausência de efectividade, substituídas que estavam por outras não escritas em sentido contrário e que eram objecto de aplicação com convicção de obrigatoriedade.

Três exemplos ilustram essa evolução normativa:

(i) A eliminação do princípio socialista – da inicial opção socialista da Constituição resta hoje apenas uma simples referência esquecida no Preâmbulo, nada tendo o texto actual que ver com a "transição para o socialismo" (artigos 2.º e 89.º, n.º 1), a "transformação numa sociedade sem classes" (artigo 1.º), o "desenvolvimento do processo

---

[12] Para uma discussão se mesmo as revisões constitucionais de 1982 e de 1989 terão produzido uma mudança da Constituição, cfr. MANUEL DE LUCENA, *Rever e romper (Da Constituição de 1976 à de 1989)*, in sep. *Revista de Direito e Estudos Sociais*, Ano XXXIII, n.os 1 e 2, 1991, pp. 1 ss.

revolucionário" (artigo 10.º, n.º 2) e das "relações de produção socialistas" (artigo 80.º), vinculado que estava então o Governo a definir e executar uma política com o objectivo da "construção do socialismo" (artigo 185.º, n.º 2);

(*ii*) A mitigação do princípio da soberania – por força da evolução do Direito Internacional e do processo de integração europeia, o originário modelo de Estado soberano encontra-se em processo de desconstrução, relativizando-se internamente a própria força normativa da Constituição: a globalização e a internacionalização das economias mundiais, dos meios de comunicação e informação, acompanhadas de uma crescente transferência de matérias constitucionais para a esfera decisória internacional e, por força de fenómenos de integração supranacional, igualmente para a União Europeia;

(*iii*) A reconfiguração do sistema de governo – a inicial centralidade da Assembleia da República e do Presidente da República, apesar de sujeitos à tutela militar do Conselho da Revolução, foi sendo substituída por um verdadeiro "presidencialismo de primeiro-ministro"[13], assistindo-se a uma amálgama entre uma "britanização" do sistema e um ressuscitar do centralismo político do chanceler da Constituição de 1933, fazendo do Governo o principal órgão legislativo e transformando o Primeiro-Ministro no eixo político definidor da orientação política governamental e, simultaneamente, desde que seja o líder da maioria parlamentar, da vontade decisória da Assembleia da República.

III. Em suma, os últimos trinta anos mostraram, independentemente da existência prévia de qualquer processo formal de revisão constitucional, que algumas das características iniciais da Constituição de 1976 foram esbatidas ou "apagadas", deixando o texto de assumir essa feição identificativa originária.

Uma tal mudança normativa foi acompanhada de uma inerente evolução axiológica: os valores que identificavam a versão inicial da Constituição de 1976 não são hoje os mesmos.

Por saber fica, no entanto, se a evolução axiológica ocorrida na identidade da Constituição terá sido suficiente para se dizer que, perdidas as feições

---

[13] Expressão utilizada, à luz da Constituição de 1976, por ADRIANO MOREIRA, *O Regime: Presidencialismo do Primeiro-Ministro*, in MÁRIO BAPTISTA COELHO (org.), *Portugal. Sistema Político e Constitucional 1974/87*, Lisboa, 1989, p. 36.

materialmente identificativas do texto inicial da Constituição, substituída essa materialidade por uma outra diferente, ocorreu um integral fenómeno de transição constitucional, isto é, a emergência de uma nova Constituição material, sem mudança da Constituição instrumental[14], ou, pelo contrário, há apenas um desenvolvimento constitucional, enquanto simples "reorientação do sentido da Constituição vigente"[15].

IV. Já antes se escreveu que, se exceptuarmos a Parte I, respeitante aos direitos fundamentais, da Constituição de 1976 resta hoje a designação formal e o preâmbulo, concluindo-se que só formalmente se poderá dizer que a Constituição é ainda a mesma: o decurso do tempo e as sucessivas revisões constitucionais, eliminando o princípio socialista e europeizando a soberania nacional, modificaram a identidade axiológica da Constituição.

Tal como um espelho ou uma máquina fotográfica que regista os traços fisionómicos de um rosto humano, de trinta em trinta anos, permite observar muito poucas semelhanças entre o rosto de hoje e o mesmo rosto trinta anos antes ou daqui a trinta anos, tornando muitas vezes totalmente inidentificável se se trata da mesma pessoa, igualmente o rosto presente da Constituição de 1976 pouco tem que ver com as suas "feições" há trinta anos e, certamente, ainda menos terá a ver com as "feições" daqui a trinta anos.

---

[14] Cfr. JORGE MIRANDA, *Manual...*, II, p. 170.
[15] Cfr. JORGE MIRANDA, *Manual...*, II, p. 172.

§2.º
Estado de direitos humanos

2.1. O conceito de Estado de direitos humanos

BIBLIOGRAFIA: PAULO OTERO, *Instituições Políticas e Constitucionais*, I, Reimp., Almedina, Coimbra, 2009, pp. 479 ss. e 525 ss.; IDEM, *Pessoa humana e Constituição: contributo para uma concepção personalista do Direito Constitucional*, in DIOGO LEITE DE CAMPOS/SILMARA JUNY DE ABREU CHINELLATO (coord.), *Pessoa Humana e Direito*, Almedina, Coimbra, 2009, pp. 349 ss.

(a) Os alicerces do Estado de direitos humanos

I. O Estado de direitos humanos é, em primeiro lugar, um Estado humano: trata-se de um modelo de sociedade política ao serviço da pessoa humana, fazendo de cada ser humano a razão justificativa do Estado e do Direito e justificando o propósito de construção de uma sociedade globalmente mais humana e solidária.

O imperativo constitucional de edificação de um Estado humano, identificado no artigo 1.º da Constituição com o empenho na "construção de uma sociedade livre, justa e solidária"[16], envolve a definição de tarefas ou incumbências fundamentais do Poder político no sentido de promover uma melhor dignificação de cada ser humano: os valores da liberdade, da justiça e da solidariedade tornam-se as "pedras angulares" do sistema constitucional de um Estado de direitos humanos.

II. O Estado de direitos humanos envolve, em segundo lugar, um Poder político humano, isto é, virando para a satisfação das necessidades colectivas

---

[16] Nas palavras do preâmbulo da Constituição fala-se em "construção de um país mais livre, mais justo e mais fraterno".

dos membros da sociedade, sejam elas imateriais (: a garantia das liberdades fundamentais) ou materiais (: a promoção do bem-estar e da qualidade de vida das pessoas), nunca podendo o interesse da colectividade ou interesse público ser entendido numa óptica totalitária, transpersonalista ou totalmente desprezível do ser humano como realidade que é, em si e por si, a razão de ser de todas as instituições políticas[17].

O artigo 266.º, n.º 1, da Constituição permite extrair que a prossecução do interesse público pelo Poder deve sempre ser feita no respeito pelas posições jurídicas subjectivas das pessoas: as noções de "bem comum da colectividade", "interesse geral da sociedade", "interesse público" ou "utilidade pública" não podem ser realidades alheias ou dotadas de um valor absoluto e, por essa via, automaticamente prevalecentes face ao ser humano e aos seus direitos.

Nestes termos, um Estado de direitos humanos envolve três postulados nucleares de vinculação do Poder político:

(i) O exercício do Poder não é uma prerrogativa ou um direito dos governantes sobre os governados, antes traduz um serviço daqueles a favor do bem comum dos governados: a realização do bem comum, traduzindo uma realidade ao serviço da salvaguarda dos direitos e deveres da pessoa humana, consubstancia a própria razão de ser dos poderes públicos[18];

(ii) O Poder tem de estar ao serviço da protecção dos mais fracos, dos mais débeis e necessitados da sociedade e nunca na garantia da prepotência e arbítrio dos mais fortes ou dos que mais podem: a igualdade de todos perante a lei não anula a sua articulação com a justiça e, parafraseando Santo Agostinho, um poder sem justiça nada mais é do que uma "quadrilha de ladrões"[19];

(iii) O Poder deve garantir a prevalência do ser sobre o ter, das pessoas sobre as coisas, da justiça sobre o arbítrio, da liberdade sobre a opressão, da razão sobre a força, da tolerância sobre a intolerância: a pessoa humana tem um primado absoluto sobre tudo quanto existe, pois todas as coisas só existem em função e por causa das pessoas[20].

---

[17] Nas sugestivas palavras da *Constituição Pastoral "Gaudium et Spes"*, de 7 de Dezembro de 1965, a "pessoa humana (...) é e deve ser o princípio, o sujeito e o fim de todas as instituições sociais" (n.º 25).

[18] Cfr. JOÃO XXIII, *Carta Encíclica «Pacem in Terris»*, de 11 de Abril de 1963, em especial, n.ºˢ 54, 55 e 60.

[19] Cfr. SANTO AGOSTINHO, *A Cidade de Deus*, Livro IV, Cap. IV (I vol., da edição da Fundação Calouste Gulbenkian, Lisboa, 1991, p. 383).

[20] Neste último sentido, cfr. *Constituição Pastoral "Gaudium et Spes"*, n.º 12.

III. O Estado de direitos humanos é, em terceiro lugar, um Estado de direitos fundamentais.

Trata-se, no entanto, de um modelo mais exigente de Estado de direitos fundamentais: o Estado de direitos humanos, apelando a uma dimensão material do conceito de direitos fundamentais, pode dizer-se que exclui o acessório e se concentra no essencial, isto é, nos direitos fundamentais ligados à natureza humana.

É na pessoa humana viva e concreta e na sua dignidade inviolável que o Estado de direitos humanos encontra o seu referencial axiológico nuclear: não pode ser reconhecida a todos os direitos fundamentais, por conseguinte, uma natureza idêntica – tal como o artigo 17.º da Constituição deixa indiciar, não há unicidade na natureza dos direitos fundamentais, antes se podem recortar direitos fundamentais com uma maior, uma menor ou uma total ausência de conexão com a pessoa humana e a sua dignidade.

Neste domínio, o Estado de direitos humanos, colocando num assumido nível inferior de protecção os direitos fundamentais que não se encontram conexionados (ou só muito remotamente) com a natureza humana e a sua dignidade, alicerça-se na garantia primordial dos direitos fundamentais ligados à pessoa humana, sem enjeitar as inerentes responsabilidades ao nível de tarefas ou incumbências fundamentais públicas, o respeito por deveres fundamentais e os correspondentes elevados custos financeiros.

(b) Estado de direitos humanos e tipos de sociedade política

IV. Em termos conceituais, tal como tivemos oportunidade de escrever[21], o Estado de direitos humanos é um modelo de sociedade política fundado no respeito pela dignidade da pessoa humana, na garantia e defesa da cultura da vida e na vinculação internacional à tutela dos direitos fundamentais, possuindo normas constitucionais dotadas de eficácia reforçada, um poder político democrático e uma ordem jurídica axiologicamente justa.

A verdade, porém, é que o Estado de direitos humanos é sempre um modelo incompleto, aberto e imperfeito de sociedade política ao serviço do ser humano.

O processo de edificação de um Estado de direitos humanos nunca está encerrado, nem definitivamente adquirido: o aprofundamento do estatuto constitucional da pessoa humana viva e concreta e da sua inalienável dignidade é um desafio cada dia colocado ao Poder e à sociedade.

---

[21] Cfr. PAULO OTERO, *Instituições*..., I, pp. 541 ss.

Se é certo que, desde meados do século XX, o processo histórico tem revelado sinais de uma progressiva afirmação de uma consciência geral e tendencialmente universal sobre o valor da dignidade da pessoa humana, a verdade é que, sem prejuízo de alguns obscurecimentos, recuos e até graves atentados nas últimas décadas, existem sempre novos riscos, novos perigos e novos desafios: o Estado de direitos humanos nunca é uma conquista irreversível e a sua edificação e aprofundamento recomeçam sempre cada novo dia.

V. Mostra-se possível recortar, atendendo aos elementos integrantes do conceito de Estado de direitos humanos, três diferentes tipos de sociedades políticas:

(*i*) As sociedades que *não são Estados de direitos humanos*, significando isto que não se encontram alicerçadas no respeito pela dignidade da pessoa humana, nem promovem a garantia e defesa da cultura da vida;

(*ii*) Em sentido radicalmente contrário, as sociedades que são *Estados de direitos humanos perfeitos ou completos*, pois reúnem todos os seis elementos integrantes do conceito:
– Respeito pela dignidade da pessoa humana;
– Garantia e defesa da cultura da vida;
– Vinculação internacional à tutela dos direitos fundamentais;
– Eficácia reforçada das normas constitucionais;
– Poder político democrático;
– Ordem jurídica axiologicamente justa;

(*iii*) Entre as duas anteriores situações, podemos encontrar sociedades que são *Estados de direitos humanos imperfeitos ou incompletos*, traduzindo casos em que, verificando-se os dois elementos essenciais (: respeito pela dignidade da pessoa humana e garantia e defesa da cultura da vida), se regista também a presença de alguns dos quatro restantes elementos integrantes do conceito.

Tomando como base de análise as situações identificadas, observemos, à luz da Constituição de 1976, se Portugal é um Estado de direitos humanos.

2.2. Respeito pela dignidade da pessoa humana

BIBLIOGRAFIA: José de Melo Alexandrino, *A Estruturação do Sistema de Direitos, Liberdades e Garantias na Constituição Portuguesa*, II, Coimbra, 2006, pp. 279 ss., 309 ss. e 563 ss.; Idem, *Perfil constitucional da dig-

nidade da pessoa humana: um esboço traçado a partir da variedade de concepções, in *Estudos em Honra do Professor Doutor José de Oliveira Ascensão*, I, Coimbra, 2008, pp. 481 ss.; Vasco Duarte de Almeida, *Sobre o valor da dignidade da pessoa humana*, in *Revista da Faculdade de Direito da Universidade de Lisboa*, 2005, pp. 623 ss.; Maria Lúcia Amaral, *A Forma da República*, pp. 162 ss.; José de Oliveira Ascensão, *A dignidade da pessoa e o fundamento dos direitos humanos*, in *Revista da Ordem dos Advogados*, Ano 68, 2008, pp. 97 ss.; Jorge Miranda, *A Constituição de 1976*, pp. 348 ss.; Idem, *Manual...*, IV, pp. 194 ss.; Franck Moderne, *La dignité de la personne comme príncipe constitutionnel dans les Constitutions portugaise et française*, in Jorge Miranda (org.), *Perspectivas Constitucionais – Nos 20 anos da Constituição de 1976*, I, Coimbra, 1996, pp. 197 ss.; Jorge Reis Novais, *Os Princípios Constitucionais...*, pp. 51 ss.; Paulo Otero, *Instituições...*, I, pp. 545 ss.; Idem, *Direito da Vida – Relatório sobre o programa, conteúdos e métodos de ensino*, Coimbra, 2004, pp. 78 ss. e 125 ss.

(a) Dignidade da pessoa humana e vontade popular: o fundamento

I. A Constituição de 1976 proclama, enquanto base primeira da República e, neste sentido, fundamento último do poder político nela instituído, a dignidade da pessoa humana.

O artigo 1.º da Constituição, conferindo precedência à dignidade humana sobre a soberania popular, acolhe quatro tradições axiológicas em torno do sentido conceptual da dignidade humana:

(*i*) O contributo da ordem de valores judaico-cristã, fazendo de cada pessoa humana um ser criado à imagem e semelhança de Deus[22], dotado de um valor sagrado e, por isso, único;

(*ii*) A concepção renascentista de Pico della Mirandola[23] que, reconhecendo a cada pessoa a capacidade de determinar o seu próprio destino, relaciona a liberdade e a soberania da vontade do ser humano;

(*iii*) O pensamento kantiano[24], sublinhando que a pessoa é sempre um fim em si mesma, não podendo ter preço e nunca sendo válida a sua transformação ou degradação em simples meio, coisa ou objecto;

---

[22] Cfr. Gen. I, 26 e 27.

[23] Cfr. Giovanni Pico Della Mirandola, *Discurso Sobre a Dignidade do Homem*, edições 70, Lisboa, 1998, p. 51.

[24] Cfr. Immanuel Kant, *Fundamentação da Metafísica dos Costumes*, ed. Porto Editora, Porto, 1995, pp. 66 ss.; Idem, *La Metafísica de las Costumbres*, 3.ª ed., ed. Tecnos, Madrid, 1999, em especial, pp. 299 ss.

(*iv*) O movimento existencialista que, aproveitando a ideia de Hegel sobre o conceito de homem determinado[25], sublinha que não se trata de um conceito abstracto ou transpersonalista de pessoa humana, antes a dignidade humana tem sempre como referencial cada ser humano vivo e concreto[26].

II. A assinalada precedência no artigo 1.º da dignidade humana sobre a vontade popular não pode fazer esquecer, no entanto, que reside ainda na dignidade humana o fundamento da relevância da vontade popular: é pelo facto de cada pessoa humana ter dignidade que emerge o direito de tomar parte activa na vida pública[27], pois "uma sociedade fundada exclusivamente na força não deve denominar-se humana" [28], e, por outro lado, é pela circunstância de todas as pessoas humanas terem a mesma dignidade que a soberania popular se baseia no postulado "um homem, um voto".

A precedência constitucional da dignidade humana sobre a soberania popular, configurando esta última como emanação daquela, torna claro, num outro sentido, que a Constituição nunca habilita ou legítima um exercício da soberania popular violador da dignidade humana: a democracia resulta do respeito pela dignidade humana e está subordinada ao respeito por essa mesma dignidade, nunca se podendo "rebelar" contra o respeito devido à dignidade da pessoa humana.

A dignidade humana é o fundamento, o limite e o critério da relevância constitucional da soberania popular: a Constituição institui um modelo de democracia humana[29], revelando que se a democracia atentar contra a dignidade de cada pessoa humana viva e concreta nega o seu próprio fundamento de existência.

Nestes termos, a luta pela dignificação de cada ser humano, enquanto sentido último da evolução da História, é também a luta por uma democracia axiologicamente comprometida com a pessoa humana: esse é o propósito de uma República baseada no respeito pela dignidade da pessoa humana.

---

[25] Cfr. HEGEL, *A Razão na História – Introdução à Filosofia da História Universal*, edições 70, Lisboa, 1995, p. 77.

[26] Cfr. SÖREN KIERKEGAARD, *Ponto de Vista Explicativo da Minha Obra de Escritor*, Edições 70, Lisboa, 2002, em especial, p. 116 ss.; IDEM, *Desespero – A Doença Mortal*, Rés-Editora, Lisboa, 2003, p. 142; IDEM, *El Concepto de la Angustia*, Alianza Editorial, Madrid, 2007, em especial, p. 249.

[27] Cfr. JOÃO XXIII, *Carta Encíclica «Pacem in Terris»*, n.ºs 26 e 73.

[28] Cfr. JOÃO XXIII, *Carta Encíclica «Pacem in Terris»*, n.º 34.

[29] Sobre o conceito de democracia humana, cfr. PAULO OTERO, *Instituições...*, I, pp. 424 ss. e 599 ss.

III. O respeito pela dignidade da pessoa humana, sendo uma categoria axiológica de vinculação subjectiva do Poder (: dimensão vertical), de todas as pessoas nas suas relações entre si (: dimensão horizontal) e ainda de cada ser humano perante si próprio (: dimensão auto-referencial), não resulta de uma qualquer forma de auto-subordinação ao Poder, nem traduz o resultado de um simples reconhecimento jurídico-positivo: a dignidade humana e o seu respeito universal decorrem da própria natureza do ser humano como entidade racional que se impõe como realidade anterior e superior ao Estado e ao Direito.

A dignidade da pessoa humana é hoje um dogma de confluência da consciência jurídica universal, uma síntese da ordem de valores historicamente geradora da civilização ocidental e, por essa via, um princípio de *ius cogens* dotado de valor e força jurídica supraconstitucional: não é a Constituição que impõe o respeito pela dignidade da pessoa humana ao sistema jurídico, ao Poder político e aos membros da sociedade, antes é a dignidade da pessoa humana que, autonomamente, se impõe à Constituição, hetero-subordinando-a, vinculando o sistema jurídico, a vontade do Poder e dos membros da sociedade.

(b) A dignidade da pessoa humana como obrigação universal

IV. Uma vez que a dignidade da pessoa humana tudo e todos submete à sua imperatividade, pode dizer-se que existe aqui, neste domínio específico, uma obrigação universal de respeito, garantia, protecção e promoção da dignidade humana:

(*i*) O ser humano nunca pode ser tratado com indignidade, antes goza de um direito a não sofrer indignidades ou a não suportar atentados à sua dignidade;

(*ii*) A ninguém é lícito praticar, colaborar ou exigir de terceiro a prática de actos que atentem contra a sua própria dignidade ou a dignidade de qualquer ser humano: a todos é reconhecido o direito e o dever fundamentais de não colaborar, participar ou praticar actos violadores da dignidade humana;

(*iii*) A dignidade humana e o seu respeito são realidades indisponíveis, nunca podendo ser objecto de renúncia ou alienação pelo próprio, nem habilitação para o efeito por parte do Estado: o respeito pela dignidade humana é um direito fundamental e, simultaneamente, um dever fundamental de todos em relação aos outros e a si próprio, encontrando-se o Estado vinculado ao dever de remover todos os obstáculos que impeçam ou dificultem a sua máxima efectividade;

(*iv*) Apesar de todos os seres humanos terem a mesma dignidade, segundo um postulado de igualdade na dignidade de todos os homens[30], existe um reforçado dever de protecção da dignidade daqueles seres humanos que se encontram em situações mais débeis, precárias ou que nem tenham consciência ou possibilidade de reivindicação de respeito pela sua dignidade;

(*v*) A dignidade humana exige um núcleo de direitos e deveres fundamentais essenciais a cada ser humano: desde direitos e deveres pessoais (v.g., a vida, a integridade pessoal, a liberdade, o desenvolvimento da personalidade, a identidade e cidadania, a constituição de família, a reserva da vida privada e familiar, a propriedade privada, a protecção legal) até direitos e deveres sociais que permitam existir e viver em condições materiais condignas (v.g., um rendimento mínimo que permita satisfazer necessidades básicas, protecção da saúde, o acesso à educação e à cultura), isto sem esquecer os direitos e deveres políticos (v.g., participação política, sufrágio);

(*vi*) A promoção da dignidade humana, se se mostra susceptível de habilitar um modelo de Estado de bem-estar, criando tarefas fundamentais para o Poder político no domínio dos direitos sociais destinados à satisfação prestacional de necessidades básicas do ser humano, postula também uma limitação da intervenção pública sobre as pessoas, as famílias, a sociedade e a economia: o respeito pela dignidade humana exige que a intervenção do Poder político se encontre subordinada ao princípio da subsidiariedade;

(*vii*) Os atentados contra a dignidade humana, desumanizando e degradando sempre a condição de quem os pratica, nunca podem assumir relevância positiva, constituir fonte de precedentes ou merecer qualquer tutela da confiança: as violações mais graves da dignidade humana e do dever de respeito e protecção dessa mesma dignidade têm de ser criminalizados pelo Estado e é imprescritível o ressarcimento dos inerentes danos;

---

[30] Para uma formulação deste postulado, sem prejuízo da tradição oriunda do cristianismo, cfr. SAMUEL PUFENDORF, *Of The Law of Nature and Nations*, Oxford, 1703 (disponível in http://oll.libertyfund.org/Intros/Pufendorf.php), Liv. I, Cap. II, pp. 174 ss.; IDEM, *De los Deveres del Hombre y del Ciudadano Según da Ley Natural, em Dos Libros*, ed. Centro de Estudios Políticos y Constitucionales, Madrid, 2002, Liv. I, Cap. VII, pp. 59 ss.

(*viii*) A obrigação universal de respeito, garantia, protecção e promoção pela dignidade humana determina ainda que, em situações de dúvida sobre a interpretação ou a solução integrativa de um enunciado jurídico, se prefira sempre o sentido mais conforme ou que melhor reforce a tutela da dignidade humana: *in dubio pro dignitate*;

(*ix*) O respeito pela dignidade humana é uma obrigação universal dotada de valor absoluto, nunca passível de derrogação, limitação ou relativização face a outros princípios, valores, interesses ou bens constitucionais: salvo tratando-se de uma situação concorrente ou conflitual, envolvendo a necessidade de garantir um espaço de operatividade a outras pretensões igualmente fundadas na dignidade humana, estamos sempre diante de um critério seguro de resolução automática de quaisquer antinomias ou colisões normativas, sabendo-se que a solução normativa amparada ou melhor conexionada com a dignidade humana tem prevalência aplicativa;

(*x*) O respeito pela dignidade humana pode sempre servir de fonte geradora de deveres fundamentais, justificação de restrições e limitações a quaisquer outros direitos fundamentais, sendo ainda critério aferidor da validade de quaisquer intervenções públicas ou privadas envolvendo direitos humanos.

V. A existência de um verdadeiro Estado de direitos humanos encontra no respeito da dignidade da pessoa humana o seu primeiro pressuposto: não há Estado de direitos humanos sem um Poder político que garanta, proteja e promova a dignidade humana.

A dignidade humana torna-se, neste sentido, o fundamento último da existência e do exercício do Poder político: a ideia de prossecução do interesse público e a noção de interesse geral da colectividade subordinam-se ao respeito pela dignidade humana

Deste modo, num Estado de direitos humanos nunca pode existir prossecução legítima do interesse público ou de qualquer interesse geral ou colectivo sem respeito pela dignidade da pessoa humana.

O Estado de direitos humanos é, por isso, e antes de tudo, um Estado de dignidade humana: esse é o sentido último do artigo 1.º da Constituição.

2.3. Garantia e defesa da cultura da vida

BIBLIOGRAFIA: PAULO OTERO, *Instituições...*, I, pp. 575 ss.; IDEM, *Direito da Vida*, pp. 128 ss.

I. A existência de um Estado de direitos humanos exige, enquanto pressuposto estruturante, além do respeito pela dignidade da pessoa humana, a garantia e defesa da cultura da vida.

E uma cultura da vida envolve quatro postulados centrais:

(*a*) A inviolabilidade da vida humana;
(*b*) O livre desenvolvimento da personalidade;
(*c*) A vinculação teleológica da investigação científica e tecnológica ao serviço do ser humano;
(*d*) A solidariedade.

(a) Inviolabilidade da vida humana

II. A inviolabilidade da vida humana, traduzindo a primeira condição de respeito por uma cultura da vida, encontra-se proclamada no artigo 24.°, n.° 1, da Constituição – curiosa e sintomaticamente, o primeiro dos artigos do título referente aos direitos, liberdades e garantias.

Envolve a inviolabilidade da vida humana, segundo o postulado decorrente de uma interpretação que conduza à máxima efectividade dos preceitos constitucionais respeitantes a direitos fundamentais, as seguintes principais decorrências:

(*i*) A inviolabilidade, traduzindo uma proibição de qualquer forma de violação, refere-se a toda a vida humana, antes ou depois do nascimento, desde o seu primeiro instante, coincidente com a concepção, até ao seu derradeiro momento: a vida humana nunca poderá ser arbitrariamente violada;

(*ii*) A inviolabilidade da vida humana compreende:
– O dever de conservar a vida já nascida;
– O dever de permitir o desenvolvimento normal de todas as manifestações de vida humana;
– O dever de criar e desenvolver condições que permitam uma vida humana condigna e saudável;

(*iii*) O Estado, a sociedade e cada um de nós é destinatário do comando que determina a inviolabilidade da vida humana: o direito fundamental à inviolabilidade da vida humana envolve a tarefa pública fundamental e o dever fundamental de garantir, defender e proteger a vida humana;

(*iv*) A lesão à inviolabilidade da vida humana tanto pode resultar de um comportamento por acção, agindo-se contra a proibição de violação, como da omissão de um dever de agir, deixando-se de fazer aquilo que se impunha para garantir, defender ou proteger a vida humana: a inviolabilidade da vida humana é um direito e um dever fundamental de todos e de cada um;

(*v*) A tutela da inviolabilidade da vida humana, expressando um corolário da obrigação geral de respeito pela dignidade do ser humano, não pode ser discriminatória: todas as formas de vida humana, independentemente da sua idade, condição ou estádio de desenvolvimento, têm direito à protecção, defesa e garantia do Estado e de todas as restantes pessoas;

(*vi*) Poderá mesmo formular-se, à luz da especial protecção que deverá ser conferida aos mais débeis e fracos num Estado de direitos humanos, o princípio geral de que quanto mais precária for a manifestação de vida humana maior deverá ser o grau de protecção conferido pela ordem jurídica;

(*vii*) A inviolabilidade da vida humana se, por um lado, exclui a pena de morte, exige, por outro, sem embargo do lugar próprio das causas de justificação e de desculpabilidade, a obrigatoriedade de incriminação de todas as condutas reveladoras de privação arbitrária da vida humana e cria também uma proibição de descriminalizar tais condutas ou de as sujeitar a regras de prescrição;

(*viii*) Não é constitucionalmente possível um retrocesso arbitrário no nível já alcançado de protecção legislativa da inviolabilidade da vida humana: atingindo um determinado grau ou patamar de protecção da vida humana, o legislador não goza de liberdade conformadora para reduzir, suspender ou suprimir esse nível já atingido de inviolabilidade da vida humana;

(*ix*) A inviolabilidade da vida humana, conduzindo a uma postura metodológica de interpretação e aplicação das normas à luz da sua máxima efectividade, faz emergir o princípio *in dubio pro vitae*: trata-se de um critério de resolução de antinomias ou de dúvidas jurídicas, impondo sempre a solução que se mostre mais favorável, generosa ou ampliativa à salvaguarda e garantia da vida humana;

(x) Toda a violação arbitrária da vida humana ou a simples permissão dessa violação gera sempre um dever de indemnizar: a imprescritibilidade de tais atentados à inviolabilidade da vida humana determina, por inerência, que essas situações de responsabilidade civil não se encontrem sujeitas a prazos de prescrição.

(b) Livre desenvolvimento da personalidade

III. O livre desenvolvimento da personalidade, genericamente consagrado no artigo 26.º, n.º 1, da Constituição, encontra na liberdade o sentido unificador dos direitos do ser humano como pessoa, funcionando como pressuposto da formação e respeito da identidade de cada um: o livre desenvolvimento da personalidade surge, neste sentido, como uma cláusula residual de direitos ou manifestações de liberdade individual.

A afirmação de um princípio geral de liberdade envolve, por consequência, o reconhecimento de um direito à diferença de cada pessoa humana na sua maneira de ser, pensar e agir, enquanto realidade única, irrepetível e infungível: o livre desenvolvimento da personalidade determina o respeito pela autonomia de cada ser humano na formação da sua individualidade, na exploração das potencialidades das suas forças e talentos, na arbitrariedade da escolha de todas as opções e na configuração do seu modo de vida.

IV. Há na ideia de desenvolvimento da personalidade, paralelamente, a expressão da dinâmica evolutiva da individualidade do ser humano até ao seu derradeiro momento de vida, podendo conformar ou modelar a sua própria existência: o livre desenvolvimento da personalidade traduz a ideia de Ortega y Gasset de que a vida é uma possibilidade sempre aberta – "viver é constantemente decidir o que vamos fazer"[31] e a garantia do livre desenvolvimento da personalidade assegura a cada ser humano a possibilidade de, configurando ou moldando livremente a sua existência, escolher o seu próprio ser[32].

V. Num outro sentido, uma vez que não há ser humano sem personalidade, capacidade, liberdade e direitos de personalidade nas suas relações com o Poder e as demais pessoas, o livre desenvolvimento da personalidade serve ainda de critério teleológico de interpretação e aplicação dos direitos da pessoa como pessoa.

---

[31] Cfr. JOSÉ ORTEGA Y GASSET, *Qué es Filosofía?*, 13.ª ed., Madrid, 2005, pp. 227 e 243-244.

[32] Cfr. JOSÉ ORTEGA Y GASSET, *El Hombre y la Gente*, 8.ª ed., Madrid, 2003, p. 51.

(c) Vinculação teleológica da investigação científica e tecnológica

VI. A vinculação teleológica da investigação científica e tecnológica ao serviço do ser humano, enquanto expressão de uma cultura de vida, encontra hoje expresso acolhimento no artigo 26.º, n.º 3, da Constituição, traduzindo o primado do interesse e do bem da pessoa humana, viva e concreta, sobre qualquer interesse da ciência, da técnica e da sociedade: a razão de ser da ciência e da técnica encontra-se no ser humano e não o inverso.

A cultura da vida impõe, na sequência do pensamento kantiano, que, configurando-se o ser humano como um fim em si mesmo e nunca como simples meio, é a ciência e a técnica que estão ao serviço da pessoa humana e não a pessoa que se encontra ao serviço da ciência ou da técnica.

A Constituição, acolhendo uma dimensão ética centrada na prevalência dos interesses e do bem de cada ser humano vivo e concreto sobre o desenvolvimento e a utilização da técnica e a experimentação científica, afasta as concepções utilitaristas, as visões transpersonalistas da colectividade ou as ideias de interesse superior da ciência e da técnica: o Estado de direitos humanos é um Estado fundado numa ética humana.

(d) Solidariedade

VII. A solidariedade é, por último, uma manifestação da cultura da vida própria de um Estado de direitos humanos, determinando sempre uma exigência de justiça social que dignifique a pessoa humana: sem solidariedade a vida humana é menos digna e sem dignidade a solidariedade é desumana.

A solidariedade, sendo um valor regulador das relações internacionais entre Estados e um postulado do relacionamento entre os seres humanos acolhido pelo artigo 1.º da Declaração Universal dos Direitos do Homem, surge também como princípio constitucional:

(i) O Estado contra-se, nos termos do artigo 1.º da Constituição, empenhado na construção de uma sociedade solidária, configurando-se a solidariedade como valor ou critério teleológico de actuação dos Poderes públicos nas suas relações com as pessoas e, paralelamente, como propósito público de promoção e incentivo entre os membros da sociedade civil[33];

---

[33] Neste último domínio se integra, por exemplo, a protecção e regulação da adopção (artigo 36.º, n.º 7), enquanto manifestação de solidariedade a nível intrafamiliar.

(ii) É no valor da solidariedade que se alicerça a cláusula constitucional de bem-estar (artigos 9.°, alínea d), e 81.°, alínea a)), enquanto garantia de uma existência condigna inerente à própria dignidade humana, e o sistema fiscal, visando uma justa repartição dos rendimentos e da riqueza (artigo 103.°, n.° 2), torna-se um instrumento privilegiado de implementação da justiça social;
(iii) Igualmente ao nível da garantia de um ambiente de vida humano, o princípio da solidariedade exige a salvaguarda de um aproveitamento racional dos recursos naturais, respeitando-se a situação das gerações vindouras (artigo 61.°, n.° 2, alínea d)).

A solidariedade revela-se, neste sentido, um comando vinculativo da actuação dos Poderes públicos, impondo-lhes a adopção e a execução de políticas implementadoras de um modelo de sociedade baseado na justiça social, e, simultaneamente, um imperativo ético no relacionamento entre todos os membros da sociedade, segundo o entendimento de que o eu existe sempre em função do outro[34] e nele encontra uma remissão para o próprio eu[35], tornando-se aquele um "eu análogo"[36].

VIII. Procurando indagar as raízes históricas desta solução constitucional, verifica-se que a consagração do valor da solidariedade permite afirmar que a Constituição de 1976 acolhe o entendimento judaico-cristão pelo qual a cada homem é confiado o encargo de velar pelos restantes, segundo uma dimensão relacional que faz de todo o homem "guarda do seu irmão"[37], ou, numa formulação própria do estoicismo romano, regista-se aqui a partilha de uma concepção nos termos da qual "os homens nasceram uns para os outros"[38], sendo gerados "para serem úteis uns aos outros"[39], neste contexto se fundando a solidariedade entre os seres humanos e os inerentes imperativos vinculativos do Poder[40].

---

[34] Neste sentido, cfr. JOSÉ ORTEGA Y GASSET, El Hombre..., p. 110.
[35] Neste sentido, cfr. JOSÉ ORTEGA Y GASSET, El Hombre..., p. 128.
[36] Cfr. JOSÉ ORTEGA Y GASSET, El Hombre..., p. 128.
[37] Cfr. Gn 4,9. Desenvolvendo esse entendimento a mais recente doutrina social da Igreja, cfr. JOÃO PAULO II, Carta Encíclica «Evangelium Vitae», de 25 de Março de 1995, n.° 19.
[38] Cfr. MARCO AURELIO, Meditaciones, Alianza Editorial, 5.ª reimp., Madrid, 2005, liv. VIII-59, p. 120.
[39] Cfr. CÍCERO, Os Três Livros de Cicero sobre as Obrigações Civis traduzidos em língua portugueza, 2.ª ed., Typographia Rollandiana, Lisboa, 1825, Liv. I, Cap. 6 (p. 13).
[40] Para mais desenvolvimentos, cfr. PAULO OTERO, Instituições..., I, pp. 456 ss.

(e) Vinculação do Poder e incumprimento

IX. Como resultado dos valores constitucionais decorrentes da garantia e defesa da cultura da vida, o Estado de direitos humanos ganha efectividade, assumindo-se como um genuíno Estado de cultura da vida, significando isto que a Constituição impõe cinco principais obrigações ao Poder:

(*i*) O dever de garantir a vida humana;
(*ii*) O dever de não atentar contra a vida humana;
(*iii*) O dever de proteger a vida humana;
(*iv*) O dever de promover a vida humana;
(*v*) O dever de educar a favor da vida humana.

X. A observação do Código Penal vigente, distorcendo a ponderação devida entre o ser e o ter, por um lado, e a permissão da interrupção voluntária da gravidez nas dez primeiras semanas de gestação, por decisão arbitrária da mãe, por outro lado, traduz um sério atentado a uma cultura da vida, revelando soluções incompatíveis com um verdadeiro Estado de direitos humanos.

A situação subjacente à interrupção voluntária da gravidez, permitindo que a simples vontade arbitrária da mãe seja suficiente para suprimir uma vida humana, deixando sem qualquer protecção a inviolabilidade da vida humana até às suas dez primeiras semanas, mostra-se um verdadeiro aborto jurídico, expressão de uma "lei injusta" que não obriga, nem vincula qualquer destinatário: o Estado violou aqui o dever de proteger a vida humana, permitindo que seja totalmente desconsiderada a vida humana durante as dez semanas iniciais.

Trata-se, aliás, de um atentado à inviolabilidade da vida humana particularmente grave, pois, além de expressar o resultado da intervenção popular em referendo e da decisão política e legislativa da Assembleia da República, contou ainda com a colaboração do Tribunal Constitucional que, em vez que ser o último guardião de um Estado de direitos humanos, se tornou num verdadeiro carrasco ao acolher uma "cultura de morte": o Acórdão n.º 617/2006, de 15 de Novembro de 2006[41], ao verificar a constitucionalidade do referendo que esteve na base de uma tal solução legislativa, deixou sem qualquer tutela a vida humana durante as suas dez primeiras semanas, consubstanciando uma nódoa na garantia e defesa de um Estado de direitos humanos.

---

[41] Publicado no *Diário da República*, I Série, n.º 223, Suplemento, de 20 de Novembro de 2006.

Regista-se, deste modo, que nem o Tribunal Constitucional está imune a emitir decisões inconstitucionais, suscitando-se aqui o problema da utilidade da sua própria existência, pois permite revelar que Portugal é apenas um Estado de direitos humanos na letra da Constituição e não no coração ou na consciência de alguns protagonistas do Poder político.

Neste último domínio reside, em Portugal, o cancro do Estado de direitos humanos.

2.4. Portugal: um Estado de direitos humanos perfeito?

BIBLIOGRAFIA: PAULO OTERO, *Instituições...*, I, pp. 587 ss.

I. Sabe-se já que Portugal, apesar de ser na letra do texto constitucional um Estado de direitos humanos, o seu Direito Penal continua a não cumprir o dever de proteger a vida humana, traduzindo a permissão legal de privação arbitrária da vida humana durante as suas primeiras dez semanas de gestação, por livre decisão da mãe, um modelo de Poder político sintonizado com a "cultura de morte" (v. *supra*, n.º 2.3., X).

Não obstante essa entorse totalitária ao Estado de direitos humanos consagrado pela Constituição, importa apurar se a letra do texto constitucional permitiria a edificação de um Estado de direitos humanos perfeito, isto é, se existem indícios normativos que comprovem os seguintes elementos (v. *supra*, n.º 2.1., V):

(a) Vinculação internacional à tutela dos direitos fundamentais;
(b) Eficácia reforçada das normas constitucionais;
(c) Poder político democrático;
(d) Ordem jurídica axiologicamente justa.

(a) Vinculação internacional à tutela dos direitos fundamentais

II. A Constituição de 1976 mostra uma inequívoca vinculação à tutela internacional dos direitos fundamentais, isto a dois níveis:

(i) Em termos substantivos, o artigo 16.º, n.º 2, da Constituição estabelece que as normas internas (constitucionais e legais) sobre direitos fundamentais devem ser interpretadas e integradas de harmonia com a Declaração Universal dos Direitos do Homem, traduzindo uma manifestação heterovinculativa do legislador constituinte à

Declaração que, enquanto texto de *ius cogens*, tem prevalência hierárquica sobre a Constituição instrumental, revelando a inserção da temática dos direitos fundamentais no âmbito de um constitucionalismo transnacional[42], podendo falar-se na integração da "Constituição nacional dos direitos fundamentais" num *ius commune constitucional*[43] ou, também dita, "constituição global dos direitos fundamentais"[44];

(*ii*) Em termos adjectivos, o artigo 7.º, n.º 7, da Constituição, associando expressamente a realização da justiça internacional à promoção do respeito dos direitos da pessoa, aceita a jurisdição do Tribunal Penal Internacional, tal como o artigo 8.º, estabelecendo os termos da vinculação internacional do Estado português, serve também de fundamento para o reconhecimento de quaisquer outras instâncias internacionais tendentes a exercer jurisdição garantística de direitos humanos e, simultaneamente, a conferir força vinculativa às suas decisões em território português.

(b) Eficácia reforçada das normas constitucionais

III. A Constituição portuguesa consagra ainda, independentemente dos efeitos normativos da vinculação do Estado português à tutela internacional dos direitos fundamentais, uma eficácia reforçada das normas jusfundamentais que se mostra visível nos seguintes exemplos:

(*i*) As normas sobre os direitos fundamentais que, segundo o critério constitucional, se podem considerar os mais importantes encontram-se "protegidas" ou "blindadas" através da figura dos limites materiais de revisão constitucional (artigo 288.º, alíneas d), e), h) e i));

(*ii*) Há normas constitucionais cujos direitos fundamentais por elas garantidos nem em situações de estado de excepção constitucional podem ser suspensas ou limitadas na sua aplicação: são os casos elencados no artigo 19.º, n.º 6, os quais se mostram reveladores de um núcleo de normas sobre direitos fundamentais que assumem uma prevalência hierárquica sobre todas as demais;

---

[42] Cfr. PAULO OTERO, *Instituições...*, I, pp. 365 ss.
[43] Cfr. PAULO OTERO, *Instituições...*, I, pp. 376 ss.
[44] Expressão de GOMES CANOTILHO, *"Brancosos" e Interconstitucionalidade – Itinerários dos discursos sobre a historicidade constitucional*, Coimbra, 2006, p. 289.

(*iii*) As normas sobre direitos, liberdades e garantias do título II da Parte I (e ainda todas as que, nos termos do artigo 17.°, consagrem direitos de natureza análoga) gozam de aplicabilidade directa, vinculando as entidades públicas e as entidades privadas (artigo 18.°, n.° 1);
(*iv*) Todas as normas sobre direitos fundamentais estão sujeitas a um princípio de máxima efectividade interpretativa;
(*v*) Se, no âmbito de direitos fundamentais atinentes à inviolabilidade da vida humana e das condições mínimas inerentes à dignidade humana, existe uma proibição absoluta de retrocesso do grau de protecção jusfundamental alcançado, já fora de tais domínios a liberdade conformadora do legislador perante normas jusfundamentais encontra-se limitada pela proibição de arbítrio no retrocesso.

(c) *Poder político democrático*

IV. A Constituição portuguesa, definindo no artigo 2.° que Portugal é um Estado de direito democrático e no artigo 108.° que o poder político pertence ao povo, estabelece os alicerces de um modelo organizativo democrático que, no entanto, conferindo precedência à dignidade humana sobre a vontade popular (artigo 1.°), permite falar em democracia humana: o Estado de direitos humanos exige uma democracia humana.

E o poder político democrático de um Estado de direitos humanos assenta (i) no pluralismo e tolerância, (ii) na vinculação à prossecução do bem comum, (iii) na independência dos tribunais, (iv) na subordinação do Poder ao Direito, (v) na reversibilidade da autovinculação decisória do Poder, (vi) na legitimidade política dos governantes titulares do poder legislativo e executivo fundada na vontade popular e (vii) na responsabilidade dos governantes.

Observa-se, neste âmbito, que o modelo político instituído pela Constituição de 1976 consagra tais postulados, podendo falar-se na existência de um Poder político democrático.

(d) *Ordem jurídica axiologicamente justa*

V. Uma vez que a Constituição acolhe os valores da justiça, da segurança e da liberdade, a sua configuração como valores teleológicos do Direito, permite falar na existência de um imperativo constitucional de edificação de uma ordem jurídica axiologicamente justa, entendida esta, segundo a expressão do artigo 1.°, como o ordenamento regulador de uma "sociedade livre, justa e solidária".

(e) Conclusão

VI. Em suma, a Constituição de 1976 permite observar todas as condições para ser possível a edificação de um genuíno Estado de direitos humanos: a perfeição do modelo não depende do texto constitucional, antes se encontra refém do direito ordinário vigente e da falta de consciência dos protagonistas do Poder político sobre a sua própria vinculação aos elementos estruturantes da noção de Estado de direitos humanos.

A implementação do Estado de direitos humanos não integra o espaço de liberdade conformadora do político ou do legislador: trata-se de conferir execução a uma vinculação constitucional que obriga todos os titulares do Poder, segundo a competência que lhes foi conferida pela Constituição.

§3.º
Estado de Direito democrático

3.1. O sentido constitucional do "Estado de Direito democrático"

BIBLIOGRAFIA: JORGE MIRANDA, *A Constituição de 1976*, pp. 499 ss.; IDEM, *Manual...*, IV, pp. 226 ss.; PAULO OTERO, *O Poder de Substituição em Direito Administrativo – Enquadramento dogmático-constitucional*, II, Lisboa, Lex, 1995, pp. 517 ss.

(a) Conceito e origem

I. O Estado de Direito democrático, enquanto modelo ou projecto de configuração do Poder político, encontrava, inicialmente, apenas formulação expressa no preâmbulo da Constituição, vindo depois, por efeito da revisão constitucional de 1982, a ser integrado no seu artigo 2.º: Portugal é um Estado de Direito democrático.

O Estado de Direito democrático traduz, em primeiro lugar, uma modalidade de um Estado de Direito: trata-se, porém, de um Estado de Direito material, verificando-se que o Poder político não está apenas limitado pelo Direito que cria (: autovinculação ou autolimitação), encontrando-se também limitado por normas e princípios que não se encontram na sua disponibilidade e relativamente aos quais se subordina (: heterovinculação ou heterolimitação).

O Estado de Direito democrático é, em segundo lugar, um tipo de Estado social: trata-se de uma manifestação mais exigente de Estado social – o Estado de Direito democrático é um Estado social de Direito dotado de uma componente política democrática, pois visa implementar uma democracia política, económica, social e cultural, tendo como objectivo último, nos termos do artigo 1.º da Constituição, a "construção de uma sociedade livre, justa e solidária".

O conceito constitucional de Estado de Direito democrático pressupõe e move-se, deste modo, no contexto de um Estado de direitos humanos, mobilizando todas as funções do Estado para a concretização da liberdade, da justiça e da solidariedade: o Estado de Direito democrático é um Estado activo e envolve um modelo político dinâmico, teleologicamente orientado para a prossecução de tais valores.

II. Sem embargo das preocupações sociais estarem presentes no Direito português desde o século XIII, o certo é que foi a Constituição de 1933, por influência da doutrina social da Igreja, a primeira a consagrar um modelo de Estado social: os poderes públicos passam a ter como tarefa a realização do bem-estar e da justiça social.

Nas palavras do artigo 6.º, n.º 3, do texto constitucional de 1933, o Estado tinha como incumbência "zelar pela melhoria de condições das classes sociais mais desfavorecidas, obstando a que aquelas desçam abaixo do mínimo de existência humanamente suficiente" ou, segundo a redacção proveniente da revisão constitucional de 1971, o Estado devia "promover o bem-estar social, procurando assegurar a todos os cidadãos um nível de vida de acordo com a dignidade humana".

Essa ligação entre a Constituição de 1933 e a expressão "Estado social" ou "Estado social de Direito" terá contribuído mesmo para que o constituinte de 1976, procurando afastar qualquer conotação com o passado, tenha optado antes pela expressão "Estado de Direito democrático".

A verdade, porém, é que, numa manifestação de ironia do destino, a expressão "Estado de Direito democrático" não assume formalmente, em 1976, carácter inovatório: desde 1956 que o Prof. Afonso Rodrigues Queiró falava na "(...) instituição do moderno Estado de direito democrático" para caracterizar o sistema de fontes de Direito vigente à luz da Constituição de 1933[45].

(b) Ampliação do sentido: a projecção face à União Europeia

III. Num último sentido, aditado pela revisão constitucional de 2004, o conceito de Estado de Direito democrático desempenha ainda uma dupla função limitativa das vinculações europeias do Estado português:

(*i*) A transferência do exercício de poderes de Portugal para as instituições da União Europeia, tal como o seu exercício em comum, em cooperação com os restantes Estados-membros, tem sempre de respeitar "os princípios fundamentais do Estado de direito democrático" (artigo 7.º, n.º 6);

(*ii*) A aplicação interna da normatividade (primária ou secundária) do Direito da União Europeia tem sempre de ser feita "com respeito pelos princípios fundamentais do Estado de direito democrático" (artigo 8.º, n.º 4).

---

[45] Cfr. AFONSO RODRIGUES QUEIRÓ, *Lições de Direito Administrativo*, Policop., Coimbra, 1956, p. 143; IDEM, *Lições de Direito Administrativo*, I, Policop., Coimbra, 1959, p. 143.

IV. Os princípios fundamentais do Estado de Direito democrático desenvolvem aqui, por conseguinte, uma função constitucional habilitante de um controlo de constitucionalidade da vinculação portuguesa no âmbito do Direito da União Europeia, nunca permitindo que Portugal se vincule ou tenha de aplicar uma normatividade atentatória dos valores inerentes a um Estado de Direito democrático.

Pode falar-se, neste sentido, numa cláusula de Estado de Direito democrático como exigência constitucional de vinculação válida do Estado português no âmbito do Direito da União Europeia.

3.2. Elementos do Estado de Direito democrático

BIBLIOGRAFIA: MARIA LÚCIA AMARAL, *A Forma da República*, pp. 129 ss.; GOMES CANOTILHO, *Direito Constitucional e Teoria*..., pp. 230 ss. e 254 ss.; GOMES CANOTILHO/VITAL MOREIRA, *Fundamentos*..., pp. 82 ss.; JORGE MIRANDA, *Manual*..., IV, pp. 226 ss.; PAULO OTERO, *O Poder de Substituição*..., II, pp. 526 ss.

(a) A exegese do artigo 2.º da Constituição

I. Nos termos do artigo 2.º da Constituição, o Estado de Direito democrático baseia-se em quatro pressupostos:

(i) Na *soberania popular*, enquanto expressão sinónima do princípio democrático ou princípio da maioria, que funciona como fonte de legitimidade dos governantes, critério decisão e fundamento do ordenamento jurídico-positivo interno ou, segundo a expressão constitucional, da "legalidade democrática"[46], sem embargo sempre da precedência conferida no artigo 1.º à dignidade humana – é a soberania popular que se move no espaço da dignidade humana e não a dignidade que se encontra subordinada à soberania popular;

(ii) No *pluralismo de expressão e organização política democráticas*, revelando a natureza aberta e participada dos projectos de concretização do modelo constitucional, segundo um princípio de tolerân-

---

[46] Cfr. CRP, artigos 3.º, n.º 2, 199.º, alínea f), e 272.º, n.º 1.
Especificamente sobre o sentido da expressão "legalidade democrática" usada na Constituição, cfr. AFONSO D'OLIVEIRA MARTINS, *Legalidade democrática e legitimidade do poder político na Constituição*, in JORGE MIRANDA (org.), *Perspectivas Constitucionais – Nos 20 Anos da Constituição de 1976*, II, Coimbra, 1997, pp. 577 ss.

cia e, perante a diversidade e o relativismo de diferentes visões e opiniões concorrentes que a democracia sempre envolve[47], à luz de uma metodologia expressa na ideia de consenso de sobreposição[48], tudo sem prejuízo da prevalência da ordem de valores decorrente do respeito pela dignidade humana e por uma cultura da vida;

(*iii*) No *respeito e na garantia de efectivação dos direitos e liberdades fundamentais*, razão pela qual se pode considerar que, sendo um Estado de direitos fundamentais, o Estado de Direito democrático, sem deixar de respeitar a precedência e prevalência da dignidade humana sobre a vontade popular, é também um Estado de direitos humanos que envolve um Poder político passivo ou abstencionista na limitação dos direitos de liberdade e, simultaneamente, um Poder activo ou intervencionista na implementação das prestações inerentes à satisfação dos direitos sociais – há aqui uma síntese entre o Estado liberal e o Estado social;

(*iv*) Na *separação e interdependência de poderes*, servindo de postulado metodológico de organização e funcionamento das estruturas dotadas de competência concretizadora do Estado de Direito democrático: todos os poderes do Estado, cada um à sua maneira, com os seus próprios meios e segundo os respectivos procedimentos fixados por lei, procuram concretizar, defender e garantir o Estado de Direito democrático.

II. Conhecedores de que o Estado de Direito democrático se encontra teleologicamente orientado para a "construção de uma sociedade livre, justa e solidária", fazendo da liberdade, da justiça e da solidariedade valores e fins da actuação do Poder político e do ordenamento jurídico por si produzido, importa salientar que, nos termos do artigo 2.º, a prossecução de tais propósitos envolve dois instrumentos políticos:

(*i*) A *realização da democracia económica, social e cultural*: o Estado de Direito democrático tem um programa de acção, abraçando claramente uma postura voluntarista de modificação da realidade existente, adoptando uma visão ampla da democracia que lhe confere um papel intervencionista na sua implementação – a realização da democracia não é simples produto de uma "mão invisível", antes se configura como uma tarefa que o Estado chama a si, sem esquecer,

---

[47] Cfr. HANS KELSEN, *Vom Wesen und Wert der Demokratie*, Tübingen, 1920, p. 36.
[48] Cfr. JOHN RAWLS, *El Liberalismo Político*, Ed. Crítica, Barcelona, 2003, em especial, pp. 176 ss.

todavia, que esse papel nunca pode marginalizar ou substituir a esfera de acção da sociedade civil e dos indivíduos, devendo fazer-se a intervenção do Estado à luz de um princípio de subsidiariedade;

(*ii*) O *aprofundamento da democracia participativa*: o Estado de Direito democrático, sem deixar de reconhecer o papel insubstituível da democracia representativa, diz-nos que o reforço da democracia passa por um aprofundamento de mecanismos de participação dos interessados nas decisões públicas: a democracia participativa, democratizando a democracia[49], dotando as pessoas de um estatuto político activo e permanente, sem deixar nas mãos dos seus representantes o exclusivo da decisão entre eleições, pode tornar-se um instrumento privilegiado contra a degeneração do "Estado de partidos".

(b) Os pressupostos dogmáticos do artigo 2.º da Constituição

III. Em termos dogmáticos, pode dizer-se que o Estado de Direito democrático se alicerça em três elementos básicos:

– O pluralismo;
– A juridicidade;
– O bem-estar.

IV. Significa isto, à luz da identidade axiológica da Constituição, o seguinte:

(*i*) O pluralismo traduz o *pressuposto* do Estado de Direito democrático, expressando a raiz básica do princípio democrático;
(*ii*) A juridicidade caracteriza os *meios* de concretização do Estado de Direito democrático, manifestando o cerne do princípio do Estado de Direito;
(*iii*) O bem-estar reflecte o *objectivo* orientador da actividade do Estado de Direito democrático, afirmando a vertente tradicional do princípio do Estado social.

Vejamos, seguidamente, alguns desenvolvimentos da configuração do Estado de Direito democrático como sendo um Estado pluralista, um Estado de juridicidade e um Estado de bem-estar.

---

[49] Cfr. JOÃO BAPTISTA MACHADO, *Participação e Descentralização*..., pp. 114 ss.

3.3. Pluralismo e princípio democrático

3.3.1. Fundamento do pluralismo e modelos de democracia

BIBLIOGRAFIA: JORGE MIRANDA, *Manual...*, VII, pp. 59 ss.; PAULO OTERO, *O Poder de Substituição...*, II, pp. 528 ss.; IDEM, *Instituições...*, I, pp. 491 ss.

I. O Estado de Direito democrático é, antes de tudo, um Estado pluralista, isto no sentido de Estado antitotalitário: sem pluralismo não há democracia e sem democracia não pode existir um Estado de Direito democrático.

O pluralismo é expressão e fonte, simultaneamente, de uma sociedade aberta, heterogénea de interesses e tolerante às diferenças, encontrando no dissenso, enquanto manifestação de uma cultura do reconhecimento e valorização da diversidade e do contraditório, a sua essência: a unanimidade é intrinsecamente contrária ao pluralismo, tal como o pluralismo é radicalmente adverso a um pensamento único, a uma ideologia oficial ou à unicidade organizativa da sociedade.

O pluralismo pressupõe diferentes visões concorrentes do mundo e da sociedade, sem prejuízo do respeito por uma ordem de valores que, alicerçada na dignidade da pessoa humana, postula a tolerância e o respeito pelas diferenças: no ser humano reside a raiz do pluralismo e deverá ainda ser em função do ser humano que o pluralismo se desenvolve.

É que o homem, exercendo a sua liberdade individual – e utilizando a linguagem de Karl Jaspers[50] –, nunca pode ter a soberba de alcançar a certeza divina, antes deverá sempre ter a humildade de, jamais tendo a certeza das suas certezas, aceitar tolerante a opinião dos outros, segundo um modelo de igual flexibilidade de aceitação pelos outros das nossas próprias "certezas".

Aqui se encontra o fundamento último do pluralismo.

II. Sucede, porém, que o modelo pluralista de convivência social entre diversos grupos contrapostos que lutam para fazer vingar a tutela dos seus interesses assenta, numa sociedade democrática, em três requisitos básicos[51]:

---

[50] Cfr. KARL JASPERS, *Iniciação Filosófica*, 9.ª ed., Guimarães Editores, Lisboa, 1998, pp. 72 ss.

[51] Cfr. JOÃO BAPTISTA MACHADO, *Lições de Introdução ao Direito Público*, in JOÃO BAPTISTA MACHADO, *Obra Dispersa*, II, Braga, 1993, pp. 292-293.

(i) É necessário, em primeiro lugar, tolerância recíproca entre os membros "filiados" nos diferentes grupos existentes na sociedade, encontrando-se na discussão racional e no respeito mútuo, sem embargo da negociação e do compromisso, os instrumentos de convivência;

(ii) É indispensável, em segundo lugar, a igualdade de oportunidades entre todos os grupos concorrentes, sem prejuízo da garantia da igualdade ser susceptível de envolver diversas formulações, desde a igualdade pura entre todos os grupos à igualdade condicionada pela representatividade de cada grupo;

(iii) É essencial, em terceiro lugar, um consenso estrutural sobre os procedimentos aptos a chegar a uma decisão vinculativa para todos os intervenientes, garantindo-se sempre a obediência de todos aqueles que, apesar de discordarem do resultado final, aceitaram as "regras do jogo".

III. A articulação entre o pluralismo e o princípio democrático, excluindo por natureza a existência de uma única fonte ou de uma forma singular de expressão da vontade da colectividade, antes procurando encontrar vias plurais de expressão da vontade política legitimadora da própria democracia, conduz a dois distintos modelos:

(A) Pode tratar-se de um modelo de democracia fundado na vontade orgânica da maioria do povo, apurada através de processos formais previstos nas normas do texto constitucional, tal como sucede com o sufrágio universal e o referendo (artigo 10.°, n.° 1), segundo a tradição oriunda do constitucionalismo de matriz liberal, típica de um positivismo-legalista de raiz rousseauniano;

(B) Ou, em sentido diferente, pode dizer respeito a um modelo de democracia baseado na vontade inorgânica da nação, reconduzida à ideia de "identidade cultural comum" do povo português (artigo 78.°, n.° 2, alínea c)), sendo dotada de uma materialidade decisória fundada na vontade inorgânica da colectividade, tal como se encontra subjacente ao pensamento da escola histórica do Direito e que tem na sua base uma raiz hegeliana.

Trata-se, importa sublinhar, de dois modelos de democracia, enquanto formas de expressão da vontade política da colectividade, que, tendo forçosamente de conviver em sociedades plurais e democráticas, se mostram passíveis, todavia, de gerar conflitos e tensões sobre os respectivos espaços de operatividade: cada um destes modelos – um fundado numa soma (: povo) o outro numa abstracção (: nação)[52] – reivindica espaços concorrentes de decisão, verificando-se que o modelo democrático baseado na vontade orgânica da maioria, abrandando a sua vocação plural, reclama mesmo um exclusivismo decisório que passa até, por vezes, pela negação da relevância operativa ao modelo de democracia fundado na vontade inorgânica da nação.

Essa conflitualidade entre modelos de democracia, sem nunca deixar de ter de ser esquadrada à luz do pluralismo de um Estado de Direito democrático, não deixa de se encontrar presente na Constituição de 1976[53].

Vejamos, seguidamente, os contornos da articulação constitucional dos modelos de democracia com o pluralismo.

3.3.2. Pluralismo, democracia e vontade do povo

BIBLIOGRAFIA: GOMES CANOTILHO, *Direito Constitucional e Teoria...*, pp. 287 ss.; GOMES CANOTILHO/VITAL MOREIRA, *Fundamentos...*, pp. 76 ss. e 192 ss.; JORGE MIRANDA, *A Constituição de 1976*, pp. 359 ss.; IDEM, *Manual...*, VII, pp. 59 ss.; PAULO OTERO, *O Poder de Substituição...*, II, pp. 528 ss.; MIGUEL PRATA ROQUE, *Sociedade aberta e dissenso. Contributo para a compreensão contemporânea do princípio do pluralismo político*, in *Homenagem ao Prof. Doutor André Gonçalves Pereira*, Coimbra, 2006, pp. 355 ss.

I. O princípio pluralista envolve, segundo os quadros da democracia fundada na vontade do povo, quatro principais áreas de projecção:

(a) O pluralismo pressupõe e determina o respeito e a garantia dos direitos fundamentais: não existe pluralismo sem direitos fundamentais, nem direitos fundamentais sem pluralismo;

(b) O pluralismo assume um significado político legitimador: sem pluralismo político a democracia não é democrática e sem democracia o pluralismo não é plural;

---

[52] Cfr. FRANCISCO LUCAS PIRES, *Teoria da Constituição...*, p. 69.

[53] Em sentido contrário, entendendo que a Constituição ao referir-se a povo, evita o terno nação, rejeitando-o, cfr. EDUARDO CORREIA BAPTISTA, *A soberania popular em Direito Constitucional*, in JORGE MIRANDA (org.), *Perspectivas Constitucionais – Nos 20 Anos da Constituição de 1976*, I, Coimbra, 1996, pp. 484-485.

(c) O pluralismo reflecte-se a nível organizativo do Poder político: o pluralismo exige a divisão ou partilha da decisão política e jurídica por vários órgãos interdependentes ou estruturas representativas de diversos interesses, sensibilidades ou correntes de opinião, sem concentração, monopolização ou absolutização do poder num único órgão ou titular;

(d) O pluralismo expressa-se também no âmbito da intervenção participativa no procedimento da decisão pública: o pluralismo procura conciliar a democracia representativa com a democracia participativa.

Observemos, muito sumariamente, o significado de cada uma destas áreas de projecção da soberania popular.

(a) Pluralismo e direitos fundamentais

II. O pluralismo exige um Estado de direitos humanos, tal como se mostra impensável um Estado de direitos humanos sem pluralismo.

É que o pluralismo, encontrando no exercício da liberdade individual de cada ser humano o seu fundamento último, nunca pode deixar de envolver uma dimensão individual comum a todos os membros da sociedade e que se expressa na temática dos direitos fundamentais: o pluralismo postula um princípio geral de liberdade e todos os corolários que lhe são inerentes – v.g., liberdade de pensamento, de expressão, de desenvolvimento da personalidade, de manifestação, de reunião, de religião e culto, de consciência, de criação cultural, de aprender e de ensinar.

Numa dimensão diferente, o pluralismo pressupõe a existência de direitos de participação política, pois não pode existir pluralismo, nem democracia, sem o reconhecimento de que todas as pessoas têm o direito de tomar parte na vida política e na direcção dos negócios públicos do país. Para o efeito, o pluralismo determina:

(i) A consagração de um direito de sufrágio universal, igual, directo, periódico e secreto, registando-se que o direito de sufrágio materializa o pluralismo e revela a democracia;

(ii) O reconhecimento da liberdade de associação política, uma vez que não há pluralismo sem partidos políticos e sem partidos políticos não há democracia.

A verdade, porém, é que a participação política não se esgota no direito de sufrágio, nem os partidos políticos podem ter o monopólio do pluralismo ou da representação política numa democracia.

(b) Pluralismo e legitimação política: o "Estado de partidos" e a legitimidade político-democrática da decisão pública

III. Em termos de legitimação política, o pluralismo assenta numa concepção que encontra na vontade do povo, expressa através de eleições honestas, periódicas e por sufrágio universal – ou por via de referendo –, o fundamento último da autoridade dos governantes: os governantes representam a vontade dos governados[54].

E, neste domínio, os partidos políticos, além de traduzirem uma manifestação da liberdade de associação política, representam também instrumentos indispensáveis na formação e expressão da vontade da colectividade: o Estado plural é um "Estado de partidos", pois encontra nos partidos políticos, nos termos do artigo 51.°, n.° 1, da Constituição, um processo de formação democrática da vontade popular e de participação na organização do poder político.

Apesar de os partidos políticos serem apenas um processo ou um dos meios de expressão da vontade popular, nunca podendo a sua intervenção conduzir a um monopólio da representação política, sob pena do risco de se cair numa asfixiante "ditadura dos partidos políticos"[55], o "Estado de partidos", enquanto expressão política ao serviço do pluralismo, pressupõe três condições intrínsecas[56]:

(i) A existência de uma genuíno sistema multipartidário, traduzindo uma situação social de efectivo pluralismo ideológico sem qualquer

---

[54] Neste domínio se separam duas concepções políticas liberais:
 (i) Segundo a concepção de Rousseau, não é possível a representação da vontade geral, pois o poder soberano que essa vontade geral encerra, não podendo ser alienado ou dividido, não pode ser representado (cfr. JEAN-JACQUES ROUSSEAU, *O Contrato Social*, ed. Publicações Europa-América, Mem Martins, 1981, em especial, Liv. 2.°, Caps. I e II, pp. 30 ss. e Liv. 3.°, Cap. XV, pp. 94 ss.) – em vez da democracia representativa, seria em modelos de democracia directa que o povo exerceria a soberania;
 (ii) Em sentido diferente, os defensores da democracia representativa partilham o entendimento de que a melhor forma de governo é aquela que, igualmente investindo todo o povo da soberania, limita o seu exercício àqueles que são por todo o povo, periodicamente, escolhidos, sendo designados, por isso, de seus representantes (cfr., a título exemplificativo, JOHN STUART MILL, *Del Gobierno Representativo*, Ed. Tecnos, Madrid, 1985, pp. 34-35 e 82-83; ALEXIS DE TOCQUEVILLE, *Da Democracia na América*, ed. Principia, Cascais, 2002, pp. 215 ss.).

[55] Cfr. HANS-PETER VIERHAUS, *Die Identifizierung von Staat und Parteien – eine moderne Form der Parteidiktatur?*, in *Zeitschrift für Rechtspolitik*, 1991, pp. 468 ss.

[56] Sobre o tema do "Estado de partidos" e critérios de definição do seu conceito, cfr. MARCELO REBELO DE SOUSA, *Os Partidos Políticos no Direito Constitucional Português*, Braga, 1983, pp. 43 ss., em especial, pp. 51 ss., nota n.° 107.

intervenção estadual: os partidos políticos são associações de direito privado, fruto de uma auto-organização dos membros da sociedade civil, e nunca criações ou invenções do Estado;

(*ii*) A ocorrência de um pluralismo de representação política, impedindo a existência de sistemas eleitorais que, convertendo os votos em mandatos, conduzam a uma representação parlamentar monolítica: um "Estado de partidos" não se identifica com um "Estado de partido único", nem com um "Estado sem partidos", configurando-se o "Estado de partido governamental", enquanto modelo de um poder político tendencialmente "colonizado" pelo partido que faz parte do governo[57], como verdadeira degenerescência do "Estado de partidos";

(*iii*) O reconhecimento de um direito de oposição aos partidos que, dentro ou fora do parlamento, não façam parte do Governo: a democracia exige a garantia constitucional de posições jurídicas próprias aos partidos minoritários, pois nunca há democracia sem respeito pela minoria, sabendo-se que, por força da regra da alternância política, a minoria de hoje poderá sempre ser a maioria de amanhã e vice-versa.

IV. O princípio democrático postula, segundo decorre de residir no povo a soberania e a titularidade do poder (artigos 3.°, n.° 1, e 108.°), uma legitimidade político-democrática da decisão pública, envolvendo cinco fenómenos:

(*i*) A fundamentação democrática dos critérios de decisão do poder judicial e do poder administrativo: os critérios normativos de decisão dos tribunais e da Administração Pública resultam da lei, enquanto acto proveniente de órgãos dotados de legitimidade política reforçada, ainda segundo um modelo que – inspirado em Rousseau – faz da lei expressão da vontade geral, consubstanciando-se em dois princípios jurídicos:

– O princípio da preferência de lei, traduzindo a expressão da posição privilegiada desta fonte de Direito em relação a todas as restantes fontes infraconstitucionais, revelando, em termos históricos, a primazia da vontade dos representantes do povo no parlamento;

– O princípio da reserva de lei, confiando a esta fonte o monopólio disciplinador das matérias mais importantes, envolve, por conseguinte, uma legitimação democrática dos pressupostos, critérios e efeitos das decisões judiciais e administrativas directamente fundadas na lei;

---

[57] Para mais desenvolvimentos, cfr. PAULO OTERO, *A Democracia Totalitária. Do Estado totalitário à sociedade totalitária. A influência do totalitarismo na democracia do século XXI*, Cascais, 2000, pp. 205 ss.

(*ii*) A fundamentação democrática dos critérios de decisão exige ainda transparência na sua fixação, na sua aplicação e na respectiva execução: a transparência da forma como o poder é exercício e as suas decisões tomadas é condição de uma democracia saudável, tal como o grau de opacidade do procedimento decisório e dos conteúdos das decisões revela, em termos inversamente proporcionais, o nível qualitativo da democracia;

(*iii*) A representatividade político-democrática do decisor político decorre da circunstância de os principais titulares dos órgãos do Estado, das regiões autónomas e das autarquias locais serem eleitos directamente por sufrágio universal ou terem por base uma eleição que serviu de suporte político-constitucional para a sua composição e/ou ainda, por último, serem designados por um órgão eleito por sufrágio universal;

(*iv*) A responsabilidade política do decisor e das respectivas decisões: além da responsabilidade dos órgãos políticos eleitos por sufrágio universal perante o próprio eleitorado – tal como sucede com o Presidente da República, a Assembleia da República, as assembleias legislativas das regiões autónomas –, verifica-se que os órgãos de topo da Administração Pública respondem sempre politicamente perante um órgão colegial eleito por sufrágio universal e directo, competindo a este o controlo da actividade administrativa desenvolvida pelo primeiro órgão[58] – assim, o Governo é responsável perante a Assembleia da República, o governo regional perante a assembleia legislativa da respectiva região autónoma, as câmaras municipais ante as assembleias municipais e as juntas de freguesia ante as assembleias de freguesia;

(*v*) A conjugação entre a representatividade político-democrática e a responsabilidade política do decisor gera uma preferência pelas soluções decisórias provenientes de órgãos dotados de maior legitimidade político-democrática[59]: o princípio democrático postula que, em igualdade de circunstâncias de validade, se deve sempre preferir a decisão de um órgão dotado de legitimidade política mais ampla, superior ou directa em relação à decisão de um órgão legiti-

---

[58] Sublinhando a essencialidade da função fiscalizadora das assembleias representativas no sistema democrático-representativo, cfr. JOHN STUART MILL, *Del Gobierno Representativo*, pp. 54 ss.

[59] Neste sentido, especificamente ao nível da estrutura hierárquica de organização administrativa, falando em princípio da legitimidade democrática ascendente, cfr. PAULO OTERO, *Conceito e Fundamento da Hierarquia Administrativa*, Coimbra, 1992, pp. 333 ss.

mado em menor grau ou com uma legitimidade inferior ou indirecta – trata-se de um princípio passível de produzir efeitos vinculativos para o legislador constituinte na configuração organizativa do Poder Político e, simultaneamente, na distribuição da competência pelo legislador ordinário.

(c) Pluralismo e organização do Poder político

V. O princípio pluralista, apesar de alicerçar o postulado democrático que permite falar num princípio de preferência pelas decisões dos órgãos dotados de legitimidade político-democrática superior, nunca pode conduzir a um sistema de concentração ou centralização de poderes: o pluralismo organizativo postula, em primeiro lugar, a afirmação, o respeito e a garantia da separação de poderes, entendida como proibição de concentração dos poderes decisórios num único órgão ou proibição da acumulação de funções num mesmo titular de um cargo político.

A separação ou divisão de poderes, continuando ainda hoje a ideia de Montesquieu que a torna condição da liberdade[60], é também instrumento de pluralismo, pois permite que a competência decisória nos domínios político, legislativo, administrativo e judicial se encontre repartida por vários órgãos, existindo entre eles um sistema de freios e contrapesos, nos termos do qual sobre uma mesma matéria é conferida a um ou vários órgãos uma "faculdade de estatuir" (: *faculté de statuer*) e a outros uma "faculdade de impedir" (: *faculté d'empêcher*)[61].

Habilita-se, deste modo, a existência de diferentes níveis de intervenção e participação orgânica no procedimento de tomada de decisão: a separação de poderes encontra-se associada, segundo o artigo 111.º, n.º 1, da Constituição, à interdependência dos poderes, tornando-a garantia de pluralidade de estruturas organizativas a intervir no procedimento da decisão política, legislativa, administrativa e judicial.

VI. Em segundo lugar, o pluralismo de organização do Poder político revela-se também ao nível interno das estruturas orgânicas encarregues da decisão e controlo do exercício de cada uma das funções do Estado: o pluralismo não se limita à separação e interdependência dos poderes, exigindo também que o exercício de cada função do Estado se encontre distribuído por várias estruturas orgânicas e/ou subjectivas.

---

[60] Cfr. MONTESQUIEU, *Del Espíritu de las Leyes*, Alianza Editorial, Madrid, 2003, Liv. XI, Cap. VI, pp. 206 ss.
[61] Cfr. MONTESQUIEU, *Del Espíritu de las Leys*, Liv. XI, Cap. VI, p. 211.

O pluralismo impõe, por isso, uma desconcentração do exercício dos poderes relativos às diversas funções do Estado por uma pluralidade de órgãos:

(i) O exercício da função política encontra-se distribuído, segundo diferentes regras de competência, pelo Presidente da República, a Assembleia da República, o Governo, os órgãos das regiões autónomas e até das autarquias locais[62], isto sem entrar agora na discussão sobre o papel do eleitorado, dos partidos políticos e, por último, se o próprio Tribunal Constitucional não é também chamado a participar no exercício da função política;

(ii) A função legislativa, por seu lado, não se encontra concentrada na Assembleia da República, pois também o Governo da República e as assembleias legislativas das regiões autónomas exercem poderes de natureza legislativa;

(iii) A função administrativa, apesar de se encontrar genericamente confiada à Administração Pública, depara com uma pluralidade de entidades (públicas e privadas), isto em termos tais que hoje não existe uma única Administração Pública mas sim uma pluralidade de Administrações Públicas: o pluralismo pressupõe que o Estado não detenha o monopólio do exercício da função administrativa, antes existe uma pluralidade de entidades públicas titulares de poderes normativos e individuais, incluindo a existência de uma auto-administração, dotada de uma garantia institucional conferida pela Constituição e subordinada a um princípio de subsidiariedade na repartição das atribuições;

(iv) Por último, a função judicial, apesar de um Estado de Direito impor sempre aqui um monopólio decisório a favor dos tribunais, o certo é que não há uma única categoria de tribunais, antes se verifica a existência de uma pluralidade de tribunais e de instâncias judiciais, dotadas de garantias de independência, isto sem prejuízo da própria possibilidade de serem criados tribunais arbitrais.

A divisão ou separação de poderes, por um lado, a desconcentração e a descentralização do seu exercício, por outro, tornam-se garantias de pluralismo ao nível da organização do Poder político.

---

[62] No sentido de as autarquias locais possuírem uma autonomia político-administrativa, cfr. JOSÉ CASALTA NABAIS, *A autonomia local (alguns aspectos gerais)*, sep. dos *Estudos em Homenagem ao Prof. Doutor Afonso Rodrigues Queiró*, Coimbra, 1986, em especial, pp. 82 ss.; ANDRÉ FOLQUE, *A Tutela Administrativa nas Relações entre o Estado e os Municípios (Condicionalismos Constitucionais)*, Coimbra, 2004, pp. 116 ss.

(d) Pluralismo e intervenção participativa

VII. Uma vez que o pluralismo decisório é uma exigência de sociedades pluralistas, dotadas de uma conflitualidade de interesses cuja gestão compete ao Estado, falando-se em "Estado-Interlocutor" ou "Estado-Parceiro"[63], verifica-se que a democracia representativa e mesmo as tímidas manifestações de democracia semidirecta existentes (: referendo nacional, regional e local) se revelam insuficientes para garantir um grau mais exigente de democraticidade da decisão pública: o pluralismo reclama a existência de mecanismos de participação individual e colectiva, tornando-se a democracia participativa um instrumento de reforço e complemento da democracia representativa[64].

Observemos alguns exemplos:

(*i*) A intervenção participativa no exercício da função política – desde a participação dos cidadãos na vida interna dos partidos políticos até à criação e ao exercício de um papel político activo das associações cívicas e organizativas de interesses, sem esquecer a iniciativa referendária dos cidadãos dirigida à Assembleia da República e o específico exercício do direito de petição colectiva junto das instituições políticas;

(*ii*) A intervenção participativa no exercício da função legislativa – envolvendo a iniciativa da lei por parte de grupos de cidadãos eleitores ou, em alternativa, a intervenção de grupos de interesses no procedimento legislativo (v.g., participação das organizações representativas dos trabalhadores e das organizações representativas das actividades económicas na definição das principais medidas económicas e sociais[65] – incluindo a intervenção dos sindicatos no âmbito das alterações à legislação laboral –, a intervenção das ordens sócio-profissionais quando está em causa a elaboração ou a modificação dos seus estatutos ou ainda a intervenção da Associação Nacional dos Municípios Portugueses perante a legislação autárquica);

(*iii*) A intervenção participativa no exercício da função administrativa – desde a integração de formas de participação dos administrados nas decisões que lhes dizem respeito, tanto a título individual como

---

[63] Neste último sentido, cfr. JOÃO BAPTISTA MACHADO, *A Hipótese Neocorporativa*, in IDEM, *Obra Dispersa*, II, Braga, 1993, pp. 457, 462 e 463.

[64] Cfr. ALEXANDRE SOUSA PINHEIRO, *Princípios Gerais da Organização do Poder Político*, in PAULO OTERO (coord.), *Comentário à Constituição Portuguesa*, II, Coimbra, 2008, pp. 25 ss.

[65] Cfr. CRP, artigo 80.º, alínea g). Em termos desenvolvidos, cfr. RUI GUERRA DA FONSECA, *Organização Económica*, in PAULO OTERO (coord.), *Comentário à Constituição Portuguesa*, II, Coimbra, 2008, pp. 101 ss.

representando grupos de administrados (v.g., audiência prévia, consulta pública, apreciação pública de regulamentos), como na sua intervenção participativa na gestão efectiva dos serviços administrativos (v.g. o papel dos encarregados de educação na gestão das escolas), sem esquecer o exercício pelos administrados do direito de petição e do direito de queixa junto da Administração ou a própria participação de uma pluralidade de estruturas da Administração nos procedimentos administrativos (v.g., pareceres, audição, consulta, aprovação de terceiros órgãos);

(*iv*) A intervenção participativa no exercício da função judicial – tal como sucede com o desencadear, pessoalmente ou através de associações de defesa dos interesses em causa, de processos judiciais através do instituto da acção popular, sem esquecer a participação popular através da figura do júri e ainda formas não jurisdicionais de composição de conflitos.

Em todas estas situações, conclua-se, a intervenção participativa, reforçando a democracia, constitui instrumento de afirmação do pluralismo inerente a um Estado de Direito democrático.

(e) Os limites do pluralismo

VIII. Não pode deixar de se sublinhar, no entanto, que o pluralismo inerente a uma moderna sociedade democrática suscita dois delicados problemas de limites:

(*i*) Por um lado, a necessidade de limitação do relativismo axiológico a que poderá conduzir, pois deve reconhecer-se a existência de valores (procedimentais ou substantivos) que funcionam como pressuposto de que nem tudo pode ser permitido: a verdade, na linguagem de Karl Popper, ainda que difícil de encontrar[66], "permanece um valor fundamental"[67], verificando-se que, cada teoria, visando a busca da verdade, entra em concurso com as restantes teorias, todas elas procurando a verdade, existindo uma discussão racional que conduz à eliminação das teorias que menos se aproximam da verdade[68] e, neste sentido, "a teoria melhor expulsa as teorias piores"[69];

---

[66] Cfr. KARL POPPER, *Conjecturas e Refutações*, Coimbra, 2006, p. 496.
[67] Cfr. KONRAD LORENZ/KARL POPPER, *L'Avenir est Ouvert*, Paris, 2000, p. 61.
[68] Cfr. KARL POPPER, *Sociedade Aberta, Universo Aberto*, 3.ª ed., Lisboa, 1995, p. 98.
[69] Cfr. KARL POPPER, *Sociedade Aberta, Universo...*, p. 98.

(*ii*) Por outro lado, o tema da tolerância relativamente a todos aqueles que são intolerantes e visam através de meios não pacíficos destruir a tolerância própria de um Estado de Direito também se afigura um problema de difícil resolução[70]: deve o Estado pluralista ser tolerante ou intolerante face aos intolerantes e aos que incitam à intolerância? – trata-se de um problema que, tendo sido equacionado por Locke[71] e Popper[72], encontra na Constituição Portuguesa uma resposta de intolerância face à constituição de associações racistas ou que perfilhem ideologia fascista[73].

IX. O pluralismo e a tolerância se, por um lado, alicerçam a neutralidade do Estado, isto no sentido de não se identificar com um grupo, um partido ou uma ideologia, a verdade é que nunca podem impor uma atitude agnóstica ou indiferente do Estado perante princípios e valores básicos emergentes da tradição cultural[74]: um Estado relativista encontra-se "votado ao suicídio", pois acabará por não se poder defender contra aqueles que, recorrendo mesmo à violência, procuram destruir a democracia.

O Estado, sem prejuízo de uma postura de "neutralidade mundividencial"[75], nunca pode deixar de se encontrar vinculado a uma ordem de valores básicos decorrentes da dignidade da pessoa humana: não pode existir pluralismo justificativo ou tolerância que aceite atentados aos direitos inerentes à dignidade de cada ser humano vivo e concreto, nem se mostra admissível que o Estado seja aqui neutro – a neutralidade e a tolerância face a atentados à dignidade humana será sempre sinónimo de cumplicidade e colaboracionismo.

---

[70] Cfr. PAULO OTERO, *A Democracia Totalitária*, pp. 268 ss.; IDEM, *Instituições...*, I, pp. 414-415.

[71] Cfr. JOHN LOCKE, *Carta Sobre a Tolerância*, Edições 70, Lisboa, 1996, pp. 96-97.

[72] Cfr. KARL POPPER, *A Sociedade Aberta e os seus Inimigos*, I, Editorial Fragmentos, Lisboa, 1993, em especial, pp. 241 e 268; IDEM, *Sociedade Aberta, Universo...*, pp. 22 e 97; IDEM, *Conjecturas e Refutações*, p. 475.

[73] Sobre o tema, analisando com desenvolvimento crítico a solução constitucional, cfr. PAULO OTERO, *A Democracia Totalitária*, pp. 231 ss. Ainda sobre o tema, analisando-o ao nível dos limites do pluralismo, cfr. MARIA LÚCIA AMARAL, *A Forma da República*, pp. 281 ss.

[74] Cfr. JOÃO BAPTISTA MACHADO, *Participação e Descentralização...*, pp. 140 e 141.

[75] Cfr. JOÃO BAPTISTA MACHADO, *Participação e Descentralização...*, p. 142.

3.3.3. *Pluralismo, democracia e vontade da nação*

BIBLIOGRAFIA: PAULO OTERO, *Instituições...*, I, pp. 492 ss.

(a) O modelo constitucional herdeiro do positivismo-legalista de Rousseau: vontade da maioria e democracia formal

I. Desde a Grécia Antiga que a democracia é entendida como forma de governo que envolve a intervenção dos cidadãos[76], observando-se que o desenvolvimento do processo histórico regista, num primeiro momento, o progressivo alargamento do conceito de cidadãos e, num segundo momento, a ampliação do sufrágio, resultando de ambos o reforço legitimador da própria democracia.

Em termos clássicos, a legitimação democrática de uma Constituição passa, nesta óptica, por uma intervenção dos cidadãos no respectivo procedimento de feitura e revisão: a democraticidade da decisão constituinte exige sempre um poder constituinte formal, expresso na decisão de uma assembleia de representantes eleitos pela comunidade ou na aprovação referendária de uma proposta constitucional, esgotando-se numa Constituição escrita em sentido formal.

É este o modelo típico do constitucionalismo de matriz liberal e do positivismo legalista, hoje ainda dominante na Europa Continental e difundido à escala mundial, herdeiro das experiências revolucionárias norte-americana e francesa do século XVIII[77], sem prejuízo das limitações impostas pela força do princípio monárquico durante o século XIX.

II. Trata-se de um constitucionalismo cuja democraticidade, residindo nos intervenientes do procedimento de gestação, assume natureza puramente formal: constitucional será tudo aquilo que uma maioria entender incluir no texto normativo chamando Constituição, independentemente de qualquer juízo material de justiça sobre o seu conteúdo ou de referenciais heterolimitativos da decisão constituinte.

Uma democracia exclusivamente fundada na força decisória da maioria de um parlamento ou da decisão popular referendária pode não conhecer valores e teimar mesmo em recusar limites: a democraticidade da Constituição poderá então conduzir, na sequência da radicalidade dos postulados de

---

[76] Cfr. TUCÍDIDES, *História da Guerra do Peloponeso*, Livro II, 37 (consultou-se a edição em castelhano, editada pelo Centro de Estudios Políticos y Constitucionales, Madrid, 2002, p. 90).

[77] Para um aprofundamento dos alicerces filosóficos deste modelo de autoridade da Constituição, cfr., por todos, LUÍS PEDRO PEREIRA COUTINHO, *A Autoridade Moral da Constituição*, em especial, pp. 271 ss.

Rousseau em torno da força da maioria[78], a um modelo ditatorial ou mesmo totalitário, formal e processualmente legitimado em termos democráticos. A democracia da Constituição será, nesta última hipótese, uma democracia não democrática.

E um tal modelo de gestação constitucional tenderá a ser reproduzido a nível infraconstitucional, se toda a democracia se reconduzir sempre à vontade de uma maioria expressa através de mecanismos orgânicos previstos pela normatividade positivista, abstraindo-se da validade material do conteúdo das decisões face à justiça[79]: a democracia será aqui uma simples forma ou um mero procedimento de obter uma decisão, tal como o princípio maioritário é um puro mecanismo destinado a conseguir apurar a formação da vontade de uma pluralidade de intervenientes.

III. Uma vez que o princípio maioritário não é critério de justiça, nem permite um juízo sobre a validade material do conteúdo das decisões, antes nos diz se o procedimento decisório foi ou não formalmente correcto, a democracia não pode ser uma forma ou um simples procedimento: não basta que a decisão seja o resultado da vontade da maioria, é ainda necessário que essa decisão se mostre materialmente válida – a democracia apela sempre para uma ordem axiológica.

Tal como o Estado de Direito formal se mostra insuficiente para traduzir uma efectiva limitação do poder, antes exige o apelo a uma dimensão material, igualmente uma dimensão meramente formal da democracia, podendo envolver a sua própria negação, apela a critérios materiais de densificação: a democracia vive ou morre dos valores que encarna.

Compreende-se, neste último sentido, que o artigo 1.º da Constituição, concedendo precedência à dignidade da pessoa humana sobre a vontade popular, exija uma democracia de valores e não meramente formal: aqui reside o cerne do Estado de direitos humanos (v. *supra*, n.º 2.2.), pois só uma democracia humana é verdadeira democracia.

(b) Um modelo democrático alternativo: o apelo à vontade da nação

IV. Em termos alternativos ao modelo de democracia formal, o apelo à ideia de nação, enquanto espírito que anima e identifica uma comunidade

---

[78] Cfr. JEAN-JACQUES ROUSSEAU, *O Contrato Social*, em especial, Liv. 4.º, Cap. II, pp. 104 ss.

[79] Sublinhando a essencialidade da justiça na limitação da tirania da maioria, cfr. ALEXIS DE TOCQUEVILLE, *Da Democracia na América*, pp. 299 ss.

humana, ligando as gerações do passado às do presente e que se projecta nas gerações futuras, formando uma "comunidade sucessiva de gerações"[80], pode também ser visto como expressão portadora de uma vontade constituinte e de uma específica forma de legitimação democrática.

Remonta a Aristóteles, aliás, a percepção clara da existência de dois tipos de leis, referindo que as leis "que estão impressas nos costumes dos povos têm muito mais autoridade e são de uma importância muito diferente das leis escritas"[81].

Será em Hegel, todavia, que o apelo à ideia de "espírito do povo" (: *Volkgeist*) é desenvolvido[82], projectando-se directamente na escola histórica do Direito de matriz oitocentista[83] e numa visão do fenómeno constitucional que, radicando nos postulados contra-revolucionários de Burke[84] e Maistre[85], conduzirá também a movimentos transpersonalistas[86] e, em sentido inverso, a formulações democráticas da teoria da Constituição.

Centremos a nossa atenção nestas últimas.

V. No âmbito das concepções democráticas, a ideia de nação, apelando à determinação da alma ou do espírito de uma colectividade, fazendo de cada pessoa portadora dos "genes" constitutivos e identificativos dessa vontade intemporal da colectividade, fundada numa História comum e num desígnio ou projecto futuro, comporta em si projecção pluralista e democrática[87].

É o que sucede, desde logo, com a fundamentação ou legitimação democrática do próprio costume como fonte de Direito[88], contrariando um pretenso monopólio democrático da lei e das restantes fontes formais, razão pela qual,

---

[80] Cfr. ADRIANO MOREIRA, *A Espuma do Tempo – Memórias do tempo de vésperas*, Coimbra, 2008, p. 187.

[81] Cfr. ARISTÓTELES, *Tratado da Política*, ed. Publicações Europa-América, s.l., 1977, Liv. III, Cap. XII (p. 116).

[82] Cfr. HEGEL, *A Razão na História – Introdução à Filosofia da História Universal*, edições 70, Lisboa, 1995, pp. 56 ss. e 60 ss.

[83] Cfr. ANTÓNIO MANUEL HESPANHA, *Panorama Histórico da Cultura Jurídica Europeia*, 2.ª ed., Lisboa, 1998, pp. 181 ss.; NOBERTO BOBBIO, *O Positivismo Jurídico – Lições de Filosofia do Direito*, São Paulo, 1999, pp. 47 ss.

[84] Cfr. EDMUND BURKE, *Réflexions sur la Révolution de France*, Ed. Hachette/Pluriel, Paris, 1989, em especial, pp. 42 ss.

[85] Cfr. JOSEPH DE MAISTRE, *Consideraciones sobre Francia*, Tecnos, Madrid, 1990, em especial, pp. 62 ss.

[86] Cfr. WILHELM SAUER, *Rechts- und Staatsphilosophie*, Stuttgart, 1936, pp. 194 ss.

[87] Cfr. PAULO OTERO, *Instituições...*, I, pp. 496 ss.

[88] Para uma discussão sobre a autoridade moral do costume constitucional e a temática de um "mínimo de aceitação popular", cfr. LUÍS PEDRO PEREIRA COUTINHO, *A Autoridade Moral da Constituição*, pp. 618 ss.

a título de exemplo, a natureza histórica e consuetudinária da Constituição britânica em nada diminui a sua legitimidade face aos textos constitucionais da Europa Continental, tal como toda a história constitucional europeia anterior às Revoluções Liberais, revelando-se ilustrativa da noção material de Constituição histórica alicerçada nos costumes dos povos, transporta uma forma de legitimação democrática tradicional.

Esses princípios constitucionais materiais, alicerçados na tradição cultural e observados na experiência histórica de cada país, afirmando-se como constantes da vivência institucional de uma nação, mostram-se susceptíveis de moldar a normatividade da própria Constituição formal: as normas escritas constitucionais, positivando tais constantes ditadas pelo tempo, assumirão uma natureza meramente declarativa.

Mostra-se ainda possível encontrar através do apelo à ideia de nação, vista numa acepção hegeliana como "espírito do povo"[89], uma vertente de expressão democrática da vontade da colectividade com directa projecção constitucional, isto independentemente de estar (ou não) expressamente formalizada em normas escritas: o desuso e o costume *contra constitutionem* são manifestações visíveis da desadaptação da Constituição formal à nação a que se destinam e, simultaneamente, a expressão da vontade constituinte da nação em sentido contrário às normas escritas da Constituição "oficial" carecidas de efectividade social[90].

VI. Nem sempre a nação, no entanto, se mostra geradora de uma vontade constituinte *contra constitutionem*, sendo também susceptível de revelar uma normatividade não escrita *secundo* ou *praeter constitutionem*.

Observemos dois exemplos deste verdadeiro poder constituinte informal que, emanado da nação, se encontra presente em todas as experiências constitucionais ocidentais de matriz formal:

(*i*) É na tradição religiosa judaico-cristã que, fazendo de cada ser humano imagem e semelhança de Deus[91], se alicerça o fundamento último da liberdade e da dignidade de cada pessoa: as normas constitucionais que consagram o respeito e a garantia da dignidade e da liberdade humanas limitam-se a acolher uma ordem de valores culturalmente identificativa de um "espírito comum" ou de uma "consciência jurídica geral" existente numa colectividade fundada historicamente em tais valores religiosos;

---

[89] Cfr. HEGEL, *A Razão na História*, pp. 56 e 57.
[90] Cfr. PAULO OTERO, *Instituições...*, I, pp. 498-499.
[91] Cfr. Gen. I, 26 e 27.

(*ii*) O respeito em Estados laicos por feriados religiosos, pela existência de crucifixos em estabelecimentos públicos ou o fazer de Domingo o dia de descanso semanal (e não, por exemplo, qualquer outro dia da semana) radica numa tradição religiosa que, sendo elemento integrante do conceito de nação, expressa uma vontade democrática e constituinte da colectividade historicamente consolidada.

E o que se acaba de dizer em matéria de projecção constitucional da tradição religiosa integrante do conceito de nação vale integralmente para a ordem de valores morais identificativos de uma comunidade como nação: além da sua projecção ao nível da densificação das cláusulas gerais de ordem pública e respeito pelos bons costumes no âmbito do Direito Privado[92], é ainda o respeito pelo princípio democrático emergente da vontade histórica da nação que, sem expressa norma constitucional em sentido contrário, impede, por exemplo, o legislador ou o juiz de transformar o casamento num vínculo entre pessoas do mesmo sexo[93] ou conferir-lhe um sentido poligâmico[94], tal como impedirá ainda a legalização da prostituição.

Há aqui uma dimensão histórica da Constituição material que radica na vontade informal e inorgânica da colectividade, sendo dotada também de democraticidade e mostrando-se passível de projectar efeitos genéticos a nível infraconstitucional.

(*c*) *A receptividade constitucional à função democrática da nação: um modelo democrático concorrente*

VII. Será que um tal conceito de democracia, fazendo apelo à ideia de nação, enquanto expressão cultural inorgânica da vontade da colectividade, se mostra acolhido pela Constituição de 1976?

---

[92] Sobre a projecção da moral social na cláusula dos bons costumes, cfr. JOSÉ DE OLIVEIRA ASCENSÃO, *Direito Civil. Teoria Geral*, III, Coimbra, 2002, pp. 274 e 275; ANTÓNIO MENEZES CORDEIRO, *Tratado de Direito Civil Português*, I, Tomo 1.º, 3.ª ed., Coimbra, 2005, pp. 707 ss.

[93] Neste sentido, o estipulado no artigo 1577.º no Código Civil, consagrando o casamento como um vínculo jurídico entre duas pessoas de sexo diferente, traduz uma norma materialmente constitucional que, atendendo à subordinação das normas internas sobre direitos fundamentais à Declaração Universal dos Direitos do Homem, nem poderá ser modificada por via de revisão da Constituição formal, uma vez que, segundo o artigo 16.º, n.º 1, da Declaração Universal, o direito a casar é um vínculo envolvendo homem e mulher.

[94] Note-se, todavia, que o sentido poligâmico do casamento, apesar de se encontrar afastado da tradição constitucional judaico-cristã, mostra-se perfeitamente compatível com a cultura islâmica, comprovando-se, igualmente por esta via, a importância da dimensão cultural na configuração da normatividade constitucional e na substanciação de um modelo de democracia alicerçado na vontade da nação.

Respondemos em sentido afirmativo, isto por cinco ordens de argumentos:

(*i*) Em primeiro lugar, a própria Constituição, procurando legitimar juridicamente a Revolução de 25 de Abril, refere no seu preâmbulo que o Movimento das Forças Armadas desencadeou o derrube do regime então vigente, interpretando os "sentimentos profundos" do povo português: há aqui, neste apelo aos sentimentos do povo, uma clara recuperação da vontade abstracta da colectividade, identificada com o querer democrático da nação, que, interpretada pelos militares, em 25 de Abril de 1974, justificou o golpe e o preâmbulo da Constituição acolhe, sanciona e legítima;

(*ii*) Em segundo lugar, a propósito do fundamento da autonomia regional, a Constituição refere-se às "históricas aspirações autonomistas das populações insulares" (artigo 225.º, n.º 1): igualmente aqui, os constituintes, num claro propósito interpretativo de tais "históricas aspirações", resolveram atribuir relevância a uma vontade abstracta e difusa da colectividade insular, encontrando nessa parcela do querer da nação um justificativo da consagração normativa de um regime político-administrativo próprio para os Açores e a Madeira;

(*iii*) Em terceiro lugar, à luz de um modelo de sociedade pluralista e aberta, não pode existir uma só forma de expressão da vontade popular, nem a relevância dessa vontade se pode limitar aos processos formais tipificados: o artigo 2.º fala no "pluralismo de expressão" que se aplica à própria soberania popular, devendo considerar-se que, sob pena desta deixar de ser soberana, não se pode circunscrever aos processos formais – a soberania popular encontra na nação, enquanto expressão da síntese identificativa do "património cultural do povo português" (artigo 9.º, alínea e)), uma forma legitimadora da expressão inorgânica da vontade democrática da colectividade;

(*iv*) Em quarto lugar, igualmente o apelo à participação democrática dos cidadãos (artigo 9.º, alínea c)) e o propósito do Estado de Direito democrático de reforçar o aprofundamento da democracia participativa (artigo 2.º) exigem que se tome em consideração formas inorgânicas de expressão da vontade da colectividade: o conceito constitucional de democracia não se limita às formas orgânico-representativas, apelando também a uma dimensão material que faz radicar na colectividade, enquanto um todo histórico-culturalmente unificado na ideia de nação, os seus alicerces;

(*v*) Em quinto lugar, uma vez que o Estado tem como incumbência "promover a salvaguarda e a valorização do património cultural, tornando-o elemento vivificador da *identidade cultural comum*" (artigo 78.º, n.º 2, alínea c)), nunca pode o princípio democrático deixar de integrar no seu seio essa "identidade cultural comum", identificada com o conceito de nação, enquanto expressão de uma forma de legitimação democrática baseada na vontade inorgânica da colectividade e passível de gerar soluções normativas de índole constitucional.

A Constituição habilita hoje, seja através da expressão "património cultural do povo português" ou "identidade cultural comum", que se atribua relevância à vontade proveniente de uma dimensão intemporal da "comunidade sucessiva de gerações" que, traduzindo o querer democrático da nação, traduz a específica "maneira portuguesa de estar no mundo"[95].

VIII. Mostra-se possível, deste modo, a concorrência constitucional entre soluções ditadas por diferentes modelos democráticos que, sendo uma expressão de pluralismo de uma sociedade aberta, poderá conduzir a uma certa conflitualidade de legitimidades reivindicativas de democraticidade: por um lado, a expressão da vontade maioritária através de formas orgânico--representativas previstas expressamente na Constituição (v.g., resultados de um referendo, votação parlamentar) e, por outro lado, a reivindicação vivificadora da identidade cultural comum como fonte de soluções contrárias à vontade maioritária.

Uma tal conflitualidade potencial de soluções, traduzindo o pluralismo de expressões democráticas da vontade popular, não pode deixar de fazer apelo, segundo um espírito de tolerância, a um consenso de sobreposição ou entrecruzado (Rawls): inexistindo numa democracia soluções irreversíveis, há sempre que procurar um respeito mútuo pela diversidade de soluções e tentar encontrar procedimentos democráticos tendentes a moderar as rivalidades, impossibilitando que, verificando-se a ausência de soluções atentatórias da justiça e da dignidade humana, uma delas possa ser imposta pelo Estado por via sancionatória.

É que, urge sublinhar, não se pode afastar a existência de momentos de perturbação da consciência social ou de "obscurecimento da consciência colectiva"[96] que, tornando a identidade cultural comum em instrumento revelador de soluções atentatórias da dignidade da pessoa humana (v.g., a perseguição e expulsão de ciganos ou de judeus), nunca se devem reconhecer como juridicamente admissíveis: tal como a validade da vontade decorrente de formas orgânicas de expressão do princípio maioritário se tem de subordinar a critérios

---

[95] Expressão de ADRIANO MOREIRA, *A Espuma do Tempo*, p. 187.
[96] Expressão de JOÃO PAULO II, *Carta Encíclica «Evangelium Vitae»*, n.º 70.

materiais decorrentes da ordem axiológica de uma democracia humana, igualmente a relevância da vontade inorgânica da nação nunca pode deixar de se encontrar vinculada pelos valores decorrentes da dignidade da pessoa humana.

A Constituição nunca pode reconhecer relevância a uma "identidade cultural comum" atentatória da dignidade humana: o artigo 1.º faz sempre prevalecer a dignidade da pessoa humana sobre qualquer manifestação (formal ou informal) da vontade popular, razão pela qual os valores do pluralismo e da democracia se subordinam ao respeito pela dignidade humana.

3.4. Juridicidade e princípio do Estado de Direito

BIBLIOGRAFIA: MARIA LÚCIA AMARAL, *A Forma da República*, pp. 150 ss.; GOMES CANOTILHO, *Direito Constitucional e Teoria...*, pp. 243 ss.; JORGE BACELAR GOUVEIA, *Manual...*, II, pp. 777 ss.; JORGE MIRANDA, *A Constituição de 1976*, pp. 473 ss.; IDEM, *Manual...*, IV, pp. 216 ss.; JORGE REIS NOVAIS, *Os Princípios Constitucionais...*, pp. 15 ss.

3.4.1. *As coordenadas jurídicas do Estado de Direito*

BIBLIOGRAFIA: PAULO OTERO, *O Poder de Substituição...*, II, pp. 551 ss.; IDEM, *Legalidade e Administração Pública*, pp. 349 ss.

I. O Estado de Direito democrático, além de ser um Estado pluralista, é também um Estado de juridicidade ou Estado de Direito material: o Poder encontra-se sujeito a regras e princípios jurídicos que excluem a prepotência, o arbítrio e a injustiça.

Num outro sentido, verifica-se que o Estado não está sujeito apenas à lei que cria – identificada pela Constituição como "legalidade democrática" –, seja porque o pluralismo envolve uma concepção plural das fontes voluntárias (internas e internacionais) da ordem jurídica, seja porque o Estado de Direito material se afasta do positivismo legalista, apelando a valores e princípios que transcendem o Poder público e o limitam.

A juridicidade identifica-se, deste modo, com o Direito: o Estado de juridicidade, encontrando-se vinculado à ideia de Direito justo que lhe é superior, anterior e indisponível, reconhece que existem princípios jurídicos fundamentais que, independentemente de estarem positivados, vinculam o legislador (constituinte e ordinário), os órgãos administrativos e os tribunais.

(a) A materialidade do Estado de Direito: a "consciência jurídica geral"

II. O problema nuclear do Estado de Direito material, centrando-se na limitação do Poder, não está tanto na legitimidade política do decisor ou na simples regularidade formal do processo de produção das normas, antes se desloca para a compatibilidade do conteúdo de cada norma (que não seja axiologicamente neutra em termos de justiça) com os valores integrantes de uma ordem suprapositiva que encontra o seu sentido último na "consciência jurídica geral"[97] em torno da dignidade da pessoa humana e da inerente ideia de um Direito justo[98].

Neste sentido, o apelo à "consciência jurídica geral", fazendo da natureza sagrada e inalienável da dignidade de cada pessoa humana viva e concreta o cerne da ideia de Direito justo, subordinando o próprio texto constitucional, determina que o Estado de Direito material se funde na efectividade de cinco postulados estruturantes:

(i) O respeito e o dever de protecção – pelo Estado e por todos os demais sujeitos – da vida humana e de uma existência condigna a cada ser humano;

(ii) A proibição de utilização da pessoa humana como meio – seja por ela própria, por terceiros ou pelo Estado –, pois cada ser humano assume-se sempre como um "fim em si mesmo"[99], sujeito e autor da História e nunca seu objecto;

(iii) O direito ao livre desenvolvimento da personalidade de todos os seres humanos e o reconhecimento de todos os demais direitos de personalidade;

(iv) A proibição do arbítrio, de actuações violadoras da proporcionalidade e da imparcialidade e ainda de todas as discriminações infundadas no tratamento das pessoas;

---

[97] Sobre a "consciência jurídica geral", enquanto síntese de princípios e valores que dão sentido ao Direito e determinam a validade do seu próprio conteúdo, cfr. A. CASTANHEIRA NEVES, *Fontes do Direito – Contributo para a revisão do seu problema*, in *Digesta – Escritos acerca do Direito, do Pensamento Jurídico, da sua Metodologia e Outros*, II, Coimbra, 1995, pp. 65 ss.; IDEM, *Curso de Introdução ao Estudo do Direito*, Policop., Coimbra, 1971-72, pp. 423-h ss.; IDEM, *A Unidade do Sistema Jurídico: o seu problema e o seu sentido*, in *Estudos em Homenagem ao Prof. Doutor J.J. Teixeira Ribeiro*, II, Coimbra, 1979, pp. 176 ss.; IDEM, *Metodologia Jurídica – Problemas Fundamentais*, Coimbra, 1993, pp. 48-49 e 280 ss.; FERNANDO JOSÉ BRONZE, *Lições de Introdução ao Direito*, Coimbra, 2002, pp. 431 ss.

[98] Cfr. PAULO OTERO, *Legalidade e Administração Pública*, pp. 23 ss. e 250 ss. e 411 ss.

[99] Cfr. IMMANUEL KANT, *La Metafísica…*, pp. 335-336; IDEM, *Fundamentação…*, pp. 66 ss.

(v) O direito de recusar cometer uma injustiça e de recusar participar na prática de uma injustiça, traduzindo um direito fundamental[100], envolve o reconhecimento de mecanismos de autotutela privada ou de resistência contra actos "jurídicos" intrinsecamente injustos.

Aqui reside o cerne da "consciência jurídica geral", isto é, a lei fundamental da Constituição ou, em termos sinónimos, aqui se expressam as bases materiais da Constituição de um Estado humano.

III. Se o Estado de Direito material não é escravo da lei positiva, nem o parlamento ou a Constituição têm qualquer legitimidade para obrigar através de normas cujo conteúdo é violador da "consciência jurídica geral", regista-se que a soberania popular está limitada de forma imperativa pelo respeito à dignidade da pessoa humana: não há maiorias, unanimidades ou consensos eleitorais, referendários ou parlamentares que derroguem validamente o sentido último da ideia de Direito – esse é também o sentido do artigo 1.º da Constituição ao conferir precedência e prevalência à dignidade humana sobre a vontade popular.

Significa isto, por outras palavras, que o Estado de Direito democrático antes de ser democrático (e até para ser democrático) é um Estado de Direito: é na "consciência jurídica geral" que se encontra a fonte de heterovinculação axiológica do legislador constituinte e o referencial último de validade do exercício dos poderes constituídos.

Torna-se questão central do Estado de juridicidade a resposta a uma interrogação: como se revela a "consciência jurídica geral"?

IV. A revelação da "consciência jurídica geral", isto é, o processo determinativo da ordem axiológica suprapositiva que fornece o material genético formador dos princípios jurídicos fundamentais do ordenamento de um Estado de juridicidade, não se identifica necessariamente com o "consenso social" maioritário.

Se essa poderia ser, numa primeira aproximação, uma solução conforme com o princípio democrático, o certo é que a maioria não é critério de verdade ou, se se pretender, não traduz a garantia de uma "consciência jurídica geral"

---

[100] Neste sentido, cfr. JOÃO PAULO II, *Carta Encíclica «Evangelium Vitae»*, n.º 74.
Para mais desenvolvimentos, cfr. PAULO OTERO, *O direito fundamental a não participar num acto injusto*, in P. BARBAS HOMEM/E. VERA-CRUZ PINTO/G. PORTOCARRERO DE ALMADA/P. TEIXEIRA PINTO (org.), *João Paulo II e o Direito – Estudos por ocasião do 25.º aniversário do seu pontificado*, Principia, Cascais, 2003, pp. 129 ss.

justa, antes o princípio maioritário conhece sempre limites[101]: a eventual aprovação maioritária por deliberação parlamentar ou por referendo dos crimes de genocídio contra os judeus praticados pela Alemanha Nazi ou pela Rússia estalinista, tal como as "limpezas étnicas" cometidas já na década de noventa do século XX na ex-Jugoslávia, nunca tornaria tais actos menos odiosos ou mais legítimos.

Num outro sentido, em tempos de relativismo ético e de desorientação moral, perante a fácil instrumentalização das consciências pelos meios de comunicação social, encontram-se na sociedade sectores e períodos de ofuscamento ou obscurecimento do valor inviolável da dignidade humana.

Perante um tal cenário, a recondução da "consciência jurídica geral" ao "consenso social" maioritário pode tornar-se ainda mais perigosa do que a própria negação de referenciais axiológicos suprapositivos.

Naturalmente, a "consciência jurídica geral" não pode deixar de tomar em consideração os "patrões culturais dominantes numa sociedade"[102] que, formando uma espécie de "espírito comum"[103], justificam o carácter *geral* dessa "consciência jurídica". No entanto, nem todos os padrões culturais dominantes de uma sociedade se podem ter *a priori* como válidos, daí que nem todos eles integram a "consciência jurídica geral", tal como esta não se esgota nestes.

Precisamente porque se trata de uma consciência *jurídica*, isto significa que os próprios elementos reveladores do respectivo carácter *geral* da consciência se têm de submeter ao crivo da justiça, enquanto tarefa de reconhecimento dos juristas sufragada pela *communis opinio*[104].

A "consciência jurídica geral" encontra o seu referencial último gerador do *consensus* comunitário dentro de cada homem: tendo cada homem nas profundezas do seu coração a "nostalgia da verdade absoluta e a sede de chegar à plenitude do seu conhecimento"[105], é no fundo da sua própria consciência que "o homem descobre uma lei que não impôs a si mesmo, mas à qual deve obedecer"[106].

---

[101] Para mais desenvolvimentos, neste último sentido, cfr. PAULO OTERO, *A Democracia Totalitária*, pp. 171 ss.

[102] Cfr. FERNANDO JOSÉ BRONZE, *Lições...*, p. 433.

[103] Cfr. A. CASTANHEIRA NEVES, *Metodologia...*, p. 280.

[104] Sobre o papel dos juristas, cfr., por todos, RUY DE ALBUQUERQUE, *Direito de juristas – Direito de Estado*, in *Revista da Faculdade de Direito da Universidade de Lisboa*, vol. XLII, n.º 2, 2001, pp. 751 ss., em especial, pp. 791.

[105] Cfr. JOÃO PAULO II, *Carta Encíclica «Veritatis Splendor»*, de 6 de Agosto de 1993, ed. Rei dos Livros, Lisboa, 1993, n.º 1.

[106] Cfr. *Constituição Pastoral «Gaudium et Spes»*, de 7 de Dezembro de 1965, do Concílio Vaticano II, n.º 16. Em igual sentido, cfr. JOÃO PAULO II, *Carta Encíclica «Veritatis Splendor»*, n.º 54.

Existe, deste modo, utilizando as palavras de João Paulo II, "uma lei moral objectiva que, enquanto «lei natural» inscrita no coração do homem", serve de "ponto normativo de referência para a própria lei civil"[107].

A consciência, sendo "o núcleo mais secreto e o santuário do homem"[108], é a morada da incessante luta do ser humano pelo conhecimento da verdade e pela revelação do sentido último de justiça que serve de base axiológica à "consciência jurídica geral". É na fidelidade à voz da consciência recta que, unindo cada ser humano a todos os demais na busca da verdade[109], se encontra um apelo a optar pelo bem e a evitar o mal.

Ora, é nesta comunhão de consciências rectas geradoras de valores comprometidos com o bem de cada ser humano e a sua articulação com o bem comum da sociedade que se forma o *consensus* comunitário que alicerça a "consciência jurídica geral": a ordem axiológica suprapositiva parte do homem e encontra no homem o seu referencial teleológico; o homem surge como autor e destinatário do Direito, radicando na sua dignidade o fundamento último de uma ordem jurídica axiologicamente justa.

Os juristas têm aqui um papel insubstituível na revelação da "consciência jurídica geral" através da determinação da justiça em concreto de uma ordem jurídica: "só quando reconhecida como justa pelos juristas a lei se pode ter como direito"[110].

Nos juízes, por um lado, segundo um modelo de organização constitucional que confere ao poder judicial a última palavra na aplicação do Direito, e no pensamento dos peritos universitários[111], por outro, desenvolvendo uma actividade crítica e construtiva da ciência, se poderá alicerçar a "consciência ética da comunidade"[112], sabendo-se que essa consciência é hoje, cada vez mais, dotada de uma dimensão internacional ou universal: a "consciência jurídica geral", enquanto expressão de uma dimensão axiológico-normativa fundada na dignidade da pessoa humana e envolvendo a ideia de um ordenamento jurídico baseado na justiça, traduz um imperativo reconhecido por toda a Comunidade Internacional, sem prejuízo das suas diferentes manifestações e configurações.

---

[107] Cfr. JOÃO PAULO II, *Carta Encíclica «Evangelium Vitae»*, n.º 70.
[108] Cfr. *Constituição Pastoral «Gaudium et Spes»*, n.º 16.
[109] Cfr. *Constituição Pastoral «Gaudium et Spes»*, n.º 16.
[110] Cfr. RUY DE ALBUQUERQUE, *Direito de juristas...*, p. 791.
[111] Sublinhando o papel dos ensinamentos dos peritos (doutores) na revelação da justiça do Direito, cfr., por todos, RUY DE ALBUQUERQUE, *Direito de juristas...*, pp. 790 ss.
[112] Neste sentido, cfr. A. CASTANHEIRA NEVES, *O papel do jurista no nosso tempo*, in *Boletim da Faculdade de Direito da Universidade de Coimbra*, vol. XLIV, 1968, pp. 135 e 136.

V. A subordinação do Estado de Direito material ou Estado de juridicidade à ordem de valores expressa pela "consciência jurídica geral" e normativamente materializada nos princípios jurídicos fundamentais determina dois principais efeitos:

(i) Origina, por um lado, a invalidade de todo o Direito positivo que se encontra em desarmonia com a ordem axiológica suprapositiva: desde as normas constitucionais até às normas regulamentares, sem esquecer as leis, todo o Direito positivo produzido pelo Poder político, desde que não seja axiologicamente neutro em termos de justiça, encontra o seu referencial de validade na "consciência jurídica geral";

(ii) Envolve, por outro lado, uma clara prevalência hierárquico-normativa das fontes heterovinculativas do Poder perante as fontes normativas que manifestam uma autovinculação reconduzível ao conceito constitucional de "legalidade democrática": a vontade jurídica do Poder encontra limites axiológicos alheios ao princípio democrático e ao jogo das forças resultantes do princípio maioritário ou da soberania popular.

(b) Idem: goza o Direito escrito de uma presunção de justiça?

VI. Será admissível alicerçar no Direito escrito uma presunção de justiça?
Por outras palavras: em que medida o Direito escrito, proveniente dos órgãos constitucionalmente habilitados para a sua emanação, deve gozar da presunção de que, salvo prova em contrário, se mostra conforme com a ordem axiológica suprapositiva?
Se é certo que a Constituição formal, traduzindo sempre uma síntese axiológica reveladora da ideia de Direito vigente numa concreta comunidade e num determinado tempo, comporta em si uma presunção de conformidade com um Direito justo, a verdade é que não se podem alimentar excessivos efeitos de uma tal presunção de justiça resultante do texto da Constituição escrita:

(i) Por um lado, essa presunção admite sempre prova em sentido contrário, encontrando-se aberta a possibilidade de se demonstrar que normas ou princípios consagrados na Constituição formal se revelam violadores da "consciência jurídica geral", gerando-se aqui um típico caso de inconstitucionalidade de normas constitucionais;

(ii) Por outro lado, diante de textos constitucionais provenientes de processos não democráticos de manifestação da vontade constituinte ou instituidores de regimes políticos não pluralistas poderá mesmo essa presunção de justiça das suas soluções normativas desaparecer ou inverter-se.

VII. E quanto ao Direito positivo infraconstitucional? Será possível dele extrair a presunção de que corresponde a Direito justo? Também aqui entendemos que importa diferenciar algumas hipóteses:

(*i*) No que diz respeito ao Direito escrito infraconstitucional emanado ao abrigo de uma Constituição (presente ou passada) cujas normas não gozam (ou gozavam) de uma presunção de justiça, esse Direito ordinário nunca poderá beneficiar de uma tal presunção;

(*ii*) Se o Direito escrito infraconstitucional foi objecto de fiscalização preventiva da constitucionalidade e o Tribunal Constitucional pronunciou-se pela sua inconstitucionalidade material, tendo sido promulgado sem que a norma ou as normas em causa tenham sido expurgadas, ou se já foi, em sede de fiscalização sucessiva, julgado inconstitucional por razões materiais em um ou em dois casos concretos, nunca se poderá estabelecer qualquer presunção de justiça, antes o mesmo permite alicerçar uma presunção inversa;

(*iii*) Se, ao invés, o Direito escrito infraconstitucional foi objecto de fiscalização preventiva da constitucionalidade e o Tribunal Constitucional pronunciou-se pela sua não inconstitucionalidade, tal como em fiscalização sucessiva (abstracta ou concreta) nunca foi objecto de um juízo de inconstitucionalidade material, antes perante o suscitar da questão o poder judicial considerou não existir inconstitucionalidade, poderá aqui formular-se uma presunção de justiça;

(*iv*) Se, numa última hipótese, o Direito escrito infraconstitucional nunca foi objecto de qualquer processo de fiscalização da constitucionalidade, será sempre através do seu confronto com as normas constitucionais sobre direitos fundamentais que gozam de aplicabilidade imediata que se poderá traçar o recorte de uma eventual presunção de justiça.

Independentemente da postura dos tribunais, os quais têm o poder (e o dever) de recusar a aplicação de quaisquer normas que considerem violadoras da Constituição e dos princípios nela consignados (artigo 204.º), o tema da desobediência dos restantes aplicadores do Direito à normatividade jurídico-positiva que se mostra contrariar a "consciência jurídica geral" deve pautar-se pelos limites decorrentes das regras definidas sobre a presunção de justiça.

(c) O problema da obediência ao Direito inválido

VIII. O problema da obediência ao Direito inválido – seja por contrariar a "consciência jurídica geral" ou por qualquer outra razão –, sacrificando-se a justiça à segurança e conferindo-se prevalência à ordem perante o risco de anarquia, pode mesmo configurar-se como o "calcanhar de Aquiles" do Estado de juridicidade.

Em situações extremas de violação da "consciência jurídica geral", tratando-se das designadas "leis injustas", não podendo ser tidas como verdadeiras normas jurídicas, antes são "(...) «monstros», só por contraste susceptíveis de revelarem a verdade do direito"[113], coloca-se o específico problema do poder e do dever de lhes recusar validade e aplicação, legitimando-se a decisão *contra legem* ou *contra constitutionem*[114].

É nessa legitimação de decisão contrária ao Direito positivo, fazendo prevalecer os valores inerentes à dignidade da pessoa humana e à justiça, que reside a raiz última do Estado de juridicidade: o Estado de Direito material, não sendo escravo da lei positiva, nunca pode deixar de admitir a desobediência ao "Direito" injusto.

Uma vez mais, se exceptuarmos os tribunais, enquanto últimos guardiões da ordem constitucional e da "consciência jurídica geral" perante o próprio texto constitucional, o problema da conduta a adoptar perante actos jurídicos inválidos pode suscitar-se diante de dois diferentes aplicadores do Direito:

– Os particulares;
– A Administração Pública.

IX. Começando pelos particulares, o tema da obediência ao Direito inválido, especialmente à lei injusta, remonta à Grécia antiga, encontrando-se no exemplo da tragédia Antígona de Sófocles a ilustração da existência de um direito de desobedecer aos decretos ímpios e, em sentido contrário, no exemplo da morte de Sócrates, segundo resulta do diálogo com Críton, a obediência à sentença injusta[115].

Uma tal dualidade de respostas que a Historia regista quanto ao que deve uma pessoa fazer perante actos jurídico-públicos inválidos, sem prejuízo de todos os desenvolvimentos ocorridos nos últimos dois milénios e meio, encontra quatro níveis de resposta à luz da Constituição de 1976:

(i) Tratando-se do pagamento de impostos criados em violação da Constituição, tal como se tiverem natureza retroactiva ou se forem liquidados ou cobrados em violação de lei, o artigo 103.º, n.º 2, legítima a desobediência: ninguém pode ser obrigado a pagá-los;

---

[113] Cfr. MANUEL GOMES DA SILVA, *Esboço de uma Concepção Personalista do Direito*, Lisboa, 1965, p. 137.

[114] Cfr. A. CASTANHEIRA NEVES, *Questão-de-facto – Questão-de-direito ou o Problema Metodológico da Juridicidade*, I, Coimbra, 1967, p. 578; IDEM, *O papel do jurista...*, p. 135.

[115] Para mais desenvolvimentos, cfr. PAULO OTERO, *Instituições...*, I, pp. 66 ss.

(ii) Se se tratar da obediência a um comando directo que se mostre violador dos direitos, liberdade e garantias, sem ser possível recorrer à autoridade pública ou, sendo possível, tudo se passando como se essa autoridade não existisse, o artigo 21.° confere a todos um direito de resistência: há o direito de desobedecer e, se necessário, segundo um juízo de proporcionalidade, repelir pela força qualquer agressão – trata-se da constitucionalização de um mecanismo de autotutela privada garantística dos direitos fundamentais;
(iii) Se estiver em causa a obediência a uma norma que, independentemente da sua invalidade, faça suscitar uma objecção de consciência, o artigo 41.°, n.° 6, reconhece, nos termos da lei, o direito à objecção de consciência: desde que a lei o admita, torna-se lícito, em nome da objecção de consciência, a desobediência à norma em causa;
(iv) Por último, independentemente do seu reconhecimento por qualquer norma expressa, o artigo 16.°, n.° 1, permite extrair, segundo postula o direito fundamental a não praticar ou colaborar na prática de um acto injusto, a não obediência a qualquer norma que imponha o dever de praticar ou colaborar na prática de um acto injusto[116].

Em qualquer destas situações, a Constituição confere aos particulares um direito a não acatar ou a não cumprir o Direito inválido, garantindo-se através desta forma de desobediência privada um genuíno Estado de juridicidade: é que não existe verdadeiro Estado de Direito material sem o reconhecimento de uma "competência privada" ou autotutela privada que, apesar de assumir sempre a natureza de *ultimum remedium*, funcione como travão a verdadeiras "manifestações do «torto» e não do direito"[117].

X. Bem mais complexo se mostra o posicionamento dos órgãos da Administração Pública perante a normatividade inválida, pois a Constituição determina, simultaneamente, a sua subordinação à Constituição e à lei (artigo 266.°, n.° 2) e, por outro lado, os tribunais são configurados como os últimos guardiões da constitucionalidade, inexistindo qualquer receito semelhante ao artigo 204.° face aos órgãos administrativos.

Nestes termos, tudo se resume a saber como deverá proceder a Administração Pública perante normas inválidas de dimensão constitucional[118]:

---

[116] Cfr. PAULO OTERO, *O direito fundamental a não participar num acto injusto*, pp. 132 ss.
[117] Expressão de MANUEL GOMES DA SILVA, *Esboço...*, p. 136.
[118] Para mais desenvolvimentos, cfr. PAULO OTERO, *Legalidade e Administração Pública*, pp. 658 ss.

devem os órgãos administrativos dar preferência aplicativa à norma inválida, impossibilitados que se encontram de controlar a sua conformidade constitucional, ou, pelo contrário, dever-se-á reconhecer-lhes um poder de desaplicar tal norma inválida e, por consequência, escolherem aplicar a norma que consideram constitucional?

Sem prejuízo das múltiplas situações equacionáveis, pode dizer-se que, por via de regra, atendendo a uma genérica prevalência do valor segurança face a uma alternativa potencialmente geradora de anarquia administrativa no seu relacionamento com a juridicidade, os órgãos administrativos não podem recusar a aplicação de normas com fundamento na sua inconstitucionalidade, excepto verificando-se uma de três situações:

(*i*) Sempre que se tratem de "leis injustas", enquanto negação de um Estado de Direito material baseado na dignidade da pessoa humana, isto mesmo que tais "normas" se encontrem fundadas em preceitos formalmente constitucionais, pois os mesmos serão normas constitucionais inconstitucionais;

(*ii*) Se a inconstitucionalidade decorrer da violação ostensiva da essência de preceitos constitucionais dotados de aplicabilidade directa, tal como sucede com as normas sobre direitos, liberdades e garantias do Título II da Parte I da Constituição e ainda aqueles direitos fundamentais que tenham natureza análoga (artigos 17.º e 18.º, n.º 1);

(*iii*) Sempre que a Constituição sancione expressamente a inconstitucionalidade com determinado desvalor jurídico, tal como acontece com a inexistência jurídica decorrente da falta de promulgação ou de assinatura (artigo 137.º) ou da falta de referenda (artigo 140.º, n.º 2) e ainda os casos de ineficácia decorrente da falta de publicação (artigo 119.º, n.º 2).

Uma tal solução, conduzindo a uma paradoxal vinculação de, por via de regra, a Administração Pública ter de aplicar uma normatividade inconstitucional (e até ilegal), permite afirmar que, sob uma aparente vinculação administrativa à juridicidade, se esconde uma realidade muito diferente: o sentido geral da vinculação da Administração Pública portuguesa à normatividade revela, atendendo a diversos factores[119], a existência de um verdadeiro Estado de juridicidade simulado.

---

[119] Para uma síntese ilustrativa de tais factores, cfr. PAULO OTERO, *Legalidade e Administração Pública*, pp. 1101-1102.

3.4.2. Os corolários axiológicos do Estado de Direito

BIBLIOGRAFIA: GOMES CANOTILHO, *Direito Constitucional e Teoria*..., pp. 256 ss.; JORGE MIRANDA, *Manual*..., IV, pp. 216 ss.

I. O princípio do Estado de Direito traduz uma síntese axiológica e uma pluralidade de princípios que, revelando uma integral subordinação do Poder à juridicidade, se consubstancia num conjunto de corolários identificativos da limitação do agir de todas as estruturas decisórias públicas.

Num certo sentido, tudo aquilo que serve para limitar o Poder, retirando--lhe arbitrariedade e omnipotência, se deve incluir no âmbito do princípio do Estado de Direito: o Estado de Direito configura-se como verdadeira cláusula geral que, assumindo uma natureza residual, alberga todo o tipo de limitações jurídicas ao Poder.

Como diz o Tribunal Constitucional, "no principio de Estado de Direito vai implicada uma ideia de protecção ou garantia dos direitos humanos e uma ideia de vinculação dos poderes públicos ao "direito justo", que tendo como pedra de toque a salvação da dignidade do homem como pessoa, e dominado por uma ideia de igualdade, não devendo nela haver lugar para a prepotência e para o arbítrio"[120].

II. O princípio do Estado de Direito, enquanto cláusula geral e residual de combate à prepotência e ao arbítrio do Poder, comporta diversos corolários axiológicos, sendo de salientar os quatro seguintes:

(*a*) Reversibilidade das decisões;
(*b*) Tutela da segurança e protecção da confiança;
(*c*) Subordinação geral aos princípios do artigo 266.°, n.° 2;
(*d*) Tutela jurisdicional efectiva.

Observemos, sumariamente, cada um destes corolários do Estado de Direito.

(a) Reversibilidade das decisões

III. Não obstante todo o princípio do Estado de Direito ser dominado pela ideia de limitação do Poder, a verdade é que, talvez por isso mesmo, todo

---

[120] Cfr. Acórdão do Tribunal Constitucional n.° 282/91, de 23 de Maio de 1991, relativo ao processo n.° 89-0279, in www.dgsi.pt/atco1.nsf.

o Estado de Direito próprio de um modelo democrático, uma vez que rejeita a infalibilidade e a omnipotência, acolhendo antes a abertura a novas ideias e estando sempre pronto a discutir os problemas, assenta num princípio geral de reversibilidade ou revogabilidade das suas decisões[121]: o Estado de Direito não conhece decisões normativas imodificáveis.

A ordem jurídica de um Estado de Direito tem como característica a sua modificabilidade intencional[122]: não existem actos jurídicos normativos eternos, verificando-se que todos eles podem ser objecto de alteração deliberada.

Essa reversibilidade das decisões normativas de um Estado de Direito, expressando a sua permanente disponibilidade em colocar sempre tudo de novo à discussão, numa postura de quem se encontra predisposto a corrigir-se e a melhorar as suas decisões, conjuga a margem de liberdade conformadora do legislador/administrador e o princípio maioritário.

Com efeito, a alternância democrática do poder, permitindo que uma maioria política seja substituída por uma nova maioria dotada de diferentes concepções configuradoras da realidade, nunca poderia pressupor que as decisões adoptadas pela anterior maioria fossem imodificáveis: a liberdade conformadora do decisor legislativo e administrativo de cada nova maioria que alterna no poder tem de pressupor a reversibilidade das anteriores soluções normativas, tal como a nova maioria sabe que, amanhã, em futuras eleições, o seu projecto poderá ser substituído por um diferente.

A própria vontade do eleitorado expressa através de referendo não deixa de se encontrar sujeita ao postulado da reversibilidade: não existem resultados vinculativos de um referendo que jamais possam ser questionados ou alterados por um novo referendo – a um referendo há sempre a possibilidade de, sobre a mesma matéria, suceder um novo referendo.

A irreversibilidade de quaisquer decisões normativas torna-se, no sentido em que exclui a renovação ou a actualização da vontade popular constitutiva da ordem jurídica, um atentado ao Estado de Direito democrático, enquanto modelo constitucional fundamentador de uma "legalidade democrática".

IV. Se o Estado de Direito, em conjugação com o princípio democrático, determina a reversibilidade das suas decisões normativas, pressupondo sem-

---

[121] Neste sentido, referindo-se à democracia, apesar de tais ideias serem perfeitamente transpostas para o Estado de Direito, pois não existe verdadeira democracia sem Estado de Direito, nem verdadeiro Estado de Direito sem democracia, cfr. GUSTAVO ZAGREBELSKY, *A Crucificação e a Democracia*, Coimbra, 2004, pp. 114 ss.

[122] Para mais desenvolvimentos, cfr. PAULO OTERO, *Lições de Introdução ao Estudo do Direito*, I, 2.º tomo, Lisboa, 1999, pp. 209 ss.

pre uma margem de discricionariedade ou de liberdade conformadora do legislador e da Administração Pública na implementação das ideias de uma determinada maioria política, espaço esse insusceptível de intervenção substitutiva pelos tribunais, por força da separação de poderes, a verdade é que depara com limites.

A reversibilidade decisória própria do Estado de Direito não é ilimitada.

O Estado de Direito tutela também valores que, tendo de se conjugar com a margem de liberdade conformadora do legislador e da Administração Pública, condicionam a amplitude da mutabilidade intencional das soluções normativas: a tutela da segurança jurídica e a protecção da confiança das pessoas são dois limites que, decorrendo ainda do próprio Estado de Direito, limitam a margem de reversibilidade decisória.

Observemos melhor esses mesmos corolários do Estado de Direito.

(b) Tutela da segurança e protecção da confiança

V. A reversibilidade das decisões de um Estado de Direito democrático nunca pode colocar em causa, todavia, a tutela da segurança jurídica e a protecção da confiança das pessoas: a estabilidade de soluções decisórias e a inerente previsibilidade de condutas são valores essenciais de um Estado de Direito.

Com efeito, um Estado de Direito também assenta numa certa permanência ou durabilidade da ordem jurídica, uma vez que a instabilidade da normatividade, sendo passível de colocar em causa a paz social, transformando o Direito num campo de batalha política entre a "nova maioria" e os adeptos da "velha maioria"[123], mostra-se igualmente passível de, num cenário de instabilidade social, acabar por lesar posições jurídicas subjectivas, colocando em causa os valores da confiança e da segurança.

Ora, a segurança serve de pressuposto de garantia da própria justiça e da liberdade inerentes a um Estado de Direito, uma vez que sem segurança a liberdade será ilusória e a justiça será precária[124].

A reversibilidade das soluções normativas, se se alicerça no princípio democrático próprio do Estado de Direito constitucionalmente configurado, a verdade é que tem sempre de se harmonizar com os valores da segurança jurídica e da protecção da confiança que são também objecto de protecção constitucional.

---

[123] Cfr. PAULO OTERO, *Lições de Introdução ao Estudo do Direito*, I, 1.º tomo, Lisboa, 1998, p.209.
[124] Cfr. PAULO OTERO, *Instituições...*, I, p. 605.

Num certo sentido, pode dizer-se que a segurança jurídica tutela valores objectivos da ordem jurídica, tal como é o caso da estabilidade e da certeza da realização do Direito, enquanto a protecção da confiança, assumindo uma dimensão de incidência subjectiva, versa sobre a previsibilidade e calculabilidade das condutas individuais face a um determinado quadro normativo[125].

VI. A jurisprudência do Tribunal Constitucional, independentemente da distinção traçada sobre a natureza objectiva ou subjectiva dos princípios em causa, considera que "o princípio da confiança garante inequivocamente um mínimo de certeza e segurança das pessoas quanto aos direitos e expectativas legitimamente criadas no desenvolvimento das relações jurídico-privadas, podendo afirmar-se que, com base em tal princípio, não é consentida uma normação tal que afecte de forma inadmissível, intolerável, arbitrária ou desproporcionadamente onerosa aqueles mínimos de segurança que as pessoas, a comunidade e o direito tem de respeitar"[126].

A liberdade conformadora do legislador, traduzindo sempre uma expressão própria da reversibilidade das opções políticas ditada pelo princípio maioritário, nunca poderá, todavia, habilitar um conteúdo decisório que se mostre "violar, intolerável, arbitraria ou opressivamente, as justificadas e fundadas expectativas e confiança dos cidadãos"[127] e, por maioria de razão, "a privação arbitrária de direitos adquiridos ou a injustificada privação retroactiva de direitos"[128].

A tutela da segurança e a protecção da confiança impedem, num sentido mais amplo, que a liberdade conformadora do decisor normativo possa, segundo soluções que de forma excessiva, inadmissível ou intolerável, desde que injustiçadas ou arbitrárias, lesar "as expectativas legítimas que os particulares depositavam na continuidade da Ordem Jurídica e na previsibilidade do seu devir"[129].

---

[125] Para mais desenvolvimentos sobre a protecção da confiança, cfr. JORGE MIRANDA, *Manual...*, IV, pp. 272 ss.; GOMES CANOTILHO, *Direito Constitucional e Teoria...*, pp. 257 ss.; MARIA LÚCIA AMARAL, *A Forma da República*, pp. 180 ss.; JORGE REIS NOVAIS, *Os Princípios Constitucionais...*, pp. 261 ss.; JORGE BACELAR GOUVEIA, *Manual...*, II, pp. 806 ss.

[126] Cfr. Acórdão do Tribunal Constitucional n.º 363/92, de 11 de Dezembro de 1992, relativo ao processo n.º 91-0283, in www.dgsi.pt/atco1.nsf.

[127] Cfr. Acórdão do Tribunal Constitucional n.º 233/91, de 23 de Maio de 1991, relativo ao processo n.º 89-0213, in www.dgsi.pt/atco1.nsf.

[128] Cfr. Acórdão do Tribunal Constitucional n.º 71/87, de 18 de Fevereiro de 1987, relativo ao processo n.º 86-0011, in www.dgsi.pt/atco1.nsf.

[129] Cfr. Declaração de voto da Conselheira Maria Lúcia Amaral, in Acórdão do Tribunal Constitucional n.º 615/07, de 19 de Dezembro de 2007, relativo ao processo n.º 385/07, in http://www.tribunalconstitucional.pt/tc/acordaos.

VII. A tutela da segurança e a protecção da confiança exigem, por conseguinte, que o decisor normativo, sem prejuízo de exercer a sua margem de liberdade conformadora da disciplina jurídica das respectivas matérias, se encontre especialmente vinculado a respeitar:

(*i*) O princípio da determinabilidade mínima das normas jurídicas, impondo a utilização de uma linguagem clara, perceptível e congruente[130], veda também, em nome da segurança jurídica, uma densificação insuficiente das normas susceptíveis de lesar posições jurídicas subjectivas, tal como sucede com a utilização excessiva ou desproposidada de "normas em branco" ou de conceitos vagos e indeterminados;

(*ii*) O princípio da proibição de pré-eficácia de actos normativos, excluindo que leis, convenções internacionais e regulamentos possam ser aplicados (ou mandados aplicar) antes de se encontrarem em vigor: ninguém se pode considerar vinculado a aplicar ou a adoptar uma conduta em conformidade com uma norma que ainda não foi publicitada[131] ou, tendo sido, ainda não entrou em vigor;

(*iii*) O princípio da proibição de retroactividade de normas que imponham ou envolvam (directa ou indirectamente) sacrifícios de natureza pessoal (artigo 29.°, n.ᵒˢ 1, 3 e 4) ou patrimonial (artigo 103.°, n.° 3) e ainda, em termos gerais, de todas as normas que traduzam a restrição (e, por maioria de razão, a proibição) do exercício de posições jurídicas subjectivas (artigo 18.°, n.° 3)[132];

(*iv*) O princípio da proibição de retrocesso das normas dotadas de uma conexão íntima com a protecção da inviolabilidade da vida humana e as condições mínimas indispensáveis à garantia da dignidade humana[133];

(*v*) O princípio da obrigatoriedade de inclusão de normas de direito transitório sempre que, num compromisso entre a aplicação da "lei nova" e a garantia da tutela de situações jurídicas adquiridas à luz da "lei velha", se procure uma solução consensual de salvaguarda da reversibilidade de um regime e o respeito pela segurança e protecção da confiança dos titulares de posições jurídicas anteriormente consolidadas.

---

[130] Cfr. PAULO OTERO, *Lições...*, I, 1.° tomo, Lisboa, pp. 195 ss.

[131] Especificamente sobre a publicidade das normas como requisito de segurança da ordem jurídica, cfr. PAULO OTERO, *Lições...*, I, 1.° tomo, Lisboa, pp. 191 ss.

[132] Cfr. PAULO OTERO, *Lições...*, I, 1.° tomo, Lisboa, pp. 199 ss.

[133] Para mais desenvolvimentos, cfr. PAULO OTERO, *Instituições...*, I, pp. 595 ss.

VIII. Igualmente ao nível da actividade pública que não reveste natureza normativa, a tutela da segurança jurídica e a protecção da confiança, enquanto valores inerentes a um Estado de Direito, projectam efeitos e justificam soluções:

(i) É o que sucede, desde logo, ao nível do exercício da função jurisdicional, fundamentando o princípio geral da estabilidade ou intangibilidade do caso julgado: as decisões judiciais insusceptíveis de recurso ordinário são, salvo situações excepcionalíssimas[134], definitivas e não podem ser modificadas;

(ii) Igualmente no âmbito do exercício da função administrativa, além de um princípio geral da estabilidade das vinculações contratuais administrativas, verifica-se que, na sequência de uma remota tradição histórica, os actos administrativos válidos que sejam constitutivos de posições jurídicas subjectivas favoráveis (: direitos e interesses legalmente protegidos) não podem ser livremente revogáveis, tal como os actos anuláveis que, por mero decurso do tempo, se consolidaram na ordem jurídica deixam de poder ser revogados com fundamento na sua invalidade inicial[135].

(c) Subordinação geral aos princípios do artigo 266.º, n.º 2

IX. O artigo 266.º, n.º 2, encontrando-se inserido num título da Constituição respeitante à Administração Pública, estipula o seguinte:

"Os órgãos e agentes administrativos estão subordinados à Constituição e à lei e devem actuar, no exercício das suas funções, com respeito pelos princípios da igualdade, da proporcionalidade, da justiça, da imparcialidade e da boa fé".

Nos termos de uma interpretação sistemática da Constituição há a extrair, desde logo, duas ilações prévias:

(i) O artigo 3.º, n.º 3, sujeitando a validade de todos os actos jurídico--públicos a uma relação de conformidade com a Constituição, vincula, directa e imediatamente, todas as estruturas decisórias públicas à Constituição: o artigo 266.º, n.º 2, nada acrescenta, neste sentido, ao princípio geral da vinculação de todos os órgãos e agentes do Poder à Lei Fundamental, limitando-se a confirmar essa mesma subordinação;

---

[134] Cfr. PAULO OTERO, *Lições...*, I, 2.º tomo, Lisboa, pp. 254-255.
[135] Cfr. PAULO OTERO, *Direito Administrativo – Relatório*, sep. da *Revista da Faculdade de Direito da Universidade de Lisboa*, Coimbra, 2001, pp. 333-334.

(*ii*) A vinculação de todas as entidades públicas e respectivas estruturas decisórias ao princípio da igualdade, emergindo do artigo 13.º e também do artigo 18.º, n.º 1, também se limita a encontrar um mero afloramento confirmativo no artigo 266.º, n.º 2: todo o poder se encontra subordinado ao princípio da igualdade e à inerente proibição de discriminação infundada ou arbitrária.

Tudo se resume, por conseguinte, a determinar, segundo o elenco constante do artigo 266.º, n.º 2, o campo subjectivo de operatividade da exigência de respeito pelos restantes princípios: os princípios da proporcionalidade, da justiça, da imparcialidade e da boa fé.

Será que a força vinculativa deste grupo de princípios, uma vez que se insere num título referente à Administração Pública, se circunscreve aos órgãos e agentes administrativos? Ou, pelo contrário, dever-se-á entender, à luz dos propósitos limitativos da prepotência e do arbítrio próprios de um Estado de Direito, que todas as estruturas decisórias públicas se encontram vinculadas a respeitar os princípios da proporcionalidade, da justiça, da imparcialidade e da boa fé?

Eis equacionado o problema a que cumpre encontrar resposta.

X. Importa começar por sublinhar, em primeiro lugar, que, sendo o Governo o órgão superior da Administração Pública (artigo 182.º), ele e todos os seus membros se encontram vinculados, por força directa do artigo 266.º, n.º 2, isto pelo menos sempre que exerçam funções de natureza administrativa (artigo 199.º), aos princípios da proporcionalidade, da justiça, da imparcialidade e da boa fé.

Em segundo lugar, a vinculação dos órgãos e agentes administrativos a tais princípios determina também que o legislador, sob pena de violar o artigo 266.º, n.º 2, nunca possa habilitar a Administração Pública a violar, derrogar ou dispensar a vinculação a esses mesmos princípios: o legislador encontra-se, neste sentido, adstrito a fazer cumprir os princípios do artigo 266.º, n.º 2, face a todos os órgãos e agentes administrativos.

E o mesmo se passa, esclareça-se, face ao poder judicial: os tribunais não podem deixar de controlar a validade da actuação administrativa tendo como padrão de conformidade os princípios da proporcionalidade, da justiça, da imparcialidade e da boa fé, tal como as normas legislativas reguladoras da actividade da Administração Pública. O artigo 266.º, n.º 2, também projecta efeitos vinculativos, deste modo, para o poder judicial.

Será isto suficiente para se poder concluir, imediatamente, que o legislador e os tribunais se encontram vinculados a respeitar os princípios da proporcionalidade, da justiça, da imparcialidade e da boa fé?

Respondemos em sentido negativo: todas as situações apontadas têm sempre ainda como referência a Administração Pública, tratando-se da simples projecção indirecta ou reflexa do artigo 266.º, n.º 2, sobre as restantes funções na sua articulação com o poder administrativo.

Ora, aquilo que importa saber é, recorde-se, se os princípios da proporcionalidade, da justiça, da imparcialidade e da boa fé vinculam sempre a actuação de todas as estruturas decisória públicas que não exercem a função administrativa, nem se cruzam ou relacionam com órgãos e agentes admitrativos.

XI. Nos termos em que se encontra equacionada a questão respondemos claramente em sentido afirmativo: os princípios da proporcionalidade, da justiça, da imparcialidade e da boa fé – tal como os princípios da constitucionalidade e da igualdade – vinculam a actuação de todas as estruturas decisórias públicas, pois, apesar de referenciados no artigo 266.º, n.º 2, a propósito da Administração Pública, eles consubstanciam corolários axiológicos de um Estado de Direito.

Seria imaginável, pergunta-se, que, à luz de um Estado de Direito, o Presidente da República, a Assembleia da República ou os tribunais pudessem agir sem estarem obrigados ao respeito pelos princípios da proporcionalidade, da justiça, da imparcialidade e da boa fé?

O Estado de Direito impõe, neste sentido, uma subordinação geral de toda a actividade jurídico-pública, seja ela desenvolvida por estruturas decisórias administrativas, políticas, legislativas ou judiciais, aos princípios do artigo 266.º, n.º 2.

Essa vinculação de toda a actividade decisória do Poder aos princípios do artigo 266.º, n.º 2, não se traduz, note-se, numa aplicação analógica ou numa equiparação de tais estruturas decisórias aos órgãos administrativos, antes estamos diante de princípios que, limitando a prepotência e o arbítrio, expressam valores implícitos ou decorrentes do Estado de Direito e, por essa via, exercem uma função subordinante de toda a decisão jurídico-pública: os princípios elencados no artigo 266.º, n.º 2, não são exclusivos da Administração Pública, isto apesar de formulados a propósito da actividade dos órgãos e agentes administrativos, limitando-se o artigo 266.º, n.º 2, a positivar pautas de conduta vinculativa de todas as autoridades públicas e que são directamente decorrentes do princípio do Estado de Direito.

§3.º Estado de Direito democrático

XII. Uma tal conclusão, reconhecendo a subordinação geral de todas as estruturas decisórias públicas aos princípios referenciados no artigo 266.º, n.º 2, enquanto corolários do princípio do Estado de Direito directamente limitativos da prepotência e do arbítrio, não se mostra isenta de importantes efeitos.

Vejamos quatro exemplos ilustrativos:

(*i*) O princípio da proporcionalidade exige a adequação, a proibição do excesso (ou necessidade) e a razoabilidade de todas as decisões jurídico-públicas envolvendo o sacrifício ou a lesão de posições jurídicas subjectivas de natureza pessoal ou patrimonial, vinculando o legislador, a Administração Pública e os tribunais: o artigo 18.º, n.º 2, a propósito das restrições a direitos, liberdades e garantias, limita-se a aflorar um princípio geral;

(*ii*) O princípio da imparcialidade, determinando uma regra de distância emocional entre quem decide e os destinatários da respectiva decisão, veda a colisão de interesses próprios do decisor perante a matéria ou os destinatários da sua decisão, visando permitir uma isenta ponderação objectiva dos interesses públicos em causa, postula, designadamente, o seguinte:

– Os deputados não podem aprovar aumentos salariais ou regalias para si próprios que se destinem a vigorar nessa mesma legislatura;

– Todos os deputados que, enquanto tais, possam vir a beneficiar de uma lei de amnistia ou de um perdão genérico encontram-se impedidos de participar no respectivo procedimento legislativo[136];

– O Presidente da República não pode indultar ou comutar penas de seus familiares ou amigos;

– O Presidente da República não deve promulgar uma lei que lhe atribua uma regalia ou um aumento de vencimento sem previamente a vetar politicamente, só podendo proceder à sua promulgação se a Assembleia da República a confirmar pela maioria exigida;

– A existência de um regime legal de impedimentos, escusas e suspeições dos juízes e de titulares de órgãos e agentes da Administração Pública;

---

[136] Para uma discussão aprofundada do tema da auto-amnistia, cfr., por todos, FRANCISCO AGUILAR, *Amnistia e Constituição*, Coimbra, 2004, pp. 142 ss.

(*iii*) O princípio da justiça será violado se, por exemplo, a propósito do regime jurídico de apoio social escolar, o legislador, independentemente do sucesso escolar dos alunos, criar maiores benefícios financeiros a favor dos alunos com rendimento familiar mais elevado, isto comparativamente com o regime de benefícios aplicável aos alunos com menores recursos financeiros;

(*iv*) O princípio da boa fé, por seu turno, proíbe, por exemplo, que o legislador utilize ou exerça o poder legislativo em termos abusivos, prosseguindo uma finalidade contrária aos fins que determinaram a sua criação ou a atribuição em concreto (v.g., a nacionalização, a título sancionatório, de um grupo empresarial por não ter contribuído financeiramente para o partido vencedor das eleições).

(d) Tutela jurisdicional efectiva

XIII. A subordinação genérica do Poder à juridicidade de muito pouco serviria se, perante cenários de violação dessa vinculação, a ordem jurídica não tivesse meios de fiscalização e sancionamento da violação: a existência de mecanismos judiciais de controlo da conformidade jurídica de actuação do Poder é uma exigência de um verdadeiro Estado de Direito.

Se, num primeiro momento, esse controlo judicial da actuação do Poder é feito em nome da sua vinculação à legalidade, traduzindo uma função objectivista de fiscalização da subordinação das decisões jurídico-públicas ao Direito, a verdade é que, num segundo momento, esse controlo torna-se instrumento de tutela de posições jurídicas subjectivas lesadas pela actuação do Poder desconforme com a normatividade vinculativa, passando a fiscalização judicial a assumir também uma função subjectivista.

Em qualquer dos modelos, no entanto, torna-se evidente que a garantia do Estado de Direito nunca pode prescindir de uma dimensão adjectiva ou processual, residindo na intervenção de controlo dos tribunais a última garantia da efectiva limitação do Poder, sancionando o arbítrio e a prepotência do decisor público.

Compreende-se, neste contexto, que o acesso à justiça ou aos tribunais (artigo 20.º, n.º 1), sendo uma imposição do Estado de Direito[137], envolva uma efectiva e máxima protecção: fala-se, por isso, em tutela jurisdicional efectiva (artigos 20.º, n.ºs 4 e 5, e 268.º, n.º 4).

---

[137] Cfr. RONNIE PREUSS DUARTE, *Garantia de Acesso à Justiça – Os direitos processuais fundamentais*, Coimbra, 2008, pp. 87 ss.

XIV. Em que consiste, pode perguntar-se, a tutela jurisdicional efectiva no âmbito de um Estado de Direito?

A simplicidade da pergunta não pode esconder a complexidade da respectiva resposta:

(i) A tutela jurisdicional efectiva determina, antes de tudo, que a cada posição jurídica subjectiva corresponda sempre a existência de uma acção ou meio processual de garantia junto dos tribunais;

(ii) A tutela jurisdicional efectiva pressupõe a existência de tribunais para defesa das posições jurídicas subjectivas das pessoas (artigo 20.º, n.º 1), o controlo objectivo da violação da juridicidade e o dirimir de conflitos de interesses (artigo 202.º, n.º 2);

(iii) O acesso aos tribunais nunca pode ser denegado por carência de meios económicos (artigo 20.º, n.º 1), incluindo o reconhecimento a todos de um direito ao patrocínio judiciário (artigo 20.º, n.º 2), envolvendo a tutela jurisdicional efectiva, desde logo, uma dimensão prestacional fáctica que passa também pela existência de meios humanos tendentes a garantir o real acesso aos tribunais[138];

(iv) A efectividade da tutela jurisdicional pressupõe que exista uma decisão sobre a causa em prazo razoável (artigo 20.º, n.º 4), incluindo medidas cautelares dotadas de celeridade e prioridade (artigos 20.º, n.º 5, e 268.º, n.º 4);

(v) No âmbito criminal, a tutela jurisdicional efectiva nunca dispensa a presunção de inocência do arguido (artigo 32.º, n.º 2), a irretroactividade da lei incriminadora (artigo 29.º, n.ºs 1 e 3), nem a proibição de aplicação de pena ou medida de segurança mais grave do que a existente à data da conduta em causa (artigo 29.º, n.º 4), tal como impõe que a causa seja decidida pelo tribunal cuja competência estava fixada em lei anterior (artigo 32.º, n.º 9);

(vi) A tutela jurisdicional efectiva exige um processo equitativo (artigo 20.º, n.º 4), significando isto, nos termos da doutrina[139] e da jurisprudência do Tribunal Constitucional[140], o seguinte:

---

[138] Neste último sentido e para mais desenvolvimentos, cfr. RONNIE PREUSS DUARTE, *Garantia de Acesso à Justiça*, pp. 139 ss.

[139] Cfr. GOMES CANOTILHO e VITAL MOREIRA, *Constituição da República Portuguesa Anotada*, I, 4.ª ed., Coimbra, 2007, p. 415

[140] Cfr. Acórdão do Tribunal Constitucional n.º 346/09, de 8 de Julho 2009, relativo ao processo n.º 540/07, in http://www.tribunalconstitucional.pt/tc/acordaos.

Para uma análise da jurisprudência constitucional em torno do conceito e conteúdo de processo equitativo, cfr. por todos, MIGUEL TEIXEIRA DE SOUSA, *A jurisprudência constitucional portuguesa e o direito processual civil*, in AA.VV., *XXV Anos de Jurisprudência Constitucional Portuguesa*, Lisboa, 2009, pp. 69 ss. e 78 ss.

- Direito à igualdade de armas ou igualdade no processo, sendo proibidas as diferenças de tratamento arbitrárias;
- Direito ao contraditório, envolvendo a possibilidade de cada uma das partes invocar as razões de facto e direito, oferecer provas, controlar a admissibilidade e a produção das provas da outra parte e pronunciar-se sobre o valor e o resultado de umas e outras;
- Direito a prazos razoáveis de acção e de recurso, sendo proibidos os prazos de caducidade demasiados exíguos;
- Direito à fundamentação das decisões;
- Direito à decisão em prazo razoável;
- Direito de conhecimento dos dados do processo (dossier);
- Direito à prova;
- Direito a um processo orientado para a justiça material;

(vii) O processo equitativo envolve ainda independência do tribunal (artigo 203.º) e imparcialidade do juiz[141];

(viii) Igualmente reconduzível à noção de processo equitativo, enquanto expressão de uma tutela jurisdicional efectiva, se deve ter a admissibilidade de recurso de todas as decisões judiciais proferidas em primeira instância;

(ix) A tutela jurisdicional efectiva determina ainda, em nome da segurança e da confiança, a estabilidade das decisões judiciais: a imodificabilidade do caso julgado é corolário de uma tutela jurisdicional efectiva e não meramente provisória;

(x) A tutela jurisdicional efectiva exige que as decisões dos tribunais, prevalecendo sobre as que quaisquer outras autoridades (artigo 205.º, n.º 2), sejam obrigatórias para todas as entidades públicas e privadas (artigo 205.º, n.º 2), existindo mecanismos sancionatórios para os responsáveis pelas situações de inexecução (artigo 205.º, n.º 3).

Neste último aspecto, encontrando-se em causa a execução pela Administração Pública de decisões judiciais, pode dizer-se que reside aqui o "calcanhar de Aquiles" ou o "momento da verdade" do Estado de Direito – a uma tal temática circunscreveremos a análise subsequente.

---

[141] Cfr. Artigo 10.º da Declaração Universal dos Direitos do Homem.

3.4.3. O "momento da verdade" do Estado de Direito: a execução pela Administração Pública das decisões judiciais

BIBLIOGRAFIA: Diogo Freitas do Amaral, *A Execução das Sentenças dos Tribunais Administrativos*, Lisboa, 1967; Paulo Otero, *Legalidade e Administração Pública*, pp. 964-965 ss.

(a) A "pedra de fecho" do Estado de Direito

I. Sabe-se já que um Estado de Direito exige a subordinação do Poder à juridicidade, impedindo o arbítrio e a prepotência.

Mais: essa vinculação do Poder à juridicidade pressupõe a existência de mecanismos judiciais de controlo – os tribunais garantem a subordinação do Poder ao Direito e sancionam as violações ou atropelos da juridicidade.

Sucede, no entanto, que não basta os tribunais anularem ou declarem nulas as decisões administrativas, nem condenar as autoridades administrativas a adoptar determinada conduta, se a execução destas sentenças repousar impunemente nas mãos da própria Administração Pública.

Note-se que, ao contrário do que é usual ser objecto de tratamento doutrinário, não está aqui em causa apenas a execução das sentenças dos tribunais administrativos, antes o problema se coloca relativamente a todas as decisões judiciais de quaisquer tribunais cuja execução se suscite perante a Administração Pública.

É certo, sempre se dirá, que o artigo 205.º, n.º 2, estabelece a obrigatoriedade e a prevalência das decisões de todos os tribunais sobre as de quaisquer outras autoridades.

A verdade, porém, é que se encontra nas mãos da própria Administração a utilização dos mecanismos coactivos de natureza policial que possibilitam o exercício da força para fazer cumprir tais sentenças.

E aqui começam os problemas: como pode a Administração Pública utilizar a força contra si própria?

Neste domínio reside a principal diferença entre a Administração Pública e todas as restantes entidades sujeitas à prevalência e à obrigatoriedade das decisões judiciais, pois a Administração, em especial o Governo, bem ao contrário de todas as restantes entidades, tem o monopólio do exercício da força e não se vê como poderia utilizá-la contra si própria[142].

---

[142] Cfr. Jean Rivero, *Direito Administrativo*, Coimbra, 1981, p. 260.

Como pode, perguntar-se-á[143], o Ministro que funciona como estrutura superior responsável pela Polícia de Segurança Pública ou pela Guarda Nacional Republicana, ou mesmo o tribunal, ordenar à PSP ou à GNR a utilização da força contra o incumprimento por um membro do Governo – aqui incluindo o próprio Ministro responsável por tais forças – de uma decisão judicial?

Compreende-se, neste sentido, que pela temática da execução das decisões dos tribunais junto da Administração Pública passa a própria aferição do grau de perfeição, senão mesmo de existência, de um Estado de Direito[144]: estamos aqui diante da "pedra de fecho" do Estado de Direito.

II. Na realidade, de muito pouco servirá dizer que os órgãos administrativos estão subordinados à juridicidade ou o Poder ao Direito se, perante uma sentença de provimento de uma acção de impugnação da validade de uma actuação administrativa ilegal, a Administração Pública não reconstituir a situação que existiria se o acto não tivesse sido anulado ou declarado nulo ou inexistente[145].

Toda a efectiva subordinação da Administração Pública à juridicidade se joga na fase da execução das decisões dos tribunais, revelando ser esse o "momento da verdade" de todo o ordenamento jurídico-administrativo de um Estado de Direito: todas as proclamações constitucionais e construções dogmáticas em torno do princípio da juridicidade da actuação administrativa serão vãs se, apesar de todo, a Administração Pública sempre conseguir no fim fazer prevalecer a sua interpretação do que seja a conduta administrativa conforme com a legalidade, "comprando" pelo preço de uma qualquer indemnização a inexecução ilícita do dever constitucional de executar tais sentenças.

Sem risco de exagero, pode afirmar-se que em sistemas relativamente aos quais a Administração tem nas suas mãos a última e exclusiva palavra sobre a execução das decisões judiciais não há verdadeiro Estado de Direito: a subordinação do Poder Administrativo à juridicidade será, em boa verdade, uma ficção.

---

[143] Cfr. DIOGO FREITAS DO AMARAL, *Direito Administrativo*, IV, Policop., Lisboa, 1984, p. 232.

[144] Sublinhando que pelo respeito das sentenças dos tribunais administrativos passa a prova da existência (ou não) de um Estado de Direito, cfr. DIOGO FREITAS DO AMARAL, *A Execução...*, pp. 13 e 16.

[145] Para um desenvolvimento da complexidade que envolve o sentido e o alcance da anulação contenciosa dos actos administrativos, cfr., por todos, MÁRIO AROSO DE ALMEIDA, *Anulação de Actos Administrativos e Relações Jurídicas Emergentes*, Coimbra, 2002, em especial, pp. 215 ss.

III. A temática da inexecução ilícita das sentenças dos tribunais pela Administração Pública acaba por envolver, em boa verdade, uma prevalência (indevida e inconstitucional) do Poder Administrativo sobre os restantes poderes do Estado: (i) a Administração faz prevalecer a sua vontade, num primeiro momento, sobre a vontade do legislador, sendo essa a origem da ilegalidade da sua actuação e (ii), num segundo momento, recusando dar execução à decisão judicial que verificou essa ilegalidade, a Administração Pública acaba por se "rebelar" contra o poder judicial.

Igualmente aqui, uma vez que se depara com uma violação do princípio da separação de poderes, estará em causa o Estado de Direito.

É, porém, em torno de uma articulação devida (e delicada) com o princípio da separação de poderes que o tema da execução pela Administração Pública das decisões judiciais deve encontrar as coordenadas constitucionais do seu regime.

(b) Coordenadas constitucionais do regime infraconstitucional

IV. O princípio da separação de poderes fundamenta, por força da Constituição, o dever de a Administração Pública executar as decisões judiciais: trata-se de um dever fundamental decorrente do princípio do Estado de Direito e da subordinação efectiva do Poder à juridicidade.

No entanto, é também o princípio da separação de poderes que, por outro lado, atribui à Administração Pública um poder exclusivo para executar as sentenças judiciais, conferindo-lhe, igualmente, a disponibilidade dos meios de coacção.

É ainda o princípio da separação de poderes que, por último, impede os outros poderes de invadir a esfera própria de decisão administrativa: a Administração Pública deverá subordinar-se ao legislativo e poderá ser controlada pelo judicial; porém, isto não permite que os poderes legislativo ou judicial se lhe substituam em termos decisórios.

Isso mesmo justifica que todo o regime infraconstitucional de execução das decisões judiciais pela Administração Pública nunca deixe, em nome da separação de poderes, de conferir primária, preferencial, senão mesmo exclusivamente, competência de intervenção decisória à Administração Pública.

A recusa ilícita de execução administrativa das sentenças judiciais, traduzindo um comportamento inconstitucional, enquanto expressão atentatória da garantia última do Estado de Direito, além de poder conduzir à aplicação de sanções pecuniárias, só pode encontrar resposta eficaz num sancionamento criminal dos responsáveis: o legislador encontra-se vinculado a criminalizar a conduta e os tribunais a sancionar os titulares dos órgãos administrativos que recusaram ilicitamente dar execução às sentenças.

Eis as coordenadas constitucionais do regime da inexecução das decisões judiciais pela Administração Pública.

3.5. Bem-estar e princípio do Estado social

BIBLIOGRAFIA: GOMES CANOTILHO/VITAL MOREIRA, *Fundamentos...*, pp. 86 ss.; PAULO OTERO, *O Poder de Substituição...*, II, pp. 586 ss.; IDEM, *Vinculação e Liberdade de Conformação Jurídica do Sector Empresarial do Estado*, Coimbra, 1998, pp. 13 ss.; IDEM, *Instituições...*, I, pp. 333 ss.

(a) O fundamento da cláusula constitucional de bem-estar

I. Se é certo que o bem-estar constitui elemento estruturante de um Estado social, configurado pela Constituição como instrumento de realização da democracia económica, social e cultural, não deixa de ser verdade que reside na dignidade da pessoa humana o fundamento último da preocupação do bem-estar pelo Estado.

O Estado de bem-estar, enquanto expressão da cláusula constitucional de bem-estar ou de Estado social resultante dos artigos 9.°, alínea d), e 81.°, alínea a), assenta numa concepção de justiça social e de igualdade material que, traduzindo manifestações do respeito e garantia da dignidade da pessoa humana numa sociedade solidária, radica na Doutrina Social da Igreja: o elemento histórico, fazendo remontar à Constituição de 1933 essa ligação entre a dignidade da pessoa humana e o bem-estar, acaba por encontrar nas Cartas Encíclicas *Rerum Novarum* (1891) e *Quadragesimo Anno* (1931), num primeiro momento, e nas Cartas Encíclicas *Mater et Magistra* (1961) e *Pacem in Terris* (1963), já no âmbito do Concílio Vaticano II, o seu fundamento último[146].

Na origem da ideia de um Estado de bem-estar encontra-se, em síntese, a tentativa de procurar uma resposta "de modo mais adequado a muitas necessidades e carências, dando remédio a formas de pobreza e privação indignas da pessoa humana"[147].

---

[146] Ilustrando esta mesma conclusão através de trechos extraídos da Doutrina Social da Igreja, cfr. PAULO OTERO, *O Poder de Substituição...*, II, p. 587.

Note-se que, já após a aprovação da Constituição de 1976, o problema do bem-estar e da justiça social continuou a merecer a atenção da Doutrina Social da Igreja, cfr. PAULO OTERO, *Instituições...*, I, pp. 437 ss.

[147] Cfr. JOÃO PAULO II, *Carta Encíclica Centesimus Annus*, de 1 de Maio de 1991, n.° 48.

Compreende-se, neste sentido, que, envolvendo a implementação da justiça social e da igualdade material inerentes ao bem-estar uma política de redistribuição da riqueza, se fale na existência de um "Estado Zorro"[148] ou "Estado Robin dos Bosques"[149]: trata-se de um Estado que tira aos ricos para dar aos pobres, protegendo os fracos, as minorias, os deserdados, as vítimas actuais ou potenciais de um desenvolvimento desordenado.

II. O princípio do bem-estar envolve o reconhecimento constitucional da existência de uma multiplicidade de necessidades colectivas cuja satisfação se torna vinculação constitucional do Estado e, quase sempre, se encontra titulada pela existência de um direito fundamental dos particulares a obter do Estado uma determinada prestação ou bem.

Neste último sentido, a Constituição transforma certas obrigações do Estado em contrapartidas directas à realização ou efectivação de direitos fundamentais – os designados direitos económicos, sociais e culturais –, chamando os particulares à titularidade de posições jurídicas activas que se expressam em prestações e que encontram no Estado o respectivo sujeito passivo.

Deste modo, a concretização do modelo de bem-estar, envolvendo a definição de tarefas ou incumbências, cria directamente para o próprio Estado deveres que são imposições constitucionais – isto sem que todas, note-se, se reconduzam a contrapartidas de direitos fundamentais –, determinando sempre, todavia, o desenvolvimento de uma actividade pública finalística ou teleologicamente orientada para a prossecução de um tal fim: nisto reside a cláusula constitucional de bem-estar ou de Estado social na Constituição.

A Constituição nega ao Estado, por conseguinte, qualquer poder de optar entre implementar ou não o bem-estar ou de o fazer sem respeito pelos parâmetros constitucionais.

A cláusula ou princípio do bem-estar envolve, no entanto, uma dimensão aberta e de progressiva concretização por todas as gerações das condições (materiais e imateriais) que traduzam um reforço da melhoria da qualidade de vida da pessoa humana, segundo os diferentes entendimentos políticos emergentes das maiorias parlamentares e governamentais existentes em cada momento histórico.

---

[148] Expressão de CLAUDE EMERI, *L'État de Droit dans les Systèmes Polyarchiques Européens*, in *Revue Française de Droit Constitutionnel*, 1992, pp. 35-36.
[149] Cfr. EMÍLIO KAFFT KOSTA, *Estado de Direito – O paradigma zero: entre lipoaspiração e dispensabilidade*, Coimbra, 2007, p. 149.

III. Importa ter presente, segundo diferente perspectiva, que a cláusula constitucional de bem-estar ou de Estado social, se é certo que implica uma profunda reformulação da estrutura das normas constitucionais e das próprias funções do Estado, tornando-o intervencionista, não põe em causa, por si, a existência de um modelo económico baseado no mercado e no princípio da liberdade dos seus agentes: a cláusula de bem-estar humaniza a economia de mercado, vinculando a livre iniciativa ao progresso social, permitindo falar em "economia social de mercado" ou em "economia mista de bem-estar".

Na realidade, o princípio da dignidade da pessoa humana, se constitui fundamento da cláusula de bem-estar, também acaba por introduzir um limite ao próprio bem-estar como tarefa do Estado, pois comporta uma limitação a um modelo de intervenção pública exorbitante sobre a esfera da sociedade civil: o respeito pela dignidade humana fundamenta uma regra de subsidiariedade ou supletividade na acção do Estado[150].

Nestes termos, sem embargo da responsabilidade última do Estado pela efectivação do bem-estar, enquanto seu último garante ou guardião, a verdade é que a cláusula constitucional de bem-estar não exclui um modelo de satisfação concorrente de necessidades colectivas entre iniciativa pública e iniciativa privada, podendo mesmo envolver a adopção de uma postura de pura subsidiariedade da intervenção do Estado.

A prática constitucional demonstra a susceptibilidade de, em diferentes áreas e em diversos momentos históricos, se conjugarem dois mecanismos de implementação da cláusula de bem-estar através da prestação de serviços ou da produção de bens:

(i) Situações de reserva a favor do Estado, excluindo-se qualquer intervenção privada na garantia de tais sectores de bem-estar social (v.g., subsídio de desemprego, comparticipação financeira em medicamentos, nacionalizações de sectores);

(ii) Situações de concorrência entre o Estado e a iniciativa económica privada (v.g., ensino, saúde, habitação, criação de empregos), podendo a intervenção pública fazer-se em condições de paridade, de preferência ou de subsidiariedade (ou supletividade).

(b) A efectivação da cláusula constitucional de bem-estar

IV. A imposição pela Constituição de deveres jurídicos de acção tendentes à concretização do bem-estar envolve a existência de regras de com-

---

[150] Para mais desenvolvimentos, cfr. PAULO OTERO, *Vinculação e Liberdade de Conformação...*, pp. 23 ss.

petência e de centros de imputação de responsabilidades pela realização e garantia de tais imperativos constitucionais.

A Constituição, ampliando os destinatários normais de tais vinculações, mostra-se especialmente cautelosa na garantia de implementação do bem--estar:

> (*i*) O legislador aparece como destinatário principal ou preferencial de tais imposições, assumindo a Assembleia da República o papel de seu primeiro responsável, sem prejuízo da competência legislativa conferida ao Governo e às assembleias legislativas das regiões autónomas[151];
>
> (*ii*) A própria Administração Pública surge também como destinatária complementar e compensadora – a título subsidiário dos défices de concretização do legislador – na implementação das imposições de bem-estar, registando-se que a Constituição confere ao Governo o papel de guardião do Estado de bem-estar[152];
>
> (*iii*) Igualmente a todos os tribunais está confiado um papel fiscalizador da constitucionalidade por acção das normas materializadoras do bem-estar e, em exclusivo ao Tribunal Constitucional, o controlo do cumprimento da Constituição decorrente da imperatividade de serem adoptadas as medidas legislativas implementadoras de normas não exequíveis por si mesmas, isto é, a fiscalização da inconstitucionalidade por omissão.

Abstraindo a situação específica dos tribunais, pode dizer-se, atendendo à distribuição constitucional das regras de competência referentes à cláusula de Estado social, que a Constituição se preocupou em garantir a legitimidade político-democrática das estruturas decisórias encarregues de efectivar o bem-estar[153].

V. A Constituição permite também extrair que a garantia de efectivação do Estado de bem-estar envolve três princípios materiais norteadores do ordenamento infraconstitucional:

> (*i*) O princípio da proibição de revogação simples (ou não substitutiva) de norma ordinária implementadora de preceito constitucional não exequível por si mesmo, impedindo-se, por esta via, que essa norma

---

[151] Cfr. PAULO OTERO, *O Poder de Substituição...*, II, pp. 596 ss.
[152] Cfr. PAULO OTERO, *O Poder de Substituição...*, II, pp. 604 ss.
[153] Cfr. PAULO OTERO, *O Poder de Substituição...*, II, pp. 626 ss.

constitucional volte a deixar de ter implementação: "(...) a partir do momento em que o Estado cumpre (total ou parcialmente) as tarefas constitucionalmente impostas para realizar um direito social, o respeito constitucional deste deixa de consistir (ou deixa de consistir apenas) numa obrigação positiva, para se transformar (ou passar) também a ser uma obrigação negativa. O Estado, que estava obrigado a actuar para dar satisfação ao direito social, passa a estar obrigado a abster-se de atentar contra a realização dada ao direito social"[154];

(*ii*) O princípio de que, em caso de pluralidade de sentidos de uma norma concretizadora das tarefas ou incumbências de bem-estar, se deve dar preferência à interpretação conducente à máxima efectividade, isto desde que não conduza à lesão ou limitação de direitos de terceiros;

(*iii*) O princípio da proporcionalidade, segundo o qual qualquer retrocesso na efectivação ou implementação jurídica de determinado grau ou nível de satisfação do bem-estar deve sempre ser adequadamente justificado, sob pena de inconstitucionalidade, através de motivos fundamentadores da respectiva necessidade (= princípio da necessidade), sem prejuízo de se dever ter como proibido qualquer retrocesso atentatório da inviolabilidade da vida humana e das condições mínimas inerentes à dignidade humana.

VI. A efectivação das imposições constitucionais em matéria de bem-estar não se esgota, todavia, no simples exercício de uma actividade jurídico-normativa: se a Constituição necessita de normas para implementar os seus preceitos e aquelas, por sua vez, necessitam ainda de uma execução normativa complementar, o certo é que tudo isto será sempre insuficiente para garantir qualquer concretização real do bem-estar.

Não basta a Constituição proclamar que todos têm direito à educação ou direito à saúde, tal como não é suficiente a sua transposição para medidas legislativas que, através de uma lei sobre o sistema de ensino ou o serviço nacional de saúde, confiram execução às respectivas normas constitucionais: se a Administração Pública não elaborar os regulamentos necessários à execução de tais leis ou, tendo-os elaborado, não disponibilizar as verbas necessárias para a construção de escolas e hospitais ou, ainda que tenha disponibilizado as verbas, não existir a decisão viabilizando a sua construção e

---

[154] Cfr. Acórdão do Tribunal Constitucional n.º 39/84, de 11 de Abril de 1984, in *Diário da República*, I Série, n.º 104, de 5 de Maio de 1984.

a posterior abertura de concursos para munir tais estabelecimentos de meios humanos e materiais que permitam o seu efectivo funcionamento, tudo será em vão – os direitos fundamentais materializadores de uma sociedade bem--estar nunca passarão de meras proclamações de papel.

Se a Constituição estabelece um modelo de bem-estar e o impõe como programa de acção ao Estado na efectivação de direitos económicos, sociais e culturais, importa deixar claro que o texto constitucional se encontra, simultaneamente, a conferir à Administração Pública um protagonismo político que ultrapassa tudo aquilo que os teóricos liberais do fenómeno constitucional podiam imaginar.

Não será exagero afirmar que, cada vez mais, o sucesso ou o insucesso da implementação de um modelo constitucional de bem-estar, incluindo aqui a concretização dos direitos fundamentais, se encontra mais nas mãos da Administração Pública do que na simples actividade normativa desenvolvida pelo legislador: a centralidade da Administração Pública no moderno Estado significa que, por efeito da cláusula de bem-estar, a Constituição se encontra refém da Administração Pública.

Com efeito, o sucesso ou o fracasso da ordem constitucional subjacente ao seu programa de transformação da sociedade e de efectivação dos direitos sociais encontra-se depositado na Administração Pública: a legitimação do Estado social não se basta hoje com a origem democrática do poder, impondo também que a Administração Pública obtenha um resultado eficiente na satisfação das necessidades sociais e, por esta via, faz nascer uma "legitimação pelo êxito"[155].

VII. A legitimação pelo êxito na implementação da cláusula constitucional de bem-estar determina que não seja indiferente o modo como se concretizam os imperativos de bem-estar: o decisor deverá sempre procurar as medidas mais adequadas e escolher as melhores soluções, segundo critérios de economicidade e racionalidade, tendo em vista uma realização óptima do modelo de bem-estar.

A optimização ou eficiência na decisão torna-se, deste modo, um dever constitucional do legislador e da Administração Pública na concretização do Estado social: a promoção do bem-estar, segundo a Constituição, não pode ser desligada da "qualidade de vida do povo" (artigo 9.º, alínea d)), envolvendo esta última, por definição, uma ponderação qualitativa do grau de bem-estar.

---

[155] Neste mesmo sentido, cfr. ONOFRE ALVES BATISTA JÚNIOR, *Princípio Constitucional da Eficiência Administrativa*, Belo Horizonte, 2004, pp. 125 ss.

Não obstante a tendencial ausência de mecanismos de controlo jurisdicional da eficiência, conferindo uma natureza imperfeita ao respectivo dever constitucional, torna-se indiscutível que a eficiência da actividade implementadora do bem-estar constitui a melhor garantia de realização da democracia económica, social e cultural e, por consequência, da prossecução do fim último do Estado: a construção de uma sociedade livre, justa e solidária.

Compreende-se, neste exacto contexto, que pelo grau de eficiência dos resultados na satisfação concretizadora da cláusula de bem-estar passe o êxito ou o fracasso da ordem constitucional própria de um Estado social.

3.6. Mecanismos de garantia do Estado de Direito democrático

BIBLIOGRAFIA: GOMES CANOTILHO, *Direito Constitucional e Teoria...*, pp. 273 ss.

I. A existência de um Estado de Direito democrático alicerçado nos valores do pluralismo, da juridicidade e do bem-estar será sempre débil se, apesar dos diversos princípios e regras constitucionais de concretização, não existirem mecanismos de garantia: o cumprimento dos imperativos decorrentes do princípio democrático, do princípio do Estado de Direito e do princípio do Estado social, envolvendo vinculações de condutas por acção ou por omissão, exige controlo, fiscalização e meios de reacção contra situações de violação.

Não há verdadeiro Estado de Direito democrático se não se instituírem mecanismos de garantia dos seus valores e princípios: o Estado de Direito democrático não traduz um modelo de sociedade indiferente ou anárquica quanto ao cumprimento ou à inexecução das suas vinculações.

Vinculando entidades públicas e, em grau de nível diferente, também as entidades privadas ao seu cumprimento, pois os valores em causa no Estado de Direito democrático não têm hoje apenas uma incidência vertical, antes se assiste a uma horizontalização vinculativa por força do estatuto das normas constitucionais respeitantes a direitos fundamentais junto das entidades privadas (artigo 18.º, n.º 1), urge sublinhar que limitaremos a análise subsequente aos mecanismos de garantia da obrigatoriedade de implementação do Estado de Direito democrático junto das entidades públicas.

II. Quais os mecanismos que a Constituição instituiu para garantir o Estado de Direito democrático junto das entidades públicas?

São cinco os principais mecanismos de garantia do Estado de Direito democrático pelo Poder:

(*a*) Fiscalização da constitucionalidade e da legalidade das normas;
(*b*) Controlo da legalidade da actuação administrativa;
(*c*) Responsabilidade civil dos Poderes Públicos;
(*d*) Responsabilidade criminal dos titulares de cargos políticos;
(*e*) Mecanismos de excepção: resistência, desobediência e insurreição.

Observemos, sumariamente, cada um deles.

(a) Fiscalização da constitucionalidade e da legalidade das normas

III. Um primeiro mecanismo de garantia do Estado de Direito democrático consiste na existência de um sistema judicial de fiscalização da constitucionalidade das normas: todas as normas do ordenamento jurídico, desde as anteriores à Constituição de 1976 até às que são emanadas pelas estruturas orgânicas previstas no texto vigente, têm de ser compatíveis com a ordem axiológica constitucional.

A melhor garantia de defesa do Estado de Direito democrático é, neste sentido, a existência de um sistema de fiscalização judicial da conformidade de todas as normas jurídico-positivas com a Constituição, tendo todos os tribunais o poder de recusar a aplicação de qualquer norma inconstitucional e o Tribunal Constitucional a competência para "fazer desaparecer de vez" essa norma do ordenamento jurídico, procedendo à sua declaração de inconstitucionalidade com força obrigatória geral e erradicando os seus efeitos do mundo do Direito.

Num rápido e sucinto resumo do regime vigente de fiscalização da constitucionalidade, pode dizer-se que se sintetiza nos seguintes termos:

(*i*) Todas as normas jurídicas provenientes do poder público são passíveis de ser objecto de fiscalização da sua conformidade com princípios ou disposições constitucionais, salientando-se os seguintes principais traços do seu regime:
(1) Todos os tribunais têm o poder e o dever de recusar a aplicação de normas inconstitucionais (artigo 204.º);
(2) Só o Tribunal Constitucional tem competência, todavia, para proceder à declaração de inconstitucionalidade com força obrigatória geral (artigo 281.º, n.º 1, alínea a));
(3) As decisões dos tribunais que recusem a aplicação de uma norma com fundamento na sua inconstitucionalidade ou que apliquem

uma norma cuja inconstitucionalidade tenha sido suscitada são sempre passíveis de recurso para o Tribunal Constitucional (artigo 280.°, n.° 1);

(4) Se o Tribunal Constitucional tiver julgado três vezes uma mesma norma inconstitucional em sede de fiscalização sucessiva concreta, poderá proceder à sua declaração de inconstitucionalidade com força obrigatória geral (artigo 281.°, n.° 3);

(5) Tratando-se de normas legislativas, é sempre possível ser desencadeada a fiscalização preventiva da sua constitucionalidade (artigo 278.°, n.os 1 e 2);

(*ii*) A inactividade dos órgãos legislativos em tornar exequíveis, por via de medidas legislativas, os preceitos constitucionais pode ser objecto de um processo de verificação da inconstitucionalidade por omissão junto do Tribunal Constitucional (artigo 283.°).

IV. Paralelamente à fiscalização da constitucionalidade das normas, a Constituição, visando a salvaguarda de certo tipo de leis, atendendo à sua importância constitucional, criou também um sistema de controlo da ilegalidade de normas por violação de actos legislativos que, independentemente de se saber se corresponde a um princípio geral de fiscalização difusa da legalidade pelos tribunais (v. *infra*, n.° 20.1.3. (d)), se mostra passível de recurso para o Tribunal Constitucional nas três seguintes situações:

– Tratando-se da ilegalidade de normas constantes de actos legislativos com fundamento na violação de lei com valor reforçado;
– Ocorrendo ilegalidade de quaisquer normas provenientes de uma região autónoma com fundamento na violação do estatuto político--administrativo da respectiva região;
– Existindo ilegalidade de uma norma proveniente de um órgão de soberania com fundamento na violação do estatuto politico-administrativo de uma região autónoma.

Em qualquer destas hipóteses, a Constituição estabeleceu um regime cujos traços principais são os seguintes:

(*i*) O Tribunal Constitucional pode proceder à declaração de ilegalidade com força obrigatória geral (artigo 281.°, n.° 1, alíneas b), c) e d));

(*ii*) Os restantes tribunais devem proceder ao controlo difuso deste tipo de ilegalidade (artigo 280.º, n.º 2, implicitamente)[156], cabendo das suas decisões recurso para o Tribunal Constitucional (artigo 280.º, n.º 2);

(*iii*) Se o Tribunal Constitucional, nesta última hipótese, tiver julgado ilegal a norma em três casos concretos, poderá proceder à sua declaração de ilegalidade com força obrigatória geral (artigo 281.º, n.º 3).

Em suma, igualmente por via deste tipo de fiscalização da legalidade de normas se poderá assegurar a garantia do Estado de Direito democrático, impedindo que continuem a vigorar normas contrárias a leis dotadas de uma especial importância jurídico-constitucional.

V. Refira-se ainda, a título de excurso, que o Tribunal Constitucional também procede à fiscalização preventiva (obrigatória) da constitucionalidade e da legalidade dos referendos nacionais, regionais e locais (artigo 223.º, n.º 2, alínea f)), procurando-se evitar, deste modo, que os eleitores sejam chamados a pronunciar-se sobre matérias, questões ou temas susceptíveis de comprometer ou atentar contra a realização do Estado de Direito democrático e a ordem constitucional vigente.

(b) Controlo da legalidade da actuação administrativa

VI. A importância que hoje assume a Administração Pública na realização dos valores e princípios integrantes do Estado de Direito democrático justifica, atendendo à possibilidade de violar a juridicidade e, simultaneamente, lesar ou criar perigo de lesão, por acção ou omissão, a posições jurídicas dos administrados, que o controlo da legalidade do agir administrativo se configure como um instrumento ou mecanismo de garantia do Estado de Direito democrático.

Não basta, com efeito, dizer que a Administração Pública se encontra subordinada à juridicidade ou é guardiã do bem-estar: é necessário que ela seja controlada na sua actuação, sancionando-se as situações de violação ou desrespeito (por acção ou omissão) da juridicidade.

---

[156] Por saber fica, no entanto, se estamos diante de um afloramento de um princípio geral que confere a todos os tribunais um poder difuso de controlo da legalidade do fundamento normativo das suas decisões (v. *infra*, n.º 20.1.3., (d)), ou, pelo contrário, se estamos perante normas que, só a título excepcional, nas três mencionadas situações, permitem um controlo difuso de legalidade pelos tribunais.

A fiscalização ou controlo da legalidade administrativa torna-se, neste sentido, indispensável a qualquer Estado de Direito democrático, podendo afirmar-se que não existe Estado de Direito sem sujeição da Administração Pública a mecanismos de controlo.

E aqui, não basta a existência de mecanismos intra-administrativos de controlo da Administração Pública, nem a fiscalização política da actuação administrativa: um Estado de Direito democrático exige o controlo judicial da legalidade do agir administrativo[157].

Mais: a fiscalização da validade ou conformidade legal da actuação administrativa junto dos tribunais administrativos deve ser a mais ampla possível, compreendendo o controlo de regulamentos, actos administrativos e contratos públicos – todos os litígios emergentes de relações jurídico-administrativas se encontram sujeitos à jurisdição dos tribunais administrativos (artigo 212.º, n.º 3).

Simultaneamente, o artigo 20.º, n.º 1, e o artigo 268.º, n.º 4, reconhecendo o direito de acesso aos tribunais e o direito a uma tutela jurisdicional efectiva dos administrados contra as actuações administrativas ilegais, procedeu a uma subjectivação da fiscalização judicial da Administração Pública: controlar o agir administrativo pelos tribunais é um imperativo da sua subordinação à juridicidade e, paralelamente, um direito fundamental dos administrados.

Reforça-se, neste último sentido, o propósito garantístico do controlo judicial da legalidade da actividade administrativa.

VII. O controlo da legalidade da actuação administrativa junto dos tribunais administrativos, devendo sempre circunscrever-se a um juízo de legalidade, nunca podendo apreciar a conveniência ou a oportunidade das decisões administrativas, pode ter, à luz do artigo 268.º, n.ᵒˢ 4 e 5, os seguintes propósitos principais:

(i) Pode consistir numa acção de impugnação da validade da conduta administrativa, visando fiscalizar os seguintes aspectos:
(1) Aferir a validade orgânica da decisão – é a intervenção administrativa proveniente da autoridade competente?
(2) Ajuizar da sua validade formal – foram cumpridas as formalidades procedimentais, revestindo a decisão, além disso, a forma legalmente devida?

---

[157] Sobre os mecanismos do controlo da Administração Pública, cfr. PAULO OTERO, *Direito Administrativo – Relatório*, pp. 269 ss.

§3.º Estado de Direito democrático 111

      (3) Determinar a sua vinculação teleológica – será que o motivo principalmente determinante da decisão coincide com o fim que a lei teve em vista ao atribuir esse poder?
      (4) Julgar da sua validade material – será que a decisão é pelo seu objecto ou conteúdo e também pelos seus pressupostos conforme com a juridicidade?
  (*ii*) Poderá também, em cenários de inércia ou omissão administrativa, traduzir um juízo sobre a sua validade, determinando, se for o caso, a prática administrativa de actos legalmente devidos;
 (*iii*) Envolver um autónomo reconhecimento judicial de direitos ou interesses legalmente protegidos dos administrados junto da Administração Pública, vinculando-a, por efeito da decisão judicial, a agir em conformidade;
 (*iv*) Determinar a adopção de medidas cautelares.

A ordem jurídica veio aqui reconhecer, em nome do direito fundamental dos administrados a uma tutela jurisdicional efectiva em sede de contencioso administrativo, meios processuais que habilitem, à luz de um regime particularmente delicado na sua articulação com o princípio da separação de poderes, que os tribunais, sem se substituírem à Administração Pública, nem eliminarem a autotutela declarativa e executiva inerentes ao Poder administrativo, controlem a legalidade da actuação administrativa. E o legislador não se encontra impossibilitado de, tendo presente tais limitações constitucionais, criar mais mecanismos judiciais de controlo do agir administrativo.

Note-se, porém, que o controlo do mérito da actuação administrativa só pode ser feito, à luz do princípio da separação de poderes, pela própria Administração Pública ou mediante mecanismos de fiscalização política.

    VIII. O controlo judicial da legalidade da actuação administrativa serve sempre de mecanismo garantístico do Estado de Direito democrático, assegurando a efectiva subordinação da Administração Pública à juridicidade – isto independentemente da temática em torno da execução das sentenças judiciais (v. *supra*, n.º 3.4.3) –, assuma esse controlo contencioso uma função subjectivista, objectivista ou mista.

Quer isto dizer o seguinte:

  (*i*) O controlo contencioso da Administração Pública assume uma natureza subjectivista se se entender que tem por função ou objecto primordial a tutela do respeito e garantia dos direitos e interesses legalmente protegidos dos administrados;

(ii) Pelo contrário, esse controlo configura-se com uma natureza objectivista se o propósito central da intervenção judicial se centrar na defesa do respeito da legalidade, aferindo se a actuação dos órgãos administrativos se subordinou à juridicidade, isto independentemente da garantia das posições jurídicas subjectivas dos administrados;

(iii) Ou, tal como parece ser a solução vigente, se o controlo judicial da Administração Pública assume uma natureza mista, desenvolvendo uma função de controlo da vinculação administrativa à legalidade e, simultaneamente, uma função de garantia das posições jurídicas subjectivas dos administrados.

Em qualquer das hipóteses, repita-se, o controlo judicial da legalidade do agir da Administração Pública, sendo hoje a expressão de um direito fundamental dos administrados a uma tutela jurisdicional efectiva, configura-se como um mecanismo ou instituição indispensável ao Estado de Direito democrático, pois garante a efectiva subordinação do Poder administrativo à juridicidade e, por essa via também, o seu estatuto de garante da implementação da cláusula constitucional de bem-estar social.

(c) Responsabilidade civil dos Poderes Públicos

IX. Um terceiro mecanismo de garantia do Estado de Direito democrático consiste na responsabilidade civil dos Poderes Públicos que, agindo em termos violadores de direitos fundamentais ou, independentemente dessa violação, desde que gerem prejuízos aos particulares, se constituem na obrigação de indemnizar: esse é o sentido último do artigo 22.°.

Deste modo, se a conduta (por acção ou omissão) de uma entidade pública lesar ou causar prejuízos aos particulares, há um dever de ressarcir os danos produzidos: trata-se de uma obrigação que, nos termos do artigo 22.°, incide sobre a pessoa colectiva a quem é imputada a conduta e, simultânea e solidariamente, sobre o titular do órgão, funcionário ou agente que foi o seu autor.

A violação por entidades públicas dos valores e princípios do Estado de Direito democrático, desde que projectada em termos de lesão ou prejuízos dos particulares, é sempre fonte de responsabilidade civil, qualquer que seja a função ao abrigo da qual se insere essa conduta pública: o artigo 22.° fundamenta a responsabilidade civil pelo exercício da função política, da função legislativa, da função administrativa e da função judicial.

Por outras palavras, os órgãos políticos, legislativos, administrativos e judiciais são responsáveis pelas condutas de que, no exercício das suas funções e por causa desse exercício, resulte a violação de direitos, liberdades e garantias ou prejuízo para outrem.

Esse é o sentido vinculativo que, resultando da Constituição, o legislador se encontra obrigado a implementar por via legislativa, sem prejuízo da aplicabilidade directa do artigo 22.°, por força dos artigos 17.° e 18.°, n.° 1.

A Constituição acabou por proceder no artigo 22.° a uma subjectivação da responsabilidade civil dos Poderes Públicos, transformando-a em direito fundamental: um mecanismo objectivo de garantia do Estado de Direito democrático encontra-se também transformado num direito fundamental, reforçando-se o seu carácter garantístico e, por força do artigo 18.°, n.° 1, a sua aplicabilidade directa.

X. Não se pense, no entanto, que a Constituição se limita a criar a responsabilidade civil dos Poderes Públicos unicamente por condutas ilícitas ou inválidas: é também possível, à luz dos princípios da igualdade e da justa repartição dos encargos públicos, que existam condutas públicas lesivas de posições jurídicas privadas que, sendo consideradas lícitas ou válidas pela ordem jurídica, gerem prejuízos que criam o dever de indemnizar.

É o que sucede, desde logo, com a expropriação (válida) por utilidade pública do direito de propriedade privada.

Esse é o sentido do artigo 62.°, n.° 2, ao criar um regime especial de responsabilidade civil por acto lícito: toda a lesão a direitos patrimoniais privados feita em benefício da colectividade, apesar de lícita ou válida, envolve um dever de indemnizar, verificando-se que essa ressarcibilidade indemnizatória não se pode encontrar aqui limitada aos prejuízos especiais e anormais sofridos pelos particulares, nem assume, atendendo ao fundamento que a justifica, natureza solidária com os titulares dos órgãos autores da decisão ablativa.

O artigo 22.°, formulando o princípio geral em matéria de responsabilidade civil dos Poderes Públicos, tem um campo aplicativo exclusivo para as situações de responsabilidade civil geradas por condutas ilícitas e inválidas e ainda, segundo o recorte efectuado pelo artigo 62.°, n.° 2, para todas as condutas lícitas ou válidas que não envolvam o sacrifício de direitos patrimoniais privados.

Em qualquer das situações, conclua-se, a existência de um dever constitucional de indemnizar condutas públicas lesivas de posições subjectivas e geradoras de prejuízos, tal como decorre dos artigos 22.° e 62.°, n.° 2, consubstancia um mecanismo de garantia da subordinação do Poder aos princípios do Estado de Direito democrático, reforçado sempre que essa responsabilidade assuma natureza solidária, envolvendo também o património dos próprios titulares protagonistas da decisão lesiva.

(d) Responsabilidade criminal dos titulares de cargos políticos

XI. A garantia do Estado de Direito democrático pode também envolver, nos termos do artigo 117.º, a existência de um mecanismo de responsabilidade criminal dos titulares de cargos políticos, sem prejuízo da sua responsabilidade política e civil[158].

Com efeito, a gravidade dos atentados contra a realização do Estado de Direito democrático pode ser tão grande que a responsabilidade política e a responsabilidade civil dos titulares de cargos políticos se mostrem insuficientes, exigindo-se, à luz do princípio da necessidade da intervenção penal, a criação de mecanismos de responsabilidade criminal.

Sem se desconhecer a susceptibilidade de também quem não é titular de cargos políticos atentar contra o Estado de Direito, razão pela qual os artigos 325.º a 335.º do Código Penal criminalizam essa conduta, o certo é que, sendo a conduta perpetrada por um titular de cargo político, assume uma gravidade muito superior, atendendo à especial vinculação institucional decorrente do cargo que exerce e do perigo acrescido que representa a sua conduta.

A responsabilidade criminal dos titulares de cargos políticos traduz uma forma de blindagem interna do Estado de Direito democrático, impedindo que de dentro se tente destruir, alterar ou subverter a sua realização, as suas instituições ou a ordem valores que lhe está subjacente.

XII. O artigo 117.º, n.º 3, vinculando o legislador a criar um regime de responsabilidade criminal dos titulares de cargos políticos, depara com uma dificuldade decorrente da utilização de um conceito indeterminado – "cargos políticos".

Quais são, à luz das coordenadas constitucionais, os titulares de cargos políticos?

Pode dizer-se, em termos genéricos, que são titulares de cargos políticos "os sujeitos mandatados para exercer o poder político, qualquer que seja a sua natureza, dependendo a sua permanência em funções e nos respectivos cargos também de procedimentos política ou constitucionalmente conformados"[159], integrando o conceito, desde logo, o Presidente da República, os deputados da Assembleia da República, os membros do Governo, os deputados das assembleias legislativas das regiões autónomas, os membros dos governos regio-

---

[158] Cfr. PEDRO LOMBA, *Princípios Gerais da Organização do Poder Político*, in PAULO OTERO (Coord.), *Comentário à Constituição Portuguesa*, III, 1.º tomo, Coimbra, 2008, pp. 448 ss.
[159] Cfr. PEDRO LOMBA, *Princípios Gerais da Organização do Poder Político*, in PAULO OTERO (Coord.), *Comentário...*, III, 1.º tomo, p. 451.

nais, o representante da República nas regiões autónomas, o presidente e os vereadores das câmaras municipais, os membros das assembleias municipais e das assembleias de freguesia, o presidente das juntas de freguesias e ainda os governadores civis.

Nestes termos, a Constituição, sem esquecer os princípios gerais aplicáveis às leis incriminadoras, impõe que a lei especificamente reguladora da responsabilidade criminal dos titulares de cargos públicos contenha três aspectos nucleares:

> (*i*) Que tipifique como crime certas condutas praticadas por tais titulares que, no exercício das respectivas funções, se traduzam "na violação de bens jurídicos essenciais para a preservação e intangibilidade da estrutura constitucional"[160], aqui nunca podendo deixar de se incluir o atentado contra o Estado de Direito democrático;
> (*ii*) Que identifique as sanções penais aplicáveis aos crimes em causa;
> (*iii*) Que consagre também os efeitos políticos decorrentes da respectiva condenação, os quais podem incluir a destituição do cargo ou a perda do mandato.

Igualmente por esta via, resuma-se, a ordem jurídica procura encontrar um mecanismo eficaz de garantia do Estado de Direito democrático, protegendo-o contra actuações perpetradas por titulares de cargos políticos que, no exercício das respectivas funções, se revelam geradoras de situações de "flagrante desvio ou abuso da função ou com grave violação dos inerentes deveres"[161].

Compreende-se, neste sentido, que a responsabilidade criminal dos titulares de cargos políticos por condutas ilícitas no exercício de funções, traduzindo um imperativo constitucional expresso, exclua a validade de amnistias, indultos, comutações de penas ou quaisquer outros actos de clemência tendo como destinatários titulares de cargos políticos[162].

(e) Mecanismos de excepção: resistência, desobediência e insurreição

XIII. Pode até suceder que, num cenário de atentado individual a valores do Estado de Direito democrático, se mostre de todo inviável, inútil ou

---

[160] Cfr. PEDRO LOMBA, *Princípios Gerais da Organização do Poder Político*, in PAULO OTERO (Coord.), *Comentário…*, III, 1.º tomo, p. 475.
[161] Cfr. Lei n.º 34/87, de 16 de Julho, artigo 2.º.
[162] Neste sentido, cfr. JORGE MIRANDA, *Imunidades constitucionais e crimes de responsabilidade*, in *Direito e Justiça*, vol. XV, tomo 2, 2001, pp. 33-34.

impossível o acesso aos tribunais ou a quaisquer outras autoridades públicas, visando delas obter a neutralização atempada de ofensas ou agressões a direitos, liberdades e garantias efectuadas por entidades públicas no exercício das suas funções.

Numa tal hipótese, a própria Constituição consagra o direito de resistência (artigo 21.°): a todos é reconhecida, enquanto direito fundamental, a faculdade de se opor a tais ofensas e de repelir pela força tais agressões a direitos, liberdades e garantias.

Trata-se de um mecanismo de autotutela privada, susceptível de garantir a projecção individual do Estado de Direito democrático em situações de lesão ilegal a direitos fundamentais ou, numa diferente perspectiva, o direito de resistência é uma garantia constitucional que, assumindo a natureza de "direito-competência"[163], tem como objectivo reflexo a defesa, individual e subsidiária, da ordem constitucional, aqui se incluindo, naturalmente, o Estado de Direito democrático.

XIV. Poderá acontecer, no entanto, que, em vez de um atentado individual, se assista a uma subversão geral ou ampla da ordem de valores típica do Estado de Direito democrático, suscitando-se um problema de obediência ao Direito inválido produzido, já anteriormente abordado (v. *supra*, n.° 3.4.1., VIII), reconduzível a uma situação de verdadeira desobediência colectiva: a ninguém é lícito praticar ou colaborar na prática de um acto injusto ou atentatório dos valores essenciais do Estado de Direito democrático.

A desobediência colectiva, traduzindo uma conduta pública e não violenta de uma pluralidade indeterminável de pessoas, traduzirá um mecanismo de autotutela privada colectiva e garantística do Estado de Direito democrático: é que, no limite, a desobediência civil, desde que pacífica, é ainda uma expressão constitucional inerente ao próprio Estado democrático de Direito[164], sendo legítima a sua utilização para a defesa das respectivas instituições, princípios e valores.

XV. Nem se deverá negar, como já antes se escreveu[165], que, numa alteração radical, violenta e ilegítima do Estado de Direito democrático con-

---

[163] Cfr. MARIA DA ASSUNÇÃO ESTEVES, *A Constitucionalização do Direito de Resistência*, Lisboa, 1989, p. 238.

[164] Neste sentido, cfr. JÜRGEN HABERMAS, *La desobediencia civil. Piedra de toque del Estado democrático de Derecho*, in JÜRGEN HABERMAS, *Ensayos Políticos*, Barcelona, 2000, pp. 51 ss.

[165] Cfr. PAULO OTERO, *Instituições...*, I, p. 607.

sagrado pela Constituição, verificando-se uma situação de tirania visível, prolongada e gravemente ofensiva dos mais elementares postulados do pluralismo, da juridicidade e do bem-estar de uma sociedade ao serviço da pessoa humana viva e concreta e da sua dignidade, se tenha como legítima a insurreição revolucionária, desde que dela não resulte um mal maior do que aquele que se procura combater[166]: a revolução poderá então ser a via de restauração de um Estado de direitos humanos, originando a reedificação de um ordenamento jurídico justo e típico de um Estado de Direito democrático.

---

[166] Neste sentido, cfr. PAULO VI, *Carta Encíclica «Populorum Progressio»*, de 26 de Março de 1967, n.º 31.

§4.º
Estado de soberania internacionalizada e europeizada

4.1. Soberania e independência nacional

BIBLIOGRAFIA: JORGE MIRANDA, *A Constituição de 1976*, pp. 281 ss.; IDEM, *Manual...*, III, pp. 183 ss.

(a) O Estado como valor e instituição constitucional: a dimensão clássica da soberania

I. A caracterização de Portugal, nos termos do artigo 1.º da Constituição, como sendo uma República soberana, isto ainda antes da referência à dignidade da pessoa humana e à vontade popular, revela a importância conferida pelo legislador constituinte ao postulado da soberania: Portugal afirma ser, no sentido clássico ou bodiniano do termo[167], um Estado que não reconhece nenhum outro poder que lhe seja superior na ordem interna (: soberania interna), nem na ordem externa (: soberania externa).

Significa isto, por outras palavras, o seguinte:

(i) Na ordem interna, o Estado não admite a existência de outros poderes dotados de soberania, pertencendo ao Estado a raiz originária de todos os demais poderes formais de Direito Público, sendo o titular exclusivo do poder constituinte: o Estado, sendo a única entidade pública dotada de uma existência que se autojustifica, é também a única fonte criadora e atribuidora de poderes de autoridade dentro do seu território – o Estado é o titular da competência das competências;

---

[167] Cfr. JEAN BODIN, *Los Seis Libros de la República*, ed. Tecnos, Madrid, 1992, Liv. 1.º, Cap. VIII, pp. 47 ss.

Sobre a recepção do pensamento de Jean Bodin em Portugal, cfr. MARTIM DE ALBUQUERQUE, *Jean Bodin na Península Ibérica. Ensaio de História das Ideias Políticas e de Direito Público*, Paris, 1978, pp. 121 ss.

(*ii*) Na ordem externa, por seu lado, Portugal, baseado num princípio de igualdade entre os Estados (artigo 7.º, n.º 1), afirma-se como um Estado independente, isto num duplo sentido: trata-se de um Estado que é sujeito autónomo de Direito Internacional, não dependendo de ninguém para ter acesso à sociedade internacional ou estabelecer relações internacionais, afirmando-se ainda como um Estado que, sendo soberano, não é vassalo, protegido ou colónia de qualquer outro Estado, nem se pode transformar em Estado membro de qualquer federação.

Neste último sentido, uma vez que Portugal não é, nem pode ser, um Estado sujeito a outro Estado, mostra-se violador da Constituição que, por força do aprofundamento da integração europeia, Portugal se torne membro de uma hipotética federação europeia: a partir do momento em que a União Europeia passe a ser um Estado federal – o que ocorrerá se as alterações ao seu Direito Constitucional deixarem de estar sujeitas ao princípio contratualista, possibilitando-se que os Estados-membros se encontrem vinculados às alterações aos tratados institutivos sem a necessidade do seu consentimento ou mesmo contra o seu consentimento[168] –, a permanência de Portugal na União Europeia será inconstitucional.

II. A Constituição caracteriza a soberania, nos termos do seu artigo 3.º, n.º 1, como sendo una e indivisível:

(*i*) Dentro do Estado há uma única soberania, pertencente ao próprio Estado e que reside no povo (soberania popular), verificando-se que o Estado é a única entidade titular de poderes originários;

(*ii*) A soberania pertencente ao Estado não pode por ele dividida ou delegada, excluindo-se a existência de várias partes separadas do poder soberano do Estado.

Não obstante ao Estado se encontrar vedado dividir a sua soberania com outras entidades diferentes do Estado – isto sem entrar agora nas limitações ou derrogações resultantes da integração europeia –, torna-se certo que, dentro do próprio Estado, a Constituição cria quatro diferentes centros de expressão da vontade soberana do Estado: os designados órgãos de soberania (artigo 110.º, n.º 1) – Presidente da República, Assembleia da República, Governo e Tribunais.

---

[168] Cfr. PAULO OTERO, *Lições...*, I, 2.º tomo, p. 207.

A unidade e a indivisibilidade da soberania do Estado não inviabilizam, no entanto, a separação dos poderes no interior do próprio Estado.

(b) A independência nacional como garantia da soberania

III. Naturalmente que hoje o conceito constitucional de soberania não pode ser entendido na pura acepção de Jean Bodin, enquanto realidade absoluta e ilimitada[169], antes a soberania a que se refere a Constituição terá de ser harmonizada e conjugada com outros valores e postulados: a referência à soberania relaciona-se, numa primeira dimensão, com a independência nacional.

Portugal é um Estado soberano e, como tal, é um Estado independente.

Essa ligação intrínseca entre soberania e independência nacional permite explicar três soluções normativas da Constituição:

(*i*) A garantia e a promoção da independência nacional é configurada como sendo a primeira tarefa fundamental do Estado (artigo 9.º, alínea a)), envolvendo a obrigação de criar condições políticas, económicas, sociais e culturais que sustentem essa independência;

(*ii*) A independência nacional surge identificada como sendo o primeiro limite material de revisão constitucional (artigo 288.º, alínea a)), significando que se trata de um traço essencial de identificação desta Constituição;

(*iii*) A independência nacional aparece como princípio fundamental regulador das relações internacionais de Portugal (artigo 7.º, n.º 1), assumindo o seu respeito e a sua garantia, além de um limite ao estabelecimento de relações económicas com todos os povos (artigo 80.º, alínea g)), uma obrigação vinculativa dos órgãos que têm a seu cargo a definição e a execução da política externa portuguesa.

IV. A articulação normativa entre a qualificação do Estado como sendo soberano e a tarefa fundamental de respeito pela independência nacional, tornando-se este último valor um instrumento de garantia da própria soberania, envolve diversos efeitos vinculativos:

(*i*) A necessidade de subsistência de Portugal, enquanto Estado e como Estado soberano, e o inerente reconhecimento de todos os meios tendentes a garantir esse propósito constitucional:

---

[169] Cfr. JEAN BODIN, *Los Seis Libros...*, Liv. 1.º, Cap. VIII, p. 49.

– Não é permitida a alienação de qualquer parcela do território, nem dos direitos de soberania do Estado (artigo 5.º, n.º 3), nem, por maioria de razão, a transformação de Portugal num Estado não soberano (artigo 1.º);
– Por isso, a transferência pontual de poderes de soberania do Estado para outras entidades ou o seu exercício em comum com outros Estados nunca pode assumir a natureza de uma verdadeira alienação de poderes, antes traduzirá sempre um fenómeno susceptível de reversão e, nesse sentido, reconduzível a uma delegação de poderes: Portugal, enquanto Estado soberano, tem sempre a faculdade de resgatar os poderes transferidos ou postos em exercício comum com outros Estados;
– No limite, até a permanência de Portugal na União Europeia não é uma decisão irrevogável: o exercício do direito de recesso de Portugal da União Europeia, resgatando a soberania hipotecada, traduzirá ainda uma forma legítima de exercício da sua soberania como Estado;
– Portugal goza de um direito de reclamação internacional e, se e na medida em que se justificar, de um direito de legítima defesa tendente a garantir a sua soberania, desde a integridade territorial até ao próprio exercício livre dos inerentes poderes de soberania;

(*ii*) Portugal, uma vez mais como Estado soberano, não pode ter condicionado, por quaisquer intervenientes externos, o exercício interno do seu poder político, gozando de liberdade decisória e de total autonomia na configuração constitucional das formas de exercício dos seus poderes soberanos: encontra-se constitucionalmente vedada qualquer forma de tutela, supervisão ou protectorado político de um ou vários Estados sobre as instituições nacionais e as suas políticas – isso mesmo também resulta do princípio geral de Direito Internacional que determina a não ingerência nos assuntos internos dos outros Estados;

(*iii*) O próprio Direito Internacional convencional só vigora em Portugal depois de um processo de vinculação interna do Estado, definido nos termos do seu Direito interno e só vincula internamente o Estado até ao momento em que, sem embargo de poder incorrer em responsabilidade internacional, os seus órgãos legislativos assim o entenderem, pois as normas constantes de convenções internacionais gozam de paridade hierárquico-normativo face aos actos legislativos internos, razão pela qual, segundo o critério cronológico, qualquer das normas posteriores poderá tornar inaplicável a norma anterior reguladora da mesma matéria[170].

Em todos estes aspectos se mostra, conclua-se, a íntima relação entre soberania e independência nacional.

(c) A pluridimensionalidade constitucional da soberania

V. A soberania, enquanto expressão axiológica e funcional caracterizadora da natureza dos poderes do Estado português, tem ainda expressão, vista do ângulo do seu objecto, numa pluralidade de manifestações constitucionais, podendo recortar-se as seguintes principais acepções do termo:

(*a*) Há, em primeiro lugar, uma *soberania política*: pertence a Portugal o exclusivo da definição das suas opções políticas fundamentais, desde a elaboração e modificação do seu texto constitucional, definindo os fins últimos da sociedade, a ordem de valores e os meios ao seu serviço, sem sujeição a qualquer tipo de permissões, homologações ou ratificações de terceiras entidades, passando essa soberania política também pela designação dos titulares dos seus órgãos constituídos e respectivo exercício dos poderes, tal como a livre assunção ou desvinculação de compromissos políticos internacionais;

(*b*) Existe, em segundo lugar, uma *soberania territorial*: o território do Estado traduz um espaço de exercício pleno de poderes exclusivos de jurisdição (declarativa e executiva) sobre todas as pessoas e coisas que nele se encontram, registando-se a existência de uma paralela obrigação universal de todos os Estados respeitarem a integridade territorial do Estado Português, sem prejuízo da faculdade de Portugal permitir derrogações pontuais a um tal exclusivo, apesar de nunca poder alienar quaisquer direitos de soberania que exerce sobre o território (artigo 5.º, n.º 3);

(*c*) Observa-se, em terceiro lugar, a existência de uma *soberania populacional*: ao Estado pertence o exclusivo da definição de quem são os seus nacionais, exercendo sobre eles poderes plenos de jurisdição civil, criminal e administrativa, sem embargo da sujeição também às suas leis de todos os estrangeiros e apátridas que se encontram no seu território, incluindo a faculdade de expulsar estes últimos;

---

[170] Desenvolvendo argumentativamente que as normas provenientes de convenções internacionais gozam de um valor hierárquico igual ao das normas resultantes de actos legislativos internos, cfr. PAULO OTERO, *O valor hierárquico-normativo do Direito Internacional Público na ordem jurídica portuguesa*, in *Estudos em Homenagem ao Prof. Doutor Joaquim Moreira da Silva Cunha*, Coimbra, 2005, em especial, pp. 707 ss.

(d) Num outro sentido, pode ainda dizer-se que o Estado possui uma *soberania decisória* que, sendo susceptível de comportar uma vertente declarativa (: *soberania declarativa*) e uma vertente executiva (: *soberania executiva*) dos actos jurídicos que produz, determina que tudo seja feito "sem consentimento de superior, igual ou inferior" ao Estado[171], envolvendo diversas manifestações sectoriais:
– A *soberania legislativa*, traduzindo a faculdade de fazer, modificar, suspender, revogar e interpretar actos legislativos juridicamente disciplinadores de quaisquer matérias;
– A *soberania administrativa*, expressa mediante a faculdade de elaborar normas e/ou determinar as normas aplicáveis (: autotutela normativa), definindo o Direito do caso concreto (: autotutela declarativa) e, em caso de não acatamento voluntário, a possibilidade de, sem prévia intervenção judicial, impor pela força o seu cumprimento (: autotutela executiva);
– A *soberania judicial*, envolvendo a faculdade de os tribunais resolverem definitivamente os litígios, declarando o Direito aplicável e gozando as suas decisões de força executiva própria;
– A *soberania financeira*, expressa através de duas figuras: a *soberania fiscal* (: permitindo a criação de impostos e a intervenção reguladora nos seus elementos essenciais) e a *soberania monetária* (: conferindo a faculdade de emissão de moeda e o poder decisório sobre os meios monetários em circulação).

Verifica-se, no entanto, que Portugal, por efeito de compromissos internacionais livremente assumidos, e sem prejuízo da reversibilidade de algumas situações, regista hoje uma limitação de diversas vertentes da sua soberania: a soberania encontra-se internacionalizada e europeizada.

Resta saber os termos e a dimensão da limitação efectuada à soberania.

4.2. A internacionalização da soberania

BIBLIOGRAFIA: GOMES CANOTILHO, *Direito Constitucional e Teoria*..., pp. 369 ss.; PAULO OTERO, *O valor hierárquico-normativo do Direito Internacional Público na ordem jurídica portuguesa*, pp. 697 ss.

---

[171] Neste sentido, exclusivamente a propósito do "poder de dar leis" por parte do príncipe soberano, cfr. JEAN BODIN, *Los Seis Libros*..., Liv. 1.º, Cap. X, p. 74.

I. Portugal não é o único Estado soberano e, encontrando-se inserido no contexto da sociedade internacional, tem de conviver com outros Estados também soberanos: pautando-se no seu relacionamento internacional pelos princípios da independência nacional, da igualdade entre os Estados e da não ingerência nos assuntos internos dos Estados (artigo 7.º, n.º 1), a convivência tem custos, envolvendo recíprocas limitações de soberania.

As limitações à soberania decorrentes da inserção de Portugal na sociedade internacional, permitindo falar num fenómeno de internacionalização da soberania, podem ter na sua origem dois diferentes tipos de factores:

(*a*) Factores de ordem externa, traduzindo manifestações de uma progressiva heterovinculação do Estado que, proveniente de uma normatividade produzida pela própria sociedade internacional, limitam a sua soberania;

(*b*) Factores de ordem interna, englobando manifestações de uma postura unilateral do Estado que, à luz da Constituição, assume compromissos de autovinculação face às normas e princípios de Direito Internacional.

Vejamos, sumariamente, cada um destes grupos de factores de internacionalização da soberania do Estado português.

(a) Factores externos da internacionalização da soberania

II. O século XX permitiu observar uma clara tendência para a internacionalização da temática dos direitos humanos[172]: as Nações Unidas diminuíram o alcance da cláusula do domínio reservado dos Estados, passando a matéria da garantia de respeito e implementação dos direitos humanos e o sancionamento da sua violação a ser configuradas como questões integrantes da esfera da comunidade internacional, expropriando-se ou diminuindo-se a margem de liberdade decisória de intervenção do poder constituinte e da inerente soberania dos Estados.

Num tal contexto, as soluções internas em matéria de direitos humanos não podem contrariar os parâmetros de garantia dos direitos humanos fixados pelo Direito Internacional geral ou comum: a Declaração Universal dos Direitos do Homem, assumindo a natureza de um repositório de normas de *ius cogens*, goza de uma imperatividade própria e autónoma que vincula todos os Estados, independentemente da sua vontade ou até mesmo contra a sua vontade.

---

[172] Cfr. PAULO OTERO, *Instituições*..., I, pp. 361 ss.

Observa-se, simultaneamente, a perda do monopólio do Estado na produção da normatividade reguladora dos direitos fundamentais inerentes à pessoa humana, registando-se o surgimento de um progressivo *ius commune* constitucional que, traduzindo a expressão da designada Constituição transnacional, permite formular um princípio de "aplicação da Constituição em conformidade com o Direito Internacional dos Direitos do Homem"[173].

Ora, isso mesmo resulta inequívoco do artigo 16.°, n.° 2, da Constituição portuguesa que, determinando dever fazer-se a interpretação e a integração das normas constitucionais (e legais) sobre direitos fundamentais de harmonia com a Declaração Universal dos Direitos do Homem, revela o mero reconhecimento constitucional da força heterovinculativa própria de Declaração Universal sobre a Constituição, gozando aquela, por isso, de um valor jurídico supraconstitucional.

E aquilo que se diz a propósito da Declaração Universal dos Direitos do Homem pode também afirmar-se no que respeita a todas as normas internacionais sobre direitos humanos, expressando a dimensão suprapositiva e heterovinculativa de uma ordem axiológica universal fundada na natureza sagrada e inalienável da dignidade da pessoa humana, que se impõem ao poder constituinte dos Estados.

Neste último sentido, os textos constitucionais nunca podem, sob pena de inconstitucionalidade dos seus próprios preceitos, dispor contra tais normas sobre direitos humanos que, reconduzidas hoje formalmente a um Direito Internacional imperativo e inderrogável, representam na sua substância material princípios jurídicos fundamentais emergentes da "consciência jurídica geral", dotados de uma intrínseca natureza vinculativa para o Estado e para a Comunidade Internacional, e que encontram a sua expressão mais perfeita na Declaração Universal dos Direitos do Homem.

III. A progressiva expansão de um Direito Internacional geral ou comum de natureza imperativa, produzindo uma inerente limitação ou transfiguração da soberania dos Estados, encontra hoje outras áreas de operatividade fora das matérias referentes aos direitos humanos: o *ius cogens* não se reduz ao Direito Internacional dos Direitos Humanos.

---

[173] Cfr. KARL-PETER SOMMERMANN, *Völkerrechtlich garantierte Menschenrechte als Masstab der Verfassungskonkretisierung – Die Menschenrechtsfreundlichkeit des Grundgesetzes*, in Archiv des öffentlichen Rechts, 1989, pp. 395 ss.

Para uma recepção entre nós deste mesmo entendimento, cfr. FAUSTO DE QUADROS, *A Protecção da Propriedade Privada pelo Direito Internacional Público*, Coimbra, 1998, pp. 535 ss.; ANA MARIA GUERRA MARTINS, *Direito Internacional dos Direitos Humanos*, Coimbra, 2006, pp. 110 ss.

Sucede, porém, que em todas essas outras áreas de incidência do *ius cogens* deparamos sempre com regras e princípios internacionais que assumem uma natureza imperativa e inderrogável face a todos os sujeitos de Direito Internacional, heterolimitando, por via externa, o poder constituinte de todos os Estados: Portugal não é excepção.

Colocado o problema da relação hierárquico-normativa entre estas regras e princípios de *ius cogens* e a Constituição formal, igualmente neste domínio se deve reconhecer que o *ius cogens* goza de supremacia hierárquica sobre as normas constitucionais que com ele concorrem em termos de sobreposição material, isto por três ordens de razões:

(*i*) Se tais normas de *ius cogens* são imperativas para todos os membros da Comunidade Internacional, nunca podendo ser derrogadas[174], isto só pode significar que também o legislador constituinte por elas está vinculado e, tal como o Estado as não pode afastar por via bilateral através de convenção internacional, também as não poderá derrogar em termos unilaterais por via legislativa ou constitucional;

(*ii*) Estamos perante normas que, traduzindo a expressão de uma "consciência jurídica universal", integram também a "consciência jurídica geral" de cada povo que pretenda viver dentro da Comunidade Internacional, heterovinculando a liberdade decisória do poder constituinte de cada Estado, o qual nunca se encontra habilitado a contrariar ou a subverter o *ius cogens*;

(*iii*) Tratando-se de normas que incorporam princípios estruturantes da Comunidade Internacional, elas impõem-se por si, isto é, sem qualquer dependência do consentimento dos Estados seus destinatários, funcionando o respectivo acatamento como condição de acesso ou de permanência de tais Estados no convívio dessa Comunidade, razão pela qual a sua violação ou derrogação gera a nulidade do acto interno em causa.

Em suma, os espaços materiais disciplinados pelas normas de *ius cogens*, sendo dotados de uma força jurídica prevalecente sobre qualquer disciplina normativa emanada pelo Estado, traduzem também zonas de "expropriação" decisória do Estado a favor da Comunidade Internacional: a soberania do Estado encontra-se, também aqui, internacionalizada.

---

[174] Cfr. artigo 53.º da Convenção sobre o Direito dos Tratados, assinada em Viena, a 23 de Maio de 1969.

IV. Os últimos anos têm ainda revelado uma progressiva erosão da soberania do Estado por efeito da globalização dos problemas e das inerentes propostas de solução: cada Estado deixou de ter capacidade para, eficazmente, dar resposta a um conjunto de problemas que, sendo seus, não se podem dizer exclusivos de um único Estado, antes dizem respeito a todos (ou quase todos) os membros da sociedade internacional.

É o que sucede, a título ilustrativo, com os problemas ambientais, alimentares, financeiros, epidemiológicos, energéticos, de segurança e criminalidade transnacional, de regulação do comércio internacional, das telecomunicações ou do sistema financeiro internacional: em todos estes exemplos, cada Estado ou um só Estado revela-se sempre impotente para disciplinar, controlar, sancionar ou impedir os fenómenos em causa, pois a sua dimensão global, à escala universal, exige também soluções internacionais globais – o Direito Internacional torna-se aqui uma inevitabilidade normativa que se impõe aos Estados.

O Estado vê-se obrigado, se pretender tentar atenuar ou solucionar tais problemas globais, a colocar o exercício dos poderes de soberania em comum ou em cooperar com outros Estados ou organizações internacionais na sua resolução: a internacionalização decisória destas matérias, comprovando a impotência de cada Estado na sua solução, traduz também uma limitação da tradicional omnipotência da soberania decisória do Estado – aquilo que antes era objecto de simples lei interna, passa agora a exigir uma prévia convenção internacional.

Em resumo, a globalização das matérias, exigindo globalização das soluções, demonstrou a inevitável internacionalização da soberania dos Estados: assiste-se aqui a uma implícita heterovinculação dos Estados a internacionalizarem certos domínios da sua soberania.

(b) Factores internos da internacionalização da soberania

V. Paralelamente às mencionadas situações externas geradoras de internacionalização da soberania, a leitura da Constituição permite também registar uma pluralidade de factores que, por iniciativa de natureza autovinculativa do próprio Estado, conduzem a um reforço limitativo da soberania de Portugal.

Observemos alguns exemplos:

(i) Portugal, afirmando que o Direito Internacional geral ou comum faz parte integrante do Direito português (artigo 8.°, n.° 1), determina que as suas regras e princípios nunca possam deixar de fazer parte do ordenamento jurídico português: deste modo se integram no Direito português, por expressa imposição constitucional, verificando-se que nenhum acto interno dos poderes constituídos – nem sequer um acórdão do Tribunal Constitucional, por considerar tais regras ou princípios desconformes com a Constituição em sentido instrumental – pode "afastar" ou "desentranhar" essa normatividade do Direito português, motivo pelo qual se lhes deve reconhecer uma força jurídica idêntica à da norma constitucional receptora[175];

(*ii*) No âmbito do Direito Internacional convencional, Portugal auto-vincula-se a aplicar as suas normas (artigo 8.º, n.º 2), desde que se verifiquem os requisitos orgânico-formais de vinculação e a conformidade material das respectivas normas com a Constituição, envolvendo uma inerente força jurídica para tornar inaplicáveis as normas legislativas internas contrárias então vigentes, isto somente, todavia, até ao momento em que os órgãos legislativos do Estado assim o entenderem (v. *supra*, n.º 4.1., IV)[176];

(*iii*) Permite-se que, sem qualquer processo interno de vinculação do Estado português ou até de publicação oficial interna, possam vigorar – obrigando qualquer decisor ou aplicador jurídico nacional – normas provenientes de organizações internacionais de que Portugal seja parte, bastando para o efeito que, sendo emitidas por órgão competente, isso se encontre previsto no respectivo tratado constitutivo da entidade internacional em causa (artigo 8.º, n.º 3).

---

[175] Esse reconhecimento de um valor hierárquico de natureza constitucional ao Direito Internacional geral ou comum objecto de uma recepção genérica no artigo 8.º, n.º 1, da Constituição encontra plena confirmação em mais três disposições constitucionais:
   (*i*) Os princípios gerais de Direito Internacional enunciados no artigo 7.º, n.os 2 e 3, que, recepcionados de forma expressa e individual pela Constituição, integram a própria Constituição em sentido instrumental, isto ao invés das normas e dos princípios recebidos pelo artigo 8.º, n.º 1, os quais apenas fazem parte da Constituição formal;
   (*ii*) Têm também valor constitucional os "princípios gerais de direito internacional comummente reconhecidos" que, segundo o artigo 29.º, n.º 2, da Constituição, tipifiquem condutas consideradas criminosas;
   (*iii*) Na medida em que envolva uma normatividade de Direito Internacional geral ou comum, deve também reconhecer-se valor constitucional ao Estatuto de Roma que, nos termos do artigo 7.º, n.º 7, da Constituição, determina a possibilidade de aceitação da jurisdição do Tribunal Penal Internacional.

[176] Note-se que aqui, no âmbito das normas constantes de convenções internacionais (ao invés do que sucede com o Direito Internacional geral ou comum), a autovinculação do Estado não envolve qualquer imposição constitucional de tais normas fazerem parte integrante do Direito português, podendo as mesmas tornar-se inaplicáveis pela superveniência de um acto legislativo interno contrário.

VI. Naturalmente que as limitações internacionais à soberania do Estado português, sem prejuízo de todas aqueles que resultam da cláusula constitucional de empenhamento da construção europeia (v. *infra*, n.º 4.3.), assumem projecção quantitativa e qualitativa no âmbito do exercício da sua soberania decisória.

Um exemplo basta para ilustrar o que se pretende dizer: o artigo 5.º, n.º 2, confere à lei o poder de definir a extensão e o limite das águas territoriais, da zona económica exclusiva e os direitos de Portugal aos fundos marinhos contíguos, tal como o artigo 164.º, alínea g), atribui à Assembleia da República a competência legislativa sobre a matéria.

Sucede, porém, que essa intervenção legislativa tem sempre de se pautar, sob pena de invalidade da lei, por um respeito escrupuloso das regras de Direito Internacional geral sobre a matéria: a liberdade decisória do Estado no exercício da soberania legislativa encontra-se aqui, tal como em milhares de outras matérias, condicionada ou limitada pelo Direito Internacional.

Uma tal limitação da liberdade decisória do Estado será, afinal, o preço a pagar pelos Estados soberanos por viverem em sociedade (internacional), relacionando-se com outros Estados e demais sujeitos internacionais: aqui reside um mero exemplo da crescente internacionalização da soberania.

4.3. A europeização da soberania

BIBLIOGRAFIA: MARIA LÚCIA AMARAL, *A Forma da República*, pp. 390 ss.; GOMES CANOTILHO, *Direito Constitucional e Teoria...*, pp. 367 ss.; MARIA LUÍSA DUARTE, *A Constituição europeia e os direitos de soberania dos Estados-membros – elementos de um aparente paradoxo*, in *O Direito*, 2005, pp. 837 ss.; JORGE MIRANDA, *Manual...*, III, pp. 196 ss.; IDEM, *A Constituição europeia e a ordem jurídica portuguesa*, in *O Direito*, 2004, pp. 9 ss.; PAULO OTERO, *Legalidade e Administração Pública*, pp. 605 ss.; FAUSTO DE QUADROS, *Constituição europeia e Constituições nacionais – subsídios para a metodologia do debate em torno do Tratado Constitucional Europeu*, in *O Direito*, 2005, pp. 687 ss.

(a) A heterovinculação de base autovinculativa

I. A soberania de Portugal encontra-se ainda sujeita a uma pluralidade diversificada de limitações decorrentes da sua integração, enquanto Estado-membro, na União Europeia.

Trata-se da integração de Portugal numa estrutura política e económica supranacional que teve a sua origem num acto voluntário de adesão do

Estado e que continua a ter, uma vez que as alterações aos tratados institutivos continuam a basear-se no princípio contratualista, exigindo o consentimento de todos os seus Estados-membros, o seu fundamento numa vontade de autovinculação do Estado: até hoje, nenhum Estado-membro da União Europeia está vinculado ao Direito Constitucional Europeu contra a sua vontade.

No limite, a natureza voluntária da integração europeia e das inerentes limitações à soberania dos Estados-membros só existe porque os Estados consentiram e apenas subsiste enquanto os Estados continuarem a consentir: tal como a adesão à União foi um acto livre, igualmente o recesso, traduzindo uma forma de resgatar a soberania limitada, abandonando a integração na União Europeia como Estado-membro, nunca poderá deixar de integrar a esfera de liberdade decisória do Estado.

E, desde que o Estado tenha a possibilidade de recuperar a soberania hipotecada, o Estado mantém-se sempre como soberano: o recesso da União Europeia torna-se a última garantia das garantias de resgate da soberania.

II. Não obstante a natureza voluntária da integração e da permanência dos Estados na União Europeia e das suas vinculações às alterações aos tratados institutivos, o certo é que, após a adesão e enquanto se mantiverem como Estados-membros, os Estados se encontram vinculados ao Direito produzido pelos órgãos próprios da União, isto independentemente de qualquer consentimento ou mesmo contra a sua vontade e os seus interesses, ocorrendo aqui um fenómeno de heterovinculação: trata-se de uma típica situação de efeitos heterovinculativos de base autovinculativa[177].

Na realidade, tais efeitos heterovinculativos para o Estado provenientes do Direito derivado ou secundário da União Europeia têm sempre na sua origem um acto habilitante para a União Europeia os emanar e que, sendo integrante do Direito primário ou constitucional da União Europeia, resultou do consentimento do Estado.

No entanto, ao permitir que a União Europeia emane actos imperativos para os Estados-membros sem o seu consentimento ou mesmo contra a sua vontade, produz-se aqui um triplo efeito jurídico:

> (*i*) O Estado-membro autolimita a sua soberania decisória sobre os actos e as matérias em causa: esses actos provenientes da União Europeia vinculam o Estado independentemente de qualquer manifestação de vontade;

---

[177] Cfr. PAULO OTERO, *Lições…*, I, 2.º tomo, pp. 205 ss.

(ii) Pressupõe que, num momento cronológico anterior, tenha ocorrido uma transferência ou delegação dos respectivos poderes decisórios do Estado a favor da União Europeia: o processo de integração determina a "expropriação" de matérias da esfera de competência exclusiva do Estado;

(iii) Exige ainda que, em momento posterior à emanação dos actos do Direito da União Europeia, o Estado se abstenha de adoptar decisões contrárias às vinculações europeias a que se encontra heterovinculado: essa preclusão do sentido decisório da vontade do Estado, senão mesmo a proibição de sobre essas matérias emanar qualquer decisão, revela a prevalência ou primado hierárquico do Direito da União Europeia sobre o Direito interno.

Será que um tal quadro de efeitos da integração de um Estado-membro na União Europeia tem acolhimento na Constituição de 1976?
É o que importa averiguar.

(b) A cláusula constitucional de empenhamento na construção e aprofundamento da União Europeia

III. O artigo 7.º, n.ºs 5 e 6, consagra o que se pode designar como cláusula constitucional de empenhamento de Portugal na construção e aprofundamento da União Europeia.

A inserção no texto constitucional de uma cláusula de empenhamento na construção da União Europeia comporta inevitáveis efeitos sobre os tratados que, envolvendo uma modificação do Direito primário da União Europeia, traduzam passos no reforço da identidade europeia e da acção dos Estados dentro do quadro de coesão da construção e aperfeiçoamento da União:

(i) Habilita a atribuição de poderes, passando a funcionar como cláusula geral de transferência ou delegação de poderes do Estado na União Europeia;

(ii) Permite a limitação da soberania do Estado no âmbito de tais matérias, exercendo as funções de cláusula geral limitativa da soberania;

(iii) Envolve uma autolimitação decisória do Estado, inviabilizando que em tais domínios aprove normas contrárias à normatividade comunitária, circunstância que permite aqui recortar uma implícita cláusula geral de prevalência hierárquica do Direito da União Europeia;

(*iv*) Proíbe qualquer retrocesso unilateral no processo de construção da União Europeia, respeitados os termos constitucionalmente definidos: o exercício do direito de recesso de Portugal relativamente à União Europeia depende de prévia revisão constitucional.

A cláusula constitucional de empenhamento na construção e aprofundamento da União Europeia funciona, em síntese, como objectivo ou sentido de orientação teleológica das relações internacionais de Portugal, envolvendo também "uma conexão estrutural permanente, uma mobilização da unidade da Constituição e até uma espécie de obrigação de resultado"[178].

(c) Idem: o sentido do artigo 8.º, n.º 4

IV. Se a cláusula constitucional de empenhamento na construção e aprofundamento da União Europeia, proibindo um retrocesso unilateral nessa construção, permitia já alicerçar os fundamentos da supremacia de todo o Direito da União Europeia sobre o ordenamento jurídico português infraconstitucional[179], o artigo 8.º, n.º 4, introduzido pela revisão constitucional de 2004, vem dizer que, salvaguardado o respeito pelos princípios fundamentais do Estado de Direito democrático, a aplicação interna do Direito (primário e secundário) da União Europeia, desde que traduza o exercício das respectivas competências, é feita "nos termos definidos pelo direito da União"[180].

Portugal reconhece, por força da sua Constituição, que a vigência interna de todo o Direito da União Europeia é feita nos termos definidos por esse mesmo ordenamento: o artigo 8.º, n.º 4, traduz, neste sentido, a expressão abdicativa do Estado português em definir o modo de aplicação interna do Direito da União Europeia.

Num outro ângulo, a Constituição portuguesa, remetendo para o Direito da União Europeia a definição dos termos da sua aplicação interna, tem sub-

---

[178] Cfr. FRANCISCO LUCAS PIRES, *Introdução ao Direito Constitucional Europeu*, Coimbra, 1997, p. 114.

[179] Cfr. PAULO OTERO, *Legalidade e Administração Pública*, p. 612.

[180] Especificamente sobre o artigo 8.º, n.º 4, da Constituição, cfr. FAUSTO DE QUADROS, *Direito da União Europeia*, Coimbra, 2004, pp. 416 ss.; MIGUEL GALVÃO TELLES, *Constituições dos Estados e eficácia interna do direito da União e das Comunidades Europeias – em particular sobre o artigo 8.º, n.º 4, da Constituição portuguesa*, in *Estudos em Homenagem ao Professor Doutor Marcello Caetano*, II, Coimbra, 2006, em especial, pp. 313 ss.; MARIA LUÍSA DUARTE, *União Europeia e Direitos Fundamentais – No espaço da internormatividade*, Lisboa, 2006, pp. 277 ss.; ANA MARIA GUERRA MARTINS, *Direito Internacional dos Direitos Humanos*, pp. 114 e 115.

jacente uma verdadeira cláusula de devolução ou "cheque em branco": aplicaremos internamente o Direito da União Europeia tal como este próprio ordenamento definir os termos da sua aplicação.

Uma tal solução remissiva poderá então significar que, no limite, se o Direito da União Europeia definir que a sua aplicação interna nos Estados--membros se fará sempre com prevalência face à normatividade constitucional do Estado, isto num cenário de reconhecimento de valor hierárquico--normativo supraconstitucional ao Direito da União Europeia, dotado que estaria de primado sobre as Constituições dos Estados-membros, o artigo 8.°, n.° 4, não exclui a admissibilidade de uma tal solução: o artigo 8.°, n.° 4, envolveria, neste sentido, uma implícita habilitação (auto)derrogatória da Constituição a favor do Direito da União Europeia.

Por via do artigo 8.°, n.° 4, Portugal renúncia a definir os termos de aplicação interna do ordenamento jurídico comunitário, habilitando mesmo que a aplicação deste se faça com sacrifício da normatividade constitucional, numa expressão de grau abdicativo da sua soberania que suscita sérias dúvidas sobre a validade deste aspecto da Lei Constitucional n.° 1/2004, de 24 de Julho.

É certo, sempre se poderá dizer, que resta ainda a favor da soberania do Estado o limite da exigência de respeito pelos princípios fundamentais do Estado de Direito democrático e os inerentes poderes de controlo dos tribunais portugueses (v. *infra*, n.° 7.7., IV): nenhuma aplicação interna do Direito da União Europeia pode ser feita sem respeito pelos princípios fundamentais do Estado de Direito democrático, reservando Portugal, implicitamente no artigo 8.°, n.° 4, o poder de fiscalizar essa aplicação.

Não deixa isto de também significar, numa interpretação *a contrario* do artigo 8.°, n.° 4, que a Constituição admite como válida a aplicação interna do Direito da União Europeia que, respeitando os princípios fundamentais do Estado de Direito democrático, viole todas as demais normas e princípios constitucionais: comprova-se, neste sentido, a implícita habilitação derrogatória da Constituição a favor do Direito da União Europeia que resulta do artigo 8.°, n.° 4.

Tudo se resumirá, afinal, num gesto desesperado tendente a resgatar a soberania constitucional hipotecada, que a solução do artigo 8.°, n.° 4, tal como a própria cláusula de empenhamento na construção da União Europeia, sejam objecto de revisão constitucional: aqui residirá o *ultimum remedium* tendente a recuperar a soberania.

(d) A desvalorização deslizante da soberania constitucional

V. A verdade é que, independentemente da solução introduzida pelo artigo 8.°, n.° 4, em matéria de aplicabilidade interna do Direito da União Europeia, isto num sentido que poderá conduzir à prevalência das soluções normativas de um tal ordenamento sobre a própria Constituição, os últimos vinte anos têm permitido observar uma desvalorização deslizante da soberania constitucional portuguesa:

(*i*) No âmbito das matérias integrantes da Constituição económica, incluindo aqui os direitos fundamentais económicos, o Direito da União Europeia hoje exerce um forte condicionamento sobre as opções constitucionais dos Estados-membros, existindo mesmo uma prática reiterada de interpretação e aplicação dos preceitos constitucionais em conformidade com o Direito da União Europeia que, pode bem considerar-se, desenvolveu uma normatividade informal e "não oficial" que se auto-justificou em termos de prevalência sobre o texto oficial da Constituição económica formal;

(*ii*) Ao nível das normas referentes à organização do poder político e à garantia da Constituição, o Direito primário da União Europeia mostra-se passível de expropriar e limitar poderes conferidos por normas constitucionais, subverter o próprio significado do processo de revisão constitucional, tornando-o um instrumento governamental ao serviço do reforço da União Europeia, além de subordinar todo o Direito infraconstitucional ao primado das suas normas, sem esquecer a introdução de mecanismos sancionatórios de comportamentos políticos dos Estados-membros que sejam atentatórios da "cláusula democrática" do Tratado da União Europeia[181];

(*iii*) No domínio das garantias constitucionais referentes à expulsão, extradição e direito de asilo, a própria Constituição confere às normas de cooperação judiciária penal provenientes da União Europeia a faculdade de introduzirem derrogações ao preceituado nos n.ºs 1 a 4 do artigo 33.° da Lei Fundamental (artigo 33.°, n.° 5), permitindo limitar ou excluir a aplicação de tais normas constitucionais, equivalendo isto a reconhecer uma força paraconstitucional a essas normas da União Europeia.

---

[181] Neste último sentido, cfr. artigo 7.° do Tratado da União Europeia, segundo o texto resultante do Tratado de Lisboa.

VI. Nem será exagero afirmar, tomando agora como ponto de análise as últimas revisões constitucionais portuguesas, que as principais modificações introduzidas na Constituição correspondem a uma tentativa de harmonização ou sintonização com vinculações políticas previamente assumidas no âmbito da União Europeia, surgindo o Direito da União Europeia como um efectivo limite heterónomo ao poder constituinte nacional: é legítimo falar, deste modo, no aparecimento de um poder constituinte informal ou "não oficial" da União Europeia que, incidindo sobre o sentido decisório a emergir das revisões das Constituições dos Estados-membros, produz verdadeiras normas heteroconstitucionais vinculativas para os Estados, acabando por atingir o cerne da sua soberania.

São aqui totalmente vãs as proclamações constitucionais dos Estados--membros em sentido contrário, procurando desesperadamente fazer da respectiva Constituição o centro normativo fundamental das opções políticas disciplinadoras das matérias objecto de transferência ou delegação para a União Europeia: amplos sectores normativos da Constituição de cada Estado--membro tornaram-se, parafraseando Lassalle[182], meras folhas de papel de uma "Constituição escrita" que sucumbe perante a "Constituição real", isto é, pelas determinações de índole constitucional tomadas no âmbito da União Europeia.

A ideia de que a revisão constitucional é hoje um instrumento legitimador *a posterior* de opções políticas e jurídicas já antes assumidas em termos comunitários, fazendo de cada processo de modificação da Constituição em conformidade com o Direito da União Europeia uma farsa da força normativa da Constituição, mostra-se particularmente visível no âmbito da legitimação constitucional de atribuição de poderes do Estado à União Europeia e, neste sentido, na inerente limitação da soberania interna dos Estados.

Se bem se analisar, foi só com a terceira revisão constitucional, operada através da Lei Constitucional n.º 1/92, de 25 de Novembro, que a Constituição escrita ou "oficial" passou a integrar uma norma permitindo a atribuição de poderes do decisor nacional para o decisor comunitário (artigo 7.º, n.º 6): antes dessa data não existia qualquer habilitação constitucional para o efeito, apesar de ser essa a prática seguida desde a aprovação parlamentar da nossa adesão à Comunidade Europeia, ocorrida em 1985, e de já estar assinado, desde 7 de Fevereiro de 1992, o Tratado de Maastricht.

Pode mesmo afirmar-se, neste sentido, que a segunda e a terceira revisões constitucionais, aditando, respectivamente, um n.º 5 e um n.º 6 ao artigo

---

[182] Cfr. FERDINAND LASSALLE, *A Essência da Constituição*, 5.ª ed., Rio de Janeiro, 2000, p. 33.

7.º da Constituição, mais não fizerem do que legitimar *a posteriori* uma prática de transferência ou delegação de poderes e de limitação da soberania nacional a favor da Comunidade Europeia que se haviam processado sem qualquer habilitação constitucional.

VII. É possível afirmar que a opção política fundamental operada depois da entrada em vigor da Constituição de 1976, isto é, a adesão à Comunidade Europeia e as limitações à soberania que envolveu, processou-se sem habilitação normativa na Constituição escrita ou "oficial": a atribuição de poderes decisórios do Estado a favor da Comunidade, amputando a esfera de competência dos órgãos constitucionais e limitando a soberania do Estado, derrogando neste domínio os correspondentes preceitos da Constituição "oficial", efectuou-se a "descoberto" de previsão constitucional.

A europeização da soberania nacional traduz, neste sentido, uma opção política fundamental do Estado português que nem sempre encontrou, tal como hoje continua a não encontrar, um suficiente fundamento constitucional: a Constituição teima em proclamar que Portugal é uma República soberana (artigo 1.º) e a fazer da garantia da independência nacional a primeira tarefa fundamental do Estado (artigo 9.º, alínea a)), verificando-se que a europeização da soberania resulta de condutas políticas que, por vezes objecto de legitimação constitucional *a posteriori*, nem sempre se mostram conformes com a Constituição.

Resta confiar no poder judicial, exercido pelos tribunais portugueses, que, aproveitando a cláusula de salvaguarda da nossa soberania, expressa na exigência de respeito pelo Direito da União Europeia dos princípios fundamentais do Estado de Direito democrático (artigo 8.º, n.º 4), exerça uma função de controlo da validade do Direito da União Europeia que forem chamados a aplicar: no respeito pelo princípio democrático, pelo princípio do Estado de Direito e pelo princípio do Estado social (v. *supra*, §3.º) reside hoje o núcleo axiológico da soberania portuguesa insusceptível de derrogação pelo Direito da União Europeia aplicável em Portugal – aqui se encontra o cerne da identidade axiológica da Constituição de 1976, expressando o mínimo da soberania portuguesa, face à Constituição material da União Europeia[183].

---

[183] Sobre a ideia de Constituição material europeia resultante do Tratado da União Europeia, cfr. ANA MARIA GUERRA MARTINS, *Curso de Direito Constitucional da União Europeia*, Coimbra, 2004, pp. 125 ss.

§5.º
Estado unitário descentralizado

5.1. Unidade do Estado e Constituição

BIBLIOGRAFIA: GOMES CANOTILHO, *Direito Constitucional e Teoria...*, pp. 359 ss.; JORGE MIRANDA, *Manual...*, III, pp. 173 ss.; PAULO OTERO, *O Poder de Substituição...*, II, pp. 742 ss.

(a) Estado unitário e soberania interna do Estado

I. A Constituição afirma a natureza soberana da República (artigo 1.º) e reconhece a unidade e a indivisibilidade da soberania (artigo 3.º, n.º 1), fazendo-as projectar na configuração dos poderes internos do Estado, criando, deste modo, uma interdependência entre a soberania e a unidade do poder estadual que justifica, segundo o artigo 6.º, n.º 1, a natureza unitária do Estado: Portugal é um Estado unitário.

Significa isto, por outras palavras, encontrar-se no Estado o único centro decisório definidor da competência de todas as restantes autoridades que exercem poderes no seu território: nenhuma autoridade tem poderes independentes da intervenção do Estado, uma vez que é sempre num título jurídico estadual que reside a única fonte de legitimidade e de legalidade de atribuição de tais poderes aos entes infra-estaduais.

O Estado unitário é aquele que afasta a admissibilidade de existirem no seu território poderes paralelos dotados de legitimidade própria ou originária, reservando para si a autoridade suprema na definição e repartição dos poderes: a Constituição pode aqui representar o instrumento pelo qual o Estado, exercendo a função constituinte, procede a uma primeira definição do quadro repartidor do exercício dos poderes de autoridade no interior do seu território.

II. A natureza unitária do Estado, projectando ainda a clássica vertente interna da formulação bodiniana do conceito de soberania (v. *supra*, n.º 4.1.,

I)), encontra a sua primeira expressão na configuração constitucional do Estado como titular da competência das competências:

(*i*) O Estado tem o poder de disposição da competência de quaisquer outras estruturas decisórias, conferindo, reduzindo ou alargando o respectivo espaço funcional e material;
(*ii*) O Estado tem a prerrogativa de definir a sua própria competência, regular os termos de exercício da competência das outras estruturas decisórias e de controlar a validade da actuação destas no respeito pela legalidade da competência;
(*iii*) O Estado goza a seu favor de uma presunção de competência sempre que, no silêncio da norma, não esteja definida outra estrutura decisória para exercer os poderes em causa, sendo dotado, por isso, de uma competência residual.

E é na Constituição que reside, em última análise, o fundamento configurativo do Estado como única entidade interna titular da competência das competências: a Constituição traduz o principal instrumento jurídico de expressão da unidade e indivisibilidade interna da soberania do Estado.

(b) Garantia constitucional da soberania interna do Estado

III. Como é que a Constituição garante a natureza unitária do Estado e, por essa via, a sua soberania na ordem interna?

(*i*) A supremacia do Estado é garantida, em primeiro lugar, pela titularidade exclusiva de poderes constituintes formais (originários e derivados): só ao Estado compete elaborar e rever a Constituição escrita (artigo 284.º), sem intervenção autónoma de qualquer entidade infra-estadual no respectivo procedimento;
(*ii*) A unidade do Estado é também configurada como limite material de revisão constitucional (artigo 288.º, alínea a)): Portugal não pode transformar-se numa estrutura federativa e a autonomia das regiões autónomas nunca pode evoluir ou transformar-se num modelo típico dos Estados federados;
(*iii*) O Estado tem órgãos de soberania únicos para todo o território nacional (artigo 110.º, n.º 1), os quais expressam uma vontade reveladora de interesses comuns a toda a colectividade e que goza de uma força jurídica prevalecente;
(*iv*) A normatividade proveniente das entidades infra-estaduais encontra-se subordinada (por via constitucional, legislativa ou regula-

mentar) ao Direito do Estado (artigo 3.º, n.º 3): é no Direito do Estado que aquela encontra o seu fundamento habilitador e o respectivo padrão de validade;

(v) Existem sempre mecanismos judiciais de fiscalização da validade e eficácia de todos os actos provenientes de entidades infra-estaduais: aos tribunais – os quais são órgãos de soberania (artigo 110.º, n.º 1) – encontra-se confiado o poder de garantir a Constituição (artigo 204.º) e de reprimir a violação da legalidade (artigo 202.º, n.º 2), desempenhando a função de últimos garantes da soberania do Estado;

(vi) O Estado tem ainda mecanismos políticos e administrativos de controlo das entidades infra-estaduais:
– O Governo goza de poderes de superintendência sobre a Administração indirecta e de tutela sobre esta e a Administração autónoma (artigo 199.º, alínea d));
– A prática de ilegalidades graves pelos órgãos autárquicos pode determinar a sua dissolução (artigo 242.º, n.º 3);
– O Representante da República nas regiões autónomas goza de poder de veto político (artigo 233.º, n.ºs 2 a 4) e de veto por inconstitucionalidade (artigos 278.º, n.º 2, e 279.º) face a diplomas regionais;
– As assembleias legislativas das regiões autónomas podem ser dissolvidas pelo Presidente da República (artigo 234.º, n.º 1), incluindo em situações resultantes da prática de grave ilegalidade ou inconstitucionalidade.

Na Constituição encontra-se, em síntese, a garantia de unidade do Estado.

5.2. Unidade e descentralização

BIBLIOGRAFIA: MARIA LÚCIA AMARAL, *A Forma da República*, pp. 359 ss.; JORGE MIRANDA, *Manual...*, III, pp. 210 ss.; PAULO OTERO, *O Poder de Substituição...*, II, pp. 742 ss.

(a) A descentralização como fenómeno do Estado

I. Se a unidade do Estado encontra o seu fundamento e garantia na Constituição, não é menos verdade que o artigo 6.º, n.º 1, conferindo expressão a um modelo pluralista de organização administrativa, nos diz que a natureza unitária do Estado tem de respeitar quatro princípios:

– O princípio da autonomia regional;
– O princípio da subsidiariedade;
– O princípio da autonomia autárquica;
– O princípio da descentralização democrática da (restante) Administração Pública.

Sucede, porém, que o respeito por todos estes princípios de sentido descongestionador de poderes estaduais, uma vez que resultam da Constituição do Estado, traduz uma autovinculação ou autolimite constitucional do Estado, sem envolver a atribuição de um direito originário a qualquer entidade pública infra-estadual: o fundamento jurídico dos entes públicos menores reside sempre na vontade do Estado-constituinte ou do Estado-legislador.

Não há qualquer forma de descentralização cujo fundamento se encontre numa ordem suprapositiva ou supra-estatal: é no Estado e na sua vontade que começam, se desenvolvem, configuram e cessam todas as experiências jurídicas de descentralização.

II. A noção constitucional de descentralização, traduzindo sempre uma forma de descongestionamento, repartição ou fraccionamento de poderes entre diferentes entidades públicas – normalmente entre o Estado e entes públicos menores ou, também designados, infra-estaduais, já existentes ou criados *ex novo* –, pode assumir duas diferentes configurações tipológicas[184]:

> (*i*) Pode, por um lado, tratar-se de uma descentralização de grau máximo, envolvendo uma partilha ou transferência de poderes políticos, legislativos e administrativos do Estado, identificada com a designada descentralização político-administrativa, apenas existente nas regiões autónomas dos Açores e da Madeira, e, traduzindo o designado princípio constitucional da autonomia regional, gera um caso de autogoverno que produz efeitos directos sobre a forma do Estado;
>
> (*ii*) Pode, por outro lado, a descentralização envolver apenas uma transferência de atribuições integrantes da função administrativa, falando-se em descentralização administrativa, a qual, por sua vez, se mostra passível de assumir duas modalidades:

---

[184] Para mais desenvolvimentos, cfr. PAULO OTERO, *O Poder de Substituição*..., II, pp. 704 ss.

– (1.ª) Poderá essa descentralização envolver a prossecução de fins autónomos do Estado, isto no sentido de não serem atribuições ou interesses típicos da Administração estadual, sendo prosseguidos com direcção e condução políticas próprias por entes públicos infra-estaduais que, sem prejuízo de sujeição a tutela, gozam, enquanto categoria de uma Administração Pública autónoma protegida pela Constituição, de uma garantia institucional de existência e autonomia face ao Estado: é o caso das autarquias locais ou "poder local" (princípio da autonomia autárquica ou local), das universidades públicas e das associações públicas;
– (2.ª) Poderá, ao invés, a descentralização reconduzir-se a uma simples devolução de poderes integrantes de fins que são típicos do Estado, passando então a integrar as atribuições de uma diferente entidade pública que, sujeita a controlo e orientação do Estado, exerce uma função complementar ou de desdobramento funcional de interesses ou fins que têm uma raiz de natureza estadual, continuando a pertencer ao Estado a definição da respectiva orientação política: trata-se da Administração indirecta do Estado.

Compreende-se, neste sentido, que a descentralização expresse um modelo pluralista de organização interna do Estado, deixando claro que não existe uma única Administração Pública e que o Estado não tem hoje, excepto no que diz respeito à função constituinte e à função jurisdicional, o monopólio de exercício da função política, da função legislativa e da função administrativa: o exercício da actividade política, legislativa e administrativa encontra-se repartido entre o Estado e outras entidades públicas.

Ora, é neste contexto de descentralização, envolvendo uma partilha das referidas funções do Estado por uma pluralidade de entidades públicas, que o artigo 6.º, n.º 1, situa a unidade do Estado, podendo falar-se, por consequência, em Estado unitário descentralizado.

(b) A unidade no pluralismo

III. No artigo 6.º, n.º 1, a Constituição tem o propósito de, sem contrariar a unidade do Estado, estabelecer uma ligação necessária entre a unidade e o pluralismo organizativo do Estado: se o pluralismo não pode colocar em causa a unidade, a verdade é que também a unidade tem de conviver com um modelo pluralista de organização da Administração Pública.

A interferência entre a unidade e o pluralismo permite estabelecer entre ambos os valores uma relação de complementaridade: a unidade encontra a sua justificação no pluralismo e o pluralismo tem a sua garantia na unidade.

Essa relação de complementaridade ou harmonia entre a unidade do Estado e o pluralismo organizativo definida pela Constituição permite compreender que, se a unidade do Estado é limite material de revisão constitucional (artigo 288.º, alínea a)), também a autonomia das autarquias locais e a autonomia político-administrativa dos Açores e da Madeira surgem como limites materiais de revisão (artigo 288.º, alíneas n) e o)).

A própria Constituição tem o cuidado de, a propósito da autonomia das regiões autónomas, referir que ela "não afecta a integridade da soberania do Estado" e que se exerce no quadro da Constituição (artigo 225.º, n.º 3), visando essa autonomia "o reforço da unidade nacional" (artigo 225.º, n.º 2).

Deste modo, toda e qualquer manifestação de autonomia administrativa, segundo um argumento extraído por maioria de razão das citadas normas constitucionais referentes às regiões autónomas, além de se mover sempre dentro do quadro da Constituição, só existe no âmbito da soberania unitária do Estado: fora da unidade do Estado não há autonomia.

Em sentido análogo, associando a unidade, a desconcentração e a descentralização administrativas, o artigo 267.º, n.º 2, revela-nos que a unidade de acção administrativa surge sempre como limite à descentralização e à desconcentração, sem embargo da unidade nunca poder ser levada ao extremo, à luz do princípio da proporcionalidade, de não salvaguardar um espaço de operatividade à descentralização e à desconcentração.

Todo o sistema português se resume na ideia de unidade no pluralismo.

IV. A Constituição desempenha, neste domínio de equilíbrio entre a unidade da soberania interna do Estado, por um lado, e a autonomia resultante do pluralismo da organização administrativa, por outro, o papel de fiel da balança ou garante do equilíbrio entre os valores em causa: não há autonomia ou unidade fora da Constituição, contra a Constituição ou sobre a Constituição.

Nunca se poderá esquecer, no entanto, que a Constituição é ainda a expressão máxima da unidade do Estado e da sua vontade juridicamente prevalecente. Por isso, a autonomia é sempre fruto da vontade do Estado e nunca manifestação de soberania: em síntese, a autonomia apenas se compreende no âmbito da unidade do Estado.

5.3. Unidade e interesses gerais da colectividade

BIBLIOGRAFIA: PAULO OTERO, *O Poder de Substituição*..., II, pp. 758 ss.; IDEM, *O Princípio da Supletividade do Direito do Estado na Constituição Portuguesa de 1976*, in *Estado & Direito*, n.º 17/18, 1996, pp. 57 ss.; IDEM, *Legalidade e Administração Pública*, pp. 868 ss.

I. A unidade do Estado envolve a existência de interesses comuns a toda a colectividade cuja prossecução, encontrando-se confiada pela Constituição ao Estado (v.g., artigos 9.º e 81.º), determina uma inevitável hierarquização e prevalência sobre outros interesses específicos de natureza regional, local, institucional ou corporativa, servindo esses interesses gerais da colectividade de critério constitucional atribuidor de poderes instrumentais ao Estado para a prossecução de tais fins, tarefas ou incumbências fundamentais e, simultaneamente, de enquadramento limitativo dos poderes descentralizados.

Essa identificação que a unidade do Estado gera entre interesses gerais da colectividade e a sua expressão pelos órgãos do Estado permite compreender três distintos fenómenos constitucionais:

(*a*) A reserva de poderes a favor do Estado;
(*b*) A prevalência do Direito do Estado;
(*c*) A supletividade do Direito do Estado.

Observamos, muito sumariamente, cada um destes fenómenos.

(a) Reserva de poderes a favor do Estado

II. O interesse geral da colectividade ou interesse nacional protagonizado pelo Estado, enquanto expressão da unidade da soberania interna, pode assumir uma dupla função:

(*i*) Serve, em primeiro lugar, de critério constitucional (ou legal) de repartição de poderes entre o Estado e as entidades infra-estaduais, sendo isso que explica, a título exemplificativo, o seguinte:
– A reserva da totalidade da função jurisdicional a favor do Estado (artigo 202.º, n.º 1);
– A existência de largas áreas de competência legislativa reservada à Assembleia da República (artigos 161.º, 164.º e 165.º) e ao Governo (artigo 198.º), determinando uma inerente exclusão de intervenção legislativa das regiões autónomas (artigo 227.º, n.º 1, alínea a));

– A possibilidade de, em detrimento das regiões autónomas, a lei reservar competência regulamentar das leis e dos decretos-leis a favor do Governo (artigo 227.º, n.º 1, alínea d), 2.ª parte);
– A limitação da margem de liberdade conformadora do legislador quanto à decisão de descentralizar, impondo-lhe limites quanto à possibilidade de descentralizar certas matérias e/ou ao grau ou nível de poderes a descentralizar dentro de determinada matéria;
(ii) Limita, em segundo lugar, os poderes atribuídos aos entes infra--estaduais, funcionando o interesse geral da colectividade ou interesse nacional como cláusula implícita de reserva de intervenção do Estado em todas as normas de descentralização.

Neste sentido, ao invés de um esquema rígido de repartição de atribuições entre o Estado e os entes infra-estaduais, regista-se que, ao lado dos interesses próprios destes últimos, há sempre o interesse geral da colectividade prosseguido pelo Estado, o qual é passível de habilitar uma intervenção decisória dos órgãos do Estado.

Uma vez que os entes infra-estaduais não são um Estado dentro do Estado, nem as suas atribuições se podem ver como um couto privado de poderes isento de intervenção do Estado, a descentralização nunca pode ser garantida pela Constituição para incidir de forma negativa sobre os interesses gerais da colectividade.

Compreende-se, por consequência, que, em cada matéria confiada "exclusivamente" a uma entidade pública menor, há sempre a possibilidade de se revelar a existência paralela de um interesse geral justificativo de uma determinada intervenção do Estado.

Assim, a susceptibilidade de existir um interesse geral da colectividade no âmbito das matérias descentralizadas traduz uma verdadeira cláusula implícita de competências de intervenção do Estado, pois, afinal, nunca há uma verdadeira e total reserva de matérias a favor dos entes infra-estaduais que seja imune a qualquer intervenção normativa por parte do Estado: por via constitucional, legislativa ou administrativa, o Estado, enquanto protagonista de interesses gerais da colectividade, poderá sempre intervir sobre as matérias descentralizadas.

III. Note-se, porém, que a prossecução do interesse geral da colectividade ou interesse nacional e as suas relações com os interesses próprios dos entes menores não é deixada à arbitrariedade do legislador ou da Administração Pública: a ponderação dos interesses gerais da colectividade, expressão da unidade do Estado, não é feita fora da Constituição ou contra a Constituição.

Aos tribunais está confiada, segundo a Constituição, a última palavra no equilíbrio da repartição de atribuições assentes num modelo de relacionamento entre diferentes interesses, isto é, entre o interesse protagonizado pelo Estado e os interesses "próprios" dos entes infra-estaduais.

(b) Prevalência do Direito do Estado

IV. A existência de interesses gerais da colectividade protagonizados pelo Estado, expressando a unidade da sua soberania interna, e revelados através de órgãos de soberania dotados de competência sobre todo o território nacional, visando a prossecução de tais interesses através de decisões dotadas de uma força jurídica própria, determina a formação de uma cláusula de prevalência do Direito do Estado: essa prevalência ou prioridade do Direito do Estado é ainda um reflexo da soberania do seu ordenamento face às simples manifestações de autonomia dos entes infra-estaduais[185].

E, enquanto expressão de um sistema que se move num nível superior aos subsistemas infra-estaduais, o princípio da prevalência do Direito do Estado exige a conformação do Direito infra-estadual às opções decisórias definidas pelos órgãos estaduais.

É que podem sempre existir interesses gerais que imponham uma intervenção decisória do Estado de natureza indisponível e conformadora da actividade dos entes infra-estaduais. Nesta hipótese, além das situações de matérias integralmente reservadas ao Estado (v.g., exercício da função jurisdicional ou reserva de competência da Assembleia da República), pode ocorrer uma identidade ou sobreposição de matérias entre a esfera de intervenção do Estado e dos entes públicos menores (v.g., urbanismo, educação, ambiente), deparando-se com formas de exercício gradualmente partilhando de poderes, subordinando-se as opções decisórias dos entes infra-estaduais às opções prevalecentes do Estado: aqui reside o cerne da prevalência do Direito do Estado.

V. Observemos alguns exemplos da prevalência do Direito do Estado:

(i) As decisões dos tribunais, enquanto órgãos de soberania do Estado, prevalecem sobre as decisões de quaisquer outras autoridades (artigo 205.º, n.º 2);

(ii) Os estatutos políticos-administrativos das regiões autónomas dos Açores e da Madeira, sendo leis do Estado (artigo 161.º, alínea b)),

---

[185] Cfr. CARLO LAVAGNA, *Istituzioni di Diritto Pubblico*, 6.ª ed. Reimp., Torino, 1986, p. 160.

servem de padrão de conformidade de todos os diplomas provenientes dos órgãos de governo próprio da respectiva região (artigos 280.º, n.º 2, alínea b), e 281.º, n.º 1, alínea c));

(*iii*) As leis de bases podem sempre, em termos originários ou supervenientes, limitar ou condicionar o exercício do poder legislativo regional (artigo 227.º, n.º 1, alínea c));

(*iv*) Os regulamentos do Governo, enquanto órgão tutelar, limitam o poder regulamentar das autarquias locais (artigo 241.º).

(c) Supletividade do Direito do Estado

VI. A unidade do Estado, envolvendo a existência de um Direito que funciona como ordenamento geral e comum a nível nacional, ao invés de qualquer Direito infra-estadual que se apresenta sempre como fragmentário e incompleto, justifica no âmbito das relações internormativas a existência de uma cláusula de supletividade do Direito do Estado em relação aos ordenamentos das entidades infra-estaduais: em todas as normas legais e constitucionais de descentralização de poderes do Estado existe essa cláusula (implícita) de supletividade do Direito estadual.

A ideia de supletividade do Direito estadual confere ao Estado, enquanto entidade soberana e unitária, dotada de poderes de acção sobre todo o território nacional, a faculdade de emanar normas passíveis de integrar omissões de disciplina normativa em matérias inseridas na competência normal de entes infra-estaduais, evitando casos de vazio normativo, espaços sem regulamentação ou verdadeiras "zona em branco", assegurando sempre a existência de um Direito aplicável, não obstante as entidades descentralizadas continuarem titulares da faculdade de emanarem normas sobre tais matérias, desaplicando, consequentemente, o Direito Estadual supletivo.

Esse é o sentido do artigo 228.º, n.º 2: na falta de disciplina normativa regional própria sobre matéria integrante das atribuições das regiões autónomas, aplicam-se as normas do Estado em vigor, sem prejuízo de, se ou quando o entenderem, as regiões autónomas poderem sempre depois vir a disciplinar normativamente a matéria. E, naturalmente, se esta é a solução face a entidades infra-estaduais dotadas de uma autonomia político-administrativa, por maioria de razão nunca poderá ser diferente a solução para os restantes entes públicos menores: o Direito do Estado funciona como Direito comum supletivo em relação à competência normativa de todos os entes infra-estaduais.

VII. A supletividade do Direito estadual surge como mecanismo integrador da omissão das entidades infra-estaduais, tornando-se uma verdadeira "cláusula de fecho" do ordenamento jurídico, sendo possível vislumbrar três títulos ou funções diferentes da cláusula de aplicação supletiva do Direito do Estado:

(*i*) Preenchimento de espaços de total vazio disciplinador de matérias que, sendo primariamente atribuídas à esfera decisória do ente infra-estadual, por efeito de uma sua omissão ou inércia, carecem de qualquer normação infra-estadual;
(*ii*) Integração de lacunas pontuais do ordenamento infra-estadual;
(*iii*) Definição de critérios de interpretação e de princípios gerais de aplicação de normas originárias dos entes infra-estaduais.

Em todas estas situações, a cláusula de supletividade do Direito estadual permite ao Estado intervir em termos de emanação de normas jurídicas sobre espaços materiais de interesses ou atribuições pertencentes a entidades públicas descentralizadas: o Estado tem, por efeito da cláusula de supletividade do seu Direito, uma legitimação decisória substitutiva, verificando-se que sobre as matérias descentralizadas a ordem jurídica, criando duas normas de competência normativa sucessiva, originou também dois títulos diferentes de legitimação decisória – um título normal ou preferencial a favor do ente infra-estadual e um título excepcional a favor do Estado.

5.4. Subsidiariedade, descentralização e unidade

> BIBLIOGRAFIA: MARGARIDA SALEMA D'OLIVEIRA MARTINS, *O princípio da subsidiariedade na Constituição de 1976: os trabalhos preparatórios da terceira revisão constitucional*, in JORGE MIRANDA (org.), *Perspectivas Constitucionais – Nos 20 anos da Constituição de 1976*, II, Coimbra, 1997, pp. 851 ss.; IDEM, *O Princípio da Subsidiariedade em Perspectiva Jurídico-Política*, Coimbra, 2003, em especial, pp. 411 ss.; JORGE MIRANDA, *Manual...*, III, pp. 180 ss.; PAULO OTERO, *O Poder de Substituição...*, II, pp. 768 ss.; IDEM, *Legalidade e Administração Pública*, pp. 863 ss.

I. Na sequência da revisão constitucional de 1997, o princípio da subsidiariedade surge no artigo 6.º, n.º 1, como critério de repartição de poderes decisórios entre o Estado e os entes infra-estaduais, especialmente aqueles que, prosseguindo fins próprios e distintos do Estado, gozam de uma Administração independente ou autónoma face ao Governo (: regiões autónomas, autarquias locais, universidades públicas e associações públicas): os entes menores devem ter preferência na realização das tarefas que possam ser legítima e eficazmente por si resolvidas, competindo ao Estado apenas o papel de resolução das tarefas que não devem ou não podem ser confiadas a esses entes menores, cabendo-lhe ainda o controlo, a coordenação e o suprir de eventuais omissões ou deficiências destes entes na realização de tarefas que lhes competem normalmente a título primário.

Nestes termos, se é certo que a subsidiariedade envolve um sentido descentralizador ou centrífugo de atribuições do Estado, apontando para um reforço dos poderes de decisão das entidades infra-estaduais, também não deixa de ser verdade que a subsidiariedade nunca exclui a intervenção do Estado em situações de omissão ou deficiente realização de tarefas normalmente a cargo dos entes menores, conduzindo agora a um fenómeno de sentido centralizador ou centrípeto.

A subsidiariedade consegue, deste modo, assumir um carácter bilateral num modelo de Estado unitário descentralizado: justifica a descentralização e, simultaneamente, habilita a intervenção central do Estado, tornando-se um instrumento de flexibilidade das normas repartidoras de atribuições entre entidades públicas.

II. A projecção do princípio da subsidiariedade ao nível da repartição de atribuições das entidades públicas permite observar que não existe hoje uma única área material de actuação das entidades públicas integrantes da Administração Pública imune a um esquema delimitativo de fronteiras funcionais assentes numa regra de subsidiariedade: a repartição das atribuições de todas as entidades públicas titulares de interesses próprios só pode efectuar-se ao abrigo do princípio da subsidiariedade.

O legislador é, esclareça-se, o principal destinatário vinculado pelo princípio da subsidiariedade, sabendo que, por força da ideia de subsidiariedade, uma mesma matéria é sempre passível, verificadas determinadas circunstâncias, de ser objecto de decisão por uma estrutura administrativa diferente daquela que é normal ou primariamente titular da respectiva competência decisória: a ambivalência ou bilateralidade vocacional da subsidiariedade permite observar, atendendo à sua actual configuração como princípio nuclear da repartição de atribuições entre entidades públicas, uma genérica maleabilidade das fronteiras traçadas pela lei na definição dos interesses públicos confiados à prossecução das diferentes entidades da Administração Pública.

Não se pode dizer, por efeito do princípio da subsidiariedade, que sobre cada matéria de natureza administrativa exista hoje uma única e exclusiva entidade pública competente, pois a subsidiariedade poderá sempre habilitar, desde que se reúnam os respectivos pressupostos, uma intervenção decisória de uma entidade excepcionalmente competente sobre essa matéria: a repartição de atribuições não obedece mais a um esquema rígido, antes se assiste aqui a uma flexibilização da respectiva legalidade.

A flexibilização da legalidade da competência ao nível da definição das atribuições das entidades públicas vem tornar falível a automaticidade do entendimento de que sempre que uma entidade pública pratica um acto sobre a esfera de atribuições de outra entidade pública existe uma situação de incompetência absoluta geradora de nulidade: só assim sucederá se, à luz do princípio da subsidiariedade, não existir um fundamento habilitador ou justificativo dessa intervenção de uma entidade pública de fins mais amplos sobre a esfera de interesses ou fins primariamente confiados à intervenção de uma entidade pública menor.

Aos tribunais está confiada, uma vez mais, a última palavra sobre a exacta configuração operativa do princípio da subsidiariedade ao nível da tensão decisória entre unidade e descentralização.

III. A vinculatividade do legislador ao princípio da subsidiariedade, flexibilizando a clássica rigidez do princípio da legalidade na delimitação das atribuições entre entidades públicas, não revela a existência de um postulado de aplicabilidade directa ou imediata da subsidiariedade sem prévia intervenção de lei.

Significa isto o seguinte: se é certo que uma lei que reparta atribuições entre o Estado e outros entes infra-estaduais pode ser inconstitucional por violar o princípio da subsidiariedade, a verdade é que, sem intervenção judicial prévia, nenhuma estrutura administrativa pode invocar a seu favor, enquanto fonte autónoma de poderes de decisão, o princípio da subsidiariedade sem lei ou contra lei expressa, extraindo dele uma norma habilitante de acção ou de omissão.

A operatividade jurídica do princípio constitucional da subsidiariedade encontra-se sempre dependente de prévia intervenção do legislador, razão pela qual ele é o seu primeiro e principal destinatário: aos tribunais encontra--se apenas confiado o controlo da sua concretização pelo legislador e respectiva projecção em termos administrativos.

O princípio da subsidiariedade na repartição de poderes entre o Estado e os entes infra-estaduais encontra-se, neste último sentido, prisioneiro da lei.

SECÇÃO 2.ª
Identidade estrutural da Constituição

§6.º
Constituição compromissória

6.1. A ideia de Constituição compromissória

BIBLIOGRAFIA: GOMES CANOTILHO, *Direito Constitucional e Teoria...*, pp. 218-219; JORGE MIRANDA, *Manual...*, I, pp. 346 ss.

I. A Constituição de 1976, ao invés de outros textos constitucionais, não tem um único autor, nem foi elaborada por uma só força política que, sozinha e em exclusivo, fosse detentora do número de votos suficiente para ditar o seu conteúdo, antes assenta em vários e sucessivos compromissos ou pactos político-jurídicos:

(*i*) É expressão, em primeiro lugar, de um compromisso inicial resultante da conjugação entre um movimento militar, protagonista do golpe de Estado, de 25 de Abril de 1974, e de uma Assembleia Constituinte que, tendo sido eleita por sufrágio universal, era composta por correntes ideológicas antagónicas;

(*ii*) É o resultado, em segundo lugar, de sucessivas revisões constitucionais que, ao longo de mais de três décadas de vigência, foram aprovadas por uma Assembleia da República plural, composta por diferentes partidos políticos e representando sensibilidades heterogéneas de interesses.

Como resultado de tais diversidades, enquanto expressão da natureza plural e complexa da moderna sociedade, visando mesmo ultrapassar a radicalidade das diferenças das forças políticas em presença, o texto inicial da Constituição e as suas revisões acabaram por sempre traduzir compromissos entre os intervenientes[186].

---

[186] Há quem, em sentido contrário ao compromisso, veja aqui uma "bipolarização estrutural" que repassa toda a Constituição, desmultiplicando-se "em múltiplas contradições secundárias", cfr. FRANCISCO LUCAS PIRES, *Teoria da Constituição...*, p. 133.

II. Os compromissos políticos e jurídicos que se encontram subjacentes à Constituição, tornando-a um texto compromissório, surgiram muitas vezes como recurso tendente a ultrapassar impasses de entendimento político ou de votação final de difícil solução: se nenhuma das forças políticas em presença cedia nas suas reivindicações, se o acordo ou a aprovação dependia da inclusão de determinada expressão ou palavra reveladora de um interesse a tutelar, então tudo se poderia solucionar com a inclusão no texto normativo de uma referência alusiva à posição reivindicada ou defendida pelas forças políticas em presença.

Naturalmente que o compromisso constitucional alcançado, permitindo que uma mesma norma inclua enunciados linguísticos expressando diferentes sensibilidades políticas ou interesses opostos, tem inerentes custos jurídico--interpretativos e aplicativos: o sentido da normatividade de uma Constituição compromissória raramente se mostra inequívoco, habilitando quase sempre diferentes interpretações sobre os interesses ou opções prevalecentes em determinada matéria e, posteriormente, delicadas operações de harmonização ou concordância aplicativa.

Esse será o custo jurídico da natureza compromissória do texto constitucional, encontrando-se no Tribunal Constitucional, segundo a própria Constituição determina, a estrutura decisória encarregue de fixar, ao nível dos poderes constituídos, o sentido interpretativo definitivo e prevalecente das normas constitucionais.

III. Mostra-se possível recortar, atendendo à Constituição de 1976, quatro principais tipos de compromissos:

(1) Compromissos genéticos, visíveis na génese histórica da versão originária do texto constitucional;

(2) Compromissos normativos, observáveis na concorrência de diferentes fontes de normatividade constitucional e de normas tendencialmente conflituantes na regulação de uma mesma matéria;

(3) Compromissos aplicativos, resultantes da necessidade de articulação prática entre diferentes valores, bens e interesses que, recebendo todos eles tutela constitucional, suscitam problemas de aplicação em concreto;

(4) Compromissos político-procedimentais, decorrentes de o texto constitucional, visando obter futuros entendimentos políticos alargados na aprovação de certas leis ou na designação de titulares de certos órgãos constitucionais, fixar regras procedimentais que não se bastam com o princípio geral da maioria simples de votos parlamentares.

6.2. Compromissos genéticos

BIBLIOGRAFIA: MARIA LÚCIA AMARAL, *A Forma da República*, pp. 85 ss.; JORGE MIRANDA, *Constituição e Democracia*, Lisboa, 1976, pp. 95 ss. e 139 ss.; IDEM, *A Constituição de 1976*, pp. 32 ss.; IDEM, *Manual...*, I, pp. 335 ss.; FRANCISCO LUCAS PIRES, *Teoria da Constituição...*, pp. 136 ss.

I. Numa perspectiva histórica, olhando para o contexto subjacente à eleição da Assembleia Constituinte de 1975 e às vicissitudes do processo de elaboração da Constituição de 1976, pode dizer-se que as principais opções políticas emergentes da normatividade do texto constitucional se basearam num duplo compromisso:

(*a*) Compromisso entre militares e partidos políticos;

(*b*) Compromisso entre projectos constitucionais apresentados por partidos políticos ideologicamente antagónicos.

Observemos cada um destes compromissos genéticos.

(a) Compromisso entre militares e partidos políticos

II. Não será exagero afirmar que a própria existência da Constituição, enquanto documento aprovado por uma assembleia constituinte, resultou de dois compromissos ou pactos celebrados entre os militares e os partidos políticos:

(*i*) Num primeiro momento, a Plataforma de Acordo Constitucional, de 13 de Abril de 1975, traduzindo uma verdadeira condição permissiva da realização das eleições para a assembleia constituinte, consubstanciou, enquanto contrapartida imposta pelo Movimento das Forças Armadas (MFA) aos partidos políticos, um conjunto de limitações à liberdade conformadora dos futuros constituintes a eleger, desde o respeito por um modelo ideológico socialista, segundo os desenvolvimentos impostos pela dinâmica revolucionária, até uma estrutura organizativa do Estado com a presença de militares durante um período transitório;

(*ii*) Num segundo momento, a 2.ª Plataforma de Acordo Constitucional entre o MFA e os partidos políticos, datada de 26 de Fevereiro de 1976, apesar de suavizar a presença e as exigências dos militares a incluir no texto constitucional em gestação, aumentando as zonas de influência do princípio democrático (v.g., eleição por sufrágio directo do Presidente da República)[187], continuava, no entanto, a condicionar a liberdade conformadora dos constituintes, predeterminando as opções normativas da futura Constituição.

A Assembleia Constituinte reflectiu, em diversos momentos de elaboração da Constituição de 1976, os compromissos subjacentes às Plataformas ou Pactos celebrados entre o MFA e os partidos políticos, transparecendo a normatividade constitucional aprovada esses mesmos compromissos políticos[188].

III. O texto inicial da Constituição acabou por traduzir, neste sentido, uma síntese entre as pretensões expressas pelas forças militares, autoras do golpe de 25 de Abril e que impuseram a 1.ª Plataforma, e os diferentes partidos políticos que, pela sua "ductilidade"[189], aceitaram limitar a sua soberania constituinte, podendo afirmar-se que a Constituição teve a sua génese baseada num claro compromisso entre duas diferentes legitimidades: a legitimidade revolucionária, protagonizada pelo poder militar titulado pelo MFA[190], e, por outro lado, a legitimidade democrática, expressando o poder civil e protagonizada pelos partidos políticos[191].

Num outro sentido ainda, o presente compromisso genético da Constituição de 1976 assenta ainda, visto de diferente ângulo, num compromisso entre um poder de facto, revelado através da intervenção dos militares do MFA e dotado da referida legitimidade revolucionária, e um poder de direito, expresso através da plenitude da soberania constituinte concentrada na As-

---

[187] Revela interesse, neste contexto, um texto que, elaborado pelo Prof. Diogo Freitas do Amaral, sob a orientação directa do General Ramalho Eanes, isto durante o intervalo entre as duas Plataformas, visava sublinhar a inserção das Forças Armadas no contexto democrático, cfr. DIOGO FREITAS DO AMARAL, *A promoção da democracia pelas Forças Armadas*, in *Estudos em Homenagem ao Prof. Doutor Joaquim da Silva Cunha*, Coimbra, 2005, pp. 225 ss.

[188] Cfr. JORGE MIRANDA, *A organização do poder político e a 5.ª Comissão da Assembleia Constituinte*, in JORGE MIRANDA (org.), *Perspectivas Constitucionais – Nos 20 Anos da Constituição de 1976*, III, Coimbra, 1998, pp. 567 ss.

[189] Cfr. JORGE MIRANDA, *Manual...*, I, p. 336.

[190] Para uma análise do confronto de legitimidades, segundo a óptica de um militar que foi protagonista dos acontecimentos, cfr. ANTÓNIO MARQUES JÚNIOR, *Legitimidade revolucionária e legitimidade constituinte*, in *Themis – Revista da Faculdade de Direito da UNL – Edição Especial – 30 Anos da Constituição Portuguesa 1976-2006*, 2006, pp. 49 ss.

[191] Cfr. JORGE MIRANDA, *A afirmação do princípio democrático no processo constituinte*, in *Themis – Revista da Faculdade de Direito da UNL – Edição Especial – 30 Anos da Constituição Portuguesa 1976-2006*, 2006, pp. 17 ss.

sembleia Constituinte e dotado de uma legitimidade democrática emergente do sufrágio universal.

IV. Quais as principais manifestações normativas do referido compromisso genético da Constituição de 1976?

Uma primeira manifestação, talvez mesmo a mais importante, encontra-se no papel reconhecido ao Movimento das Forças Armadas, enquanto garante das conquistas democráticas e do processo revolucionário, participando no exercício da soberania (artigo 3.º, n.º 2)[192], sem prejuízo de a República se basear na dignidade da pessoa humana e na vontade popular (artigo 1.º), garantindo-se o pluralismo de expressão e organização política democráticas (artigo 2.º) e fazendo dos partidos políticos instrumentos de expressão da vontade popular (artigo 3.º, n.º 3).

Compreende-se, neste sentido, a institucionalização constitucional do processo revolucionário[193], segundo uma aliança entre o Movimento das Forças Armadas e os partidos políticos (artigo 10.º), visando o seu desenvolvimento pacífico.

Para o efeito, além do desenvolvimento de relações de produção socialistas ao nível da organização económica (artigo 80.º), é criado o Conselho da Revolução que, sendo órgão de soberania (artigo 113.º, n.º 1), funcionava como garante do regular funcionamento das instituições, do cumprimento da Constituição e da fidelidade ao espírito da revolução (artigo 142.º).

No entanto, o Conselho da República tinha de conviver, segundo o espírito de compromisso, com estruturas constitucionais que, limitando a sua esfera de intervenção, traduziam o poder civil e a legitimidade democrática:

(i) Desde logo, quem presidia ao Conselho da Revolução era o Presidente da República que, apesar de uma cláusula militar implícita que determinou ser o primeiro presidente eleito um militar (e, simultaneamente, chefe das Forças Armadas)[194], encontrava na sua eleição por sufrágio universal e directo (artigo 124.º, n.º 1) o fundamento de uma legitimidade democrática prevalecente: o Presidente eleito pelo povo prevaleceu sobre o militar de origem que assumiu a Presidência da República;

---

[192] Cfr. JORGE MIRANDA, *A participação dos militares no exercício da soberania*, in JORGE MIRANDA (org.), *Estudos sobre a Constituição*, II, Lisboa, 1978, pp. 43 ss.;

[193] Falando, a este propósito, no carácter "pós-revolucionário" da Constituição, cfr. GOMES CANOTILHO/VITAL MOREIRA, *Constituição...*, (1978), pp. 7-8.

[194] Para o conceito de "cláusula militar implícita", cfr. ANDRÉ GONÇALVES PEREIRA, *O Semipresidencialismo em Portugal*, Lisboa, 1984, pp. 42 ss.

(*ii*) Por outro lado, a competência do Conselho da Revolução em matéria de garantia do cumprimento da Constituição (artigo 146.°), passou a contar com a intervenção técnica da Comissão Constitucional que, sendo maioritariamente constituída por juristas (artigo 283.°, n.° 2), condicionava a intervenção decisória daquele órgão militar: a tecnicidade jurídica de um juízo de constitucionalidade tendeu a prevalecer sobre o juízo político feito pelos militares;

(*iii*) Por último, a existência de um parlamento dotado de plena legitimidade político-democrática e titular exclusivo da competência de revisão constitucional (artigo 286.°, n.° 1), fazia deste órgão o potencial "carrasco" do Conselho da Revolução: a Assembleia da República acabou por ser, em 1982, no âmbito da primeira revisão constitucional, o centro decisório de extinção do Conselho da Revolução.

Torna-se visível, neste último sentido, que o inicial compromisso genético entre a legitimidade militar e a legitimidade democrática acabou por ser resolvido pela prevalência absoluta desta última: os partidos políticos, titulares do monopólio de apresentação de candidaturas à Assembleia da República (artigo 154.°, n 1), tomaram conta, paulatina e progressivamente, do poder político, desalojando e marginalizado os militares – a inicial "democracia à sombra das espadas"[195] tornou-se uma democracia ocidental, típica de um "Estado de partidos".

(b) Compromisso entre diferentes projectos de partidos políticos

V. Um outro distinto compromisso genético subjacente à Constituição de 1976 encontra-se nos projectos constitucionais apresentados pelos diferentes partidos políticos representados na Assembleia Constituinte[196], pois nenhum deles tinha uma maioria que, por si só, fosse suficiente para impor uma decisão: a necessidade de conseguir maiorias que viabilizassem a adopção de determinadas soluções normativas forçava negociações, cedências mútuas e compromissos entre as diversas forças políticas.

A leitura dos projectos constitucionais apresentados pelos partidos políticos representados na Constituinte permitia recortar, sem prejuízo das nor-

---

[195] Expressão de Maurice Duverger, referindo-se a Portugal, durante a vigência do Conselho da Revolução, cfr. MAURICE DUVERGER, *Xeque-Mate*, Lisboa, 1979, p. 42.

[196] Cfr. GOMES CANOTILHO/VITAL MOREIRA, *Constituição...*, (1978), pp. 8-9.

mas que resultaram do compromisso subjacente ao 1.º Pacto entre o MFA e os partidos, três diferentes modelos de Constituição[197]:

(i) Existam projectos que apontavam para um claro modelo ocidental de Constituição, instituindo um típico Estado de Direito, sem instituições de base revolucionária: foi o caso dos projectos apresentados pelo Partido Popular Democrático (26,4% dos votos e 81 Deputados) e pelo Centro Democrático e Social (7,7% dos votos e 16 Deputados);

(ii) Em sentido radicalmente diverso, assumindo-se como projectos constitucionais revolucionários de cariz marxista, envolvendo uma alteração radical do paradigma do Estado ocidental, encontravam-se os projectos do Movimento Democrático Português (4,5% dos votos e 5 Deputados), do Partido Comunista Português (12,5% dos votos e 30 Deputados) e da União Democrática Popular (1% dos votos e 1 Deputado);

(iii) A meio caminho entre os dois anteriores modelos, procurando conjugar o modelo ocidental de Estado e os desenvolvimentos operados pelo 25 de Abril, situava-se o projecto constitucional apresentado pelo Partido Socialista (38% dos votos e 116 Deputados).

O resultado final do texto da Constituição expressou um compromisso entre estes três modelos de projectos constitucionais, podendo afirmar-se que largos sectores da Constituição revelavam compromissos algo contraditórios[198].

VI. Sem preocupações de exaustão, a título meramente indicativo, podem indicar-se as seguintes principais manifestações dos diferentes e sucessivos compromissos entre os modelos de projectos constitucionais apresentados pelos partidos políticos com representação na Assembleia Constituinte:

(i) Compromisso, em primeiro lugar, entre um elenco de direitos fundamentais típicos de um Estado de Direito ocidental (Parte I)[199],

---

[197] Para uma leitura dos projectos constitucionais apresentados pelos partidos políticos com representação na Assembleia Constituinte, além do próprio *Diário da Assembleia Constituinte*, cfr. REINALDO CALDEIRA/MARIA DO CÉU SILVA (org.), *Constituição Política da República Portuguesa 1976*, Amadora, 1976, pp. 43 ss.

[198] Cfr. DIOGO FREITAS DO AMARAL, *A aprovação da Constituição de 1976*, in *Estudos em Homenagem ao Prof. Doutor Armando M. Marques Guedes*, Coimbra, 2004, pp. 127 ss.

[199] Para uma análise dos trabalhos na Constituinte sobre os direitos, liberdades e garantias, cfr. JOSÉ DE MELO ALEXANDRINO, *A Estruturação do Sistema...*, I, pp. 559 ss.

alicerçado no respeito pela dignidade da pessoa humana (artigo 1.º), segundo a tradição da Doutrina Social da Igreja, acompanhado, todavia, do propósito último de edificação de uma sociedade sem classes (artigo 1.º), assegurando a transição para o socialismo (artigos 2.º e 89.º, n.º 1)[200], agora sob a clara égide do pensamento marxista-leninista: tratava-se, em síntese, de um compromisso entre um modelo de Estado de Direito democrático (preâmbulo) e um Estado em transição para o socialismo[201];

(ii) Compromisso, em segundo lugar, entre um modelo económico de matriz marxista, falando-se em socialização dos meios de produção e da riqueza (artigo 9.º, alínea c)), desenvolvimento das relações de produção socialistas (artigo 80.º) e irreversibilidade das nacionalizações (artigo 83.º), e, por outro lado, enquanto instituições típicas de um modelo económico de mercado, a garantia do direito de propriedade privada (artigo 62.º) e da liberdade de iniciativa económica privada (artigo 85.º) e ainda a existência de um sector privado dos meios de produção (artigo 89.º, n.º 4): no limite, se a existência de um modelo económico misto, envolvendo três sectores de propriedade dos meios de produção (artigo 89.º), poderia traduzir um certo compromisso entre o mercado e o Estado, a verdade é que obedecia ainda a uma lógica cuja raiz última se encontrava numa primeira fase do pensamento maoísta[202];

(iii) Compromisso, em terceiro lugar, entre a consagração e configuração de órgãos políticos típicos de um Estado ocidental, tal como sucede com o Presidente da República, a Assembleia da República, o Governo e os Tribunais, e, por outro lado, manifestações políticas de cariz marxista ou próprias do terceiro mundo, tal como acontecia com a tutela militar da democracia a cargo do Conselho da Revolução ou a vinculação do Governo ao objectivo de construção do socialismo (artigo 185.º, n.º 2);

---

[200] A própria expressão "transição para o socialismo" é proveniente de Lenine, cfr. V.I. LENINE, *Cartas de Longe*, in IDEM, *Obras Escolhidas*, III, Edições Avante, Lisboa, 1985, p. 118.

[201] Especificamente sobre a "decisão" ou a "opção" socialista da Constituição, cfr. GOMES CANOTILHO, *Direito Constitucional*, II, Coimbra, 1981, p. 174.

[202] Neste sentido, reflectindo a designada "democracia nova" da primeira fase do governo de Mao Tsetung, cfr. MAO TSETUNG, *Sobre o governo de coalizão*, in IDEM, *Obras Escolhidas de Mao Tsetung*, III, Pequim, 1973, pp. 361 e 362. Também sobre o tema, cfr. PAULO OTERO, *A Democracia Totalitária*, p. 126.

(iv) Compromisso, em quarto lugar, entre um modelo tradicional de organização autárquica, baseado na existência de municípios e freguesias (artigo 238.º, n.º 1), e, em sentido diverso, apontando para a constitucionalização da matriz revolucionária, o reconhecimento da participação de organizações populares de base no exercício do poder local (artigos 118.º e 264.º a 266.º)[203].

O desenvolvimento da Constituição ao longo dos anos viria a revelar a prevalência aplicativa dos modelos normativos próprios da matriz ocidental, fazendo cair em desuso o princípio socialista e gerando um costume contrário às normas de maior cunho marxista, acabando as revisões constitucionais por as eliminar do texto da Constituição.

6.3. Compromissos normativos

BIBLIOGRAFIA: PAULO OTERO, *Legalidade e Administração Pública*, pp. 164 ss., 222 e 260-261.

I. Os compromissos políticos que estiveram na génese da Constituição acabaram quase sempre por ter expressão normativa: os compromissos políticos tornaram-se compromissos normativos.

As normas constitucionais compromissórias visam conciliar soluções concorrentes que, traduzindo normalmente a satisfação reivindicativa de interesses contraditórios na sua génese, se apresentam como tendencialmente antagónicas ou que se têm, à primeira vista, como particularmente de difícil conciliação, impondo ao intérprete e ao aplicador a necessidade de conferir às soluções normativas concorrentes um espaço de operatividade que pode assumir uma tripla configuração:

(i) Pode tratar-se de um espaço *simultâneo* de operatividade: ambas as soluções concorrentes têm de ser conciliadas na sua aplicação – v.g., a autonomia regional nunca pode colocar em causa a unidade do Estado, tal como a unidade nunca pode negar operatividade à autonomia regional;

---

[203] Para mais desenvolvimentos, cfr. PAULO OTERO, *O Poder de Substituição...*, II, pp. 681 ss.

(*ii*) Pode ser um espaço *alternativo* de operatividade: ou se aplica uma das soluções normativas ou, pelo contrário, se aplica a outra solução compromissória – v.g., nas matérias passíveis de referendo, pode a decisão política de fundo pertencer exclusivamente ao órgão legislativo, excluindo-se a convocação de um referendo sobre a matéria, ou, ao invés, pode essa questão ser submetida a referendo, "abdicando" o órgão legislativo da decisão política de fundo;

(*iii*) Pode ainda, por último, tratar-se de um espaço *sucessivo* de operatividade: uma das soluções só se aplica depois da outra solução já ter sido aplicada ou não ser possível a sua aplicação – v.g., o exercício do direito de resistência pressupõe que, em momento prévio, não seja possível recorrer à autoridade pública.

Observa-se, deste modo, que nem todas as normas constitucionais compromissórias são o resultado de compromissos políticos: há normas compromissórias que são independentes de qualquer compromisso político.

II. Os compromissos normativos da Constituição de 1976 têm a sua origem em duas distintas situações:

(*a*) Resultam de normas que consagrem a tutela de interesses, bens ou valores tendencialmente conflituantes na regulação de uma mesma matéria: trata-se de um tipo de compromisso normativo que, situado em primeira linha dentro das normas da Constituição escrita, se pode designar como compromisso normativo interno;

(*b*) Podem ainda os compromissos normativos resultar da existência de diferentes fontes concorrentes de definição da normatividade constitucional, revelando que nem sempre as normas da Constituição em sentido instrumental têm o monopólio da decisão: a existência de fontes externas à Constituição determina a necessidade de compromissos normativos externos.

Vejamos, sumariamente, cada uma destas situações.

(a) Compromisso normativo interno

II. Sem preocupações de esgotar a matéria, pode dizer-se que a Constituição de 1976 encerra hoje, atendendo ao texto vigente, cinco principais áreas de compromisso normativo[204]:

---

[204] Adoptando uma perspectiva diferente sobre os compromissos normativos da Constituição, cfr. JORGE MIRANDA, *Manual...*, I, pp. 346 ss.

(i) Compromisso, em primeiro lugar, entre um Estado baseado na dignidade da pessoa humana e, simultaneamente, na vontade popular (artigo 1.°), sabendo-se que a vontade popular pode entrar em colisão com a dignidade da pessoa humana e esta, por outro lado, pode exigir a marginalização da vontade popular;
(ii) Compromisso, em segundo lugar, entre um modelo de Estado unitário e, paralelamente, a afirmação dos princípios da subsidiariedade, da autonomia regional e da autonomia local (artigo 6.°, n.° 1);
(iii) Compromisso, em terceiro lugar, entre um regime próprios para os direitos, liberdades e garantias (artigo 17.°) e, por outro lado, um regime para os direitos económicos, sociais e culturais[205];
(iv) Compromisso, em quarto lugar, entre uma organização económica assente na coexistência entre três sectores dos meios de produção (artigos 80.°, alínea b), e 82.°), falando-se mesmo em "economia mista" (artigos 80.°, alínea c), e 288.°, alínea g)), tutelando a iniciativa económica privada, a propriedade privada e o sector privado, tudo isto dentro de um quadro de garantia da propriedade pública, do sector público e de instrumentos de apropriação pública dos meios de produção, sem esquecer o sector cooperativo e social;
(v) Compromisso, em quinto lugar, entre a normatividade reguladora do estatuto do Presidente da República, da Assembleia da República e do Governo ao nível do funcionamento do sistema de governo, segundo o postulado da separação com interdependência dos poderes (artigo 111.°, n.° 1).

III. A propositada consagração constitucional de normas que têm entre si uma convivência potencialmente conflitual, expressando o acolhimento compromissório pela Constituição de pretensões baseadas em interesses, bens e valores heterogéneos, determina, atendendo à concorrência de esferas de acção, a necessidade de se tomar em consideração dois cenários radicalmente diferentes:

(i) Serem *normas concorrentes alternativas* – registando-se que a conflitualidade normativa poderá decorrer da consagração na Constituição de normas tendencialmente contraditórias pelo seu significado (v.g., apropriação pública dos meios de produção/privatização ou reprivatização de meios de produção públicos), passíveis de ge-

---

[205] Trata-se de uma dicotomia que se deve ao projecto constitucional do Partido Socialista, cfr. JOSÉ DE MELO ALEXANDRINO, *A Estruturação do Sistema...*, I, pp. 586 ss.

rar um cenário abstracto de colisão, pois envolvem uma desarmonia intrínseca entre diferentes ideias fundamentais, mas cuja aplicação entre si alternativa ("ou um, ou outro"), nunca conduz a que a norma preterida seja tida como inválida ou excluída do sistema, podendo amanhã ressuscitar a sua aplicação e provocar o consequente "hibernar" da norma que hoje está activa, suscitando um "balancear" da mobilidade do sistema dentro do espaço político de liberdade conformadora do decisor;

(*ii*) Ou, pelo contrário, *normas concorrentes coexistenciais* – a conflitualidade poderá ainda basear-se no facto de existirem normas que, sem envolverem qualquer situação de concorrência alternativa, visam tutelar de igual modo bens, interesses ou valores conflituantes que, entre si, se limitam reciprocamente em concreto e que obedecem a um imperativo de coexistência mútua aplicativa ("este e aquele"), isto é, sem que alguma vez possa ocorrer o puro "aniquilar" de um deles pelo outro ou uma vigência alternativa que exclua totalmente a relevância de um em relação ao outro, antes se exigindo sempre a sua simultânea conciliação aplicativa ou "ajustamento" (v.g., a liberdade de informação e a reserva da intimidade da vida privada de cada pessoa; o acesso à informação e o segredo de Estado; a prossecução do interesse público e o respeito pelas posições jurídicas subjectivas dos administrados).

(b) Compromisso normativo externo: as fontes constitucionais concorrentes

IV. Uma outra dimensão do compromisso normativo subjacente à Constituição de 1976 é aquela que, decorrendo da existência de fontes constitucionais externas à própria Constituição instrumental, impõe a necessidade de se conciliar esta última com essas fontes externas de normatividade constitucional, emergindo daqui um compromisso normativo entre fontes constitucionais concorrentes.

É hoje ilusório, na realidade, insistir na ideia de que a Constituição de 1976 é a única fonte da normatividade constitucional: ao lado das normas provenientes desta fonte, não pode deixar de se reconhecer a existência de outras fontes constitucionais que, entrando em concorrência com aquela, impõem a necessidade de um compromisso entre diferentes fontes constitucionais potencialmente reguladoras das mesmas matérias.

V. Nesse domínio se devem incluir as três seguintes fontes constitucionais externas à Constituição instrumental de 1976:

(*i*) O Direito Internacional Público geral ou comum, especialmente aquele que assume a natureza de *ius cogens* (v. *supra*, n.º 4.2.);
(*ii*) O Direito da União Europeia (v. *supra*, n.º 4.3.);
(*iii*) A normatividade constitucional informal que, proveniente do reconhecimento de relevância jurídica à factualidade conjugada com a temática da efectividade (ou da sua falta) das normas escritas, integra a designada Constituição "não oficial"[206].

Por decorrência destes três factores, sem prejuízo do seu futuro desenvolvimento (v. *infra*, §7.º), uma vez que o Direito Constitucional é algo mais do que aquilo que resulta das normas escritas da Constituição de 1976, suscitam-se inevitáveis problemas de articulação entre as diferentes fontes constitucionais: há que reconhecer, neste contexto, a inevitável existência de um compromisso normativo entre uma pluralidade de fontes constitucionais.

Trata-se, todavia, de um compromisso normativo externo à própria Constituição de 1976, isto no sentido de ser alheio aos propósitos da sua normatividade interna: é um compromisso que, impondo-se de fora, se torna, todavia, um traço revelador da identidade da Constituição.

6.4. Compromissos aplicativos

I. Se a existência de compromissos genéticos na Constituição de 1976 envolve também o surgir de compromissos normativos, apesar destes não se esgotarem naqueles, a verdade é que os compromissos normativos determinam sempre compromissos aplicativos.

Os compromissos aplicativos são a expressão inevitável de compromissos normativos (expressos ou implícitos), pois têm subjacentes a tutela normativa de interesses, bens e valores tendencialmente antagónicos que, por receberem acolhimento constitucional concorrencial, exigem, aquando da sua aplicação prática, uma metodologia específica de ponderação: o compromisso aplicativo é o momento da verdade do compromisso normativo.

---

[206] Cfr. PAULO OTERO, *Legalidade e Administração Pública*, pp. 418 ss.

Ora, essa metodologia de compromisso aplicativo entre realidades normativas concorrentes pode conduzir a duas soluções diferentes:

(*i*) Se entre as realidades normativas concorrentes existir uma hierarquia, fazendo com que uma delas tenha prevalência sobre as demais (v.g., o respeito pela dignidade da pessoa humana), isto determina a ausência de qualquer verdadeiro compromisso aplicativo: a realidade dotada de prevalência afasta a relevância aplicativa daquela que se mostra hierarquicamente subordinada;

(*ii*) Se, ao invés, entre as realidades normativas concorrentes não existir qualquer hierarquia, situando-se os bens, os valores ou os interesses em causa todos no mesmo nível, haverá que procurar encontrar um compromisso aplicativo: cada uma das pretensões terá de, face às circunstâncias concretas, gozar de um certo espaço de operatividade.

Neste último sentido, a ausência de hierarquia entre os bens, os valores ou os interesses objecto de tutela constitucional tenderá a favorecer soluções de compromisso aplicativo das normas em causa: o compromisso aplicativo começa quando acaba ou não existe hierarquia entre os bens, os valores ou os interesses em concorrência.

II. Os compromissos aplicativos subjacentes à Constituição de 1976 podem ser reveladores, por outro lado, de uma preocupação de flexibilização ou moderação da rigidez constitucional, contribuindo para uma certa elasticidade das soluções normativas perante a realidade concreta, sendo isso particularmente visível nas seguintes situações:

(*i*) No âmbito das relações internormativas entre normas jusfundamentais: os casos de colisão ou conflito entre direitos fundamentais, coloque-se o problema do compromisso aplicativo das normas conflituantes em termos abstractos (v.g., na elaboração da lei sobre a liberdade de imprensa) ou, pelo contrário, em termos concretos (v.g., perante uma acção de responsabilidade por violação de um jornalista da reserva da vida privada de uma figura pública);

(*ii*) No contexto da limitação temporal dos efeitos típicos da declaração de inconstitucionalidade com força obrigatória geral, a Constituição permite que o Tribunal Constitucional possa tomar em consideração, perante o caso concreto em análise, os valores da segurança jurídica, da equidade e do interesse público de excepcional relevo: o artigo 282.º, n.º 4, confere ao Tribunal Constitucional uma ponderação concreta que envolve um juízo que tem na sua base um compromisso aplicativo entre o princípio da constitucionalidade e os referidos valores;

(*iii*) O próprio princípio da separação de poderes, uma vez que se encontra articulado com o princípio da interdependência dos poderes (artigo 111.°, n.° 1), envolve a exigência de um compromisso aplicativo que, atendendo aos "freios e contrapesos" previstos na Constituição, permite um relacionamento entre os diversos órgãos de soberania dotado de alguma flexibilidade;

(*iv*) O sistema de governo delineado no texto da Constituição carece sempre de um compromisso aplicativo que, articulando a normatividade escrita com a configuração da correlação de forças partidárias emergente das eleições periódicas, permite flexibilizar o seu funcionamento prático (v. *infra*, § 21.°)[207]: mostra-se possível, sem qualquer alteração do texto constitucional, que o sistema de governo funcione com momentos de predominância do parlamento (: sistema parlamentar racionalizado), momentos de ascendente do Governo e do seu Primeiro-Ministro (: sistema parlamentar de gabinete ou presidencialista de primeiro-ministro) ou até, desde que o Presidente da República seja o líder da maioria parlamentar, com um domínio da vida política pelo Presidente da República (: sistema presidencial).

Em todas estas situações, os compromissos aplicativos da normatividade constitucional revelam a maleabilidade e, neste sentido, a adaptabilidade da Constituição à realidade prática ou concreta a que se destina a regular: o compromisso aplicativo pode tornar-se, deste modo, uma válvula de flexibilização e longevidade do texto constitucional perante a diversidade e a velocidade das mudanças da realidade fáctica.

6.5. Compromissos político-procedimentais: a projecção futura da natureza compromissória da Constituição

I. A Constituição de 1976 não se limita a ter como base compromissos genéticos, os quais se projectam em diversos compromissos normativos que, por sua vez, geram compromissos aplicativos das normas constitucionais: a própria Constituição procura fomentar o compromisso político-partidário ao nível da produção normativa infraconstitucional ou da intervenção parlamen-

---

[207] Cfr. PAULO OTERO, *Legalidade e Administração Pública*, pp. 130 ss.

tar sobre certos titulares de órgãos constitucionais, determinando, directa ou indirectamente, que, em vez da aprovação da deliberação se fazer através da maioria simples dos votos do parlamento (artigo 116.°, n.° 3), se exija uma maioria reforçada.

Pode aqui falar-se, neste sentido, em compromissos político-procedimentais que visam projectar no futuro a natureza compromissória da Constituição ao nível da sua implementação: o texto constitucional impõe que a aprovação de certas deliberações parlamentares, tendo de ser feita por uma maioria superior à maioria simples de votos, tenha na sua base um compromisso entre as forças políticas.

Significa isto, por outras palavras, que deparamos com deliberações cuja aprovação, assentando num inevitável compromisso procedimental entre várias forças político-partidárias representadas no parlamento, envolve uma legitimidade política alargada ou reforçada: garante-se, deste modo, a perpetuação e o desenvolvimento do espírito compromissório da Constituição.

II. Uma primeira modalidade de deliberações baseadas num cenário de compromisso político-procedimental reconduz-se aos casos estabelecidos directa e imediatamente pelo próprio texto constitucional, sem a intermediação deliberativa de qualquer outro órgão, tal como sucede com as seguintes situações:

(*i*) As alterações à Constituição exigem, segundo o artigo 286.°, n.° 1, a aprovação por maioria de dois terços dos Deputados em efectividade de funções;

(*ii*) Existem leis ordinárias que carecem de aprovação por maioria de dois terços dos Deputados presentes (artigo 168.°, n.° 6) e outras que carecem de aprovação por maioria absoluta dos Deputados em efectividade de funções (artigos 168.°, n.° 5, e 293.°, n.° 1);

(*iii*) A eleição de certos titulares de órgãos constitucionais (v.g., dez juízes do Tribunal Constitucional, o Provedor de Justiça, o Presidente do Conselho Económico e Social, sete vogais do Conselho Superior da Magistratura) tem de se fazer por maioria de dois terços dos Deputados presentes, desde que superior à maioria absoluta dos Deputados em efectividade de funções (artigo 163.°, alínea h));

(*iv*) O desencadear do processo de acusação contra o Presidente da República por crimes praticados no exercício das suas funções depende de proposta de um quinto e de deliberação aprovada por dois terços dos Deputados em efectividade de funções (artigo 130.°, n.° 2).

III. Uma segunda modalidade de deliberações envolvendo um compromisso político-procedimental, isto é, a exigência da sua aprovação se fazer por uma maioria superior à maioria simples, pressupõe a prévia intervenção ou mediação decisória de um órgão constitucional, razão pela qual se pode dizer que o compromisso procedimental previsto na Constituição assume aqui uma natureza indirecta ou mediata.

Neste domínio se incluem as seguintes situações:

(*i*) É o que sucede com todos os actos legislativos parlamentares que, tendo sido objecto de veto político por parte do Presidente da República ou, no caso das regiões autónomas, do Representante da República, podem ser confirmados por maioria absoluta dos membros do parlamento (artigos 136.º, n.º 2, e 233.º, n.º 3) ou, face a certas leis da Assembleia da República, por maioria de dois terços dos Deputados presentes, desde que superior à maioria absoluta dos Deputados em efectividade de funções (artigo 136.º, n.º 3);

(*ii*) É ainda o que o artigo 116.º, n.º 3, permite, possibilitando que, por lei ou regimento, as deliberações de órgãos colegiais sejam tomadas por uma maioria superior à maioria simples dos seus membros.

Nesta última situação, note-se, a própria Constituição deixa em aberto ao legislador e aos órgãos colegiais a possibilidade de, por maioria simples, determinarem a exigência de compromissos político-procedimentais, fixando uma maioria absoluta ou agravada para a aprovação de certo tipo de deliberações. No entanto, essa devolução para a margem de liberdade conformadora do legislador e da auto-organização regimental dos órgãos colegiais, se se mostra favorável ao reforço do compromisso, a verdade é que nunca poderá subverter, por violação da proibição do excesso e do princípio democrático, a regra geral prevista no artigo 116.º, n.º 3, nem agravar as exigências de maioria previstas expressamente na Constituição.

§7.º
Constituição aberta

7.1. A ideia de Constituição aberta

BIBLIOGRAFIA: GOMES CANOTILHO, *Constituição Dirigente e Vinculação do Legislador*, pp. 146 ss.; IDEM, *Direito Constitucional e Teoria*..., pp. 1145 ss.; KONRAD HESSE, *Grundzüge des Verfassungsrechts der Bundesrepublik Deutschland*, 20.ª ed., Heidelberg, 1995, pp. 12 ss.; FRANCISCO LUCAS PIRES, *Teoria da Constituição*..., pp. 86 ss.; JOAQUIM FREITAS ROCHA, *Constituição, Ordenamento e Conflitos Normativos*, pp. 503 ss.

I. Uma sociedade aberta e plural, tal como são hoje as modernas sociedades ocidentais fundadas no valor cimeiro da dignidade humana, exige uma Constituição aberta.

A Constituição de 1976, tendo como base de origem e destino aplicativo uma sociedade aberta, não é um texto fechado, antes se afirma como um exemplo de uma Constituição aberta, isto numa quíntupla acepção:

(i) *Abertura estrutural*: a Constituição não é um projecto definitivo, encerrado ou estático, antes se encontra sempre aberta a novas e melhores soluções;

(ii) *Abertura normativa*: a normatividade constitucional não se esgota nos preceitos integrantes da Constituição instrumental, admitindo como constitucionais normas provenientes de diversas fontes;

(iii) *Abertura política*: a Constituição não admite o monismo político, nem a unicidade partidária, antes assenta no pluralismo e na democracia;

(iv) *Abertura interpretativa*: não existe hoje um único intérprete para revelar o sentido das normas constitucionais, observando-se, simultaneamente, que a própria normatividade se apresenta complexa, por ser indeterminada e utilizar conceitos que exigem densificação ou um preenchimento interpretativo complexo;

(v) Abertura implementadora: múltiplas normas da Constituição carecem de desenvolvimento normativo para serem aplicadas, verificando-se a insuficiência de tais normas para gozarem de aplicabilidade, razão pela qual, existindo aqui uma remissão para os destinatários de uma tal execução, regista-se uma abertura do texto constitucional a esses órgãos encarregues da sua implementação normativa.

II. A abertura constitucional não é, porém, ilimitada.

Aliás, se nem as Constituições flexíveis são dotadas de uma abertura que permita a sua descaracterização como Leis Fundamentais, por maioria de razão uma Constituição rígida, tal como sucede com a Constituição de 1976, nunca poderá ser dotada de um grau extremo de abertura que signifique a possibilidade da sua destruição ou transfiguração num texto constitucional fechado.

Com efeito, sob pena de se assistir a um "abuso de Constituição" ou "abuso de democracia"[208], a abertura da Constituição nunca pode ser utilizada como instrumento de subversão e aniquilamento da própria natureza aberta da Constituição: a ninguém é lícito servir-se da abertura da Constituição para destruir esse traço de identidade da Lei Fundamental – o princípio da boa fé, proibindo o exercício inadmissível de posições jurídicas, não se encontra afastado do exercício do poder constituinte originário ou derivado.

Igualmente aqui, registando-se a tensão entre o postulado da abertura constitucional e os limites ao sentido e ao conteúdo de uma tal abertura, isto em termos de nunca originar um texto constitucional fechado, há que encontrar um ponto de equilíbrio: a exigência de um compromisso constitucional não deixa de se fazer aqui sentir.

7.2. Abertura estrutural

BIBLIOGRAFIA: JÜRGEN HABERMAS, *Droit et Démocratie – entre faits e normes*, s.l., 1998, em especial, pp. 411 ss.;

I. A afirmação constitucional de um Estado de Direito democrático, excluindo a existência de verdades imutáveis, rejeita as ideias de infalibili-

---

[208] Para os conceitos em causa, cfr. PAULO OTERO, *A Democracia Totalitária*, em especial, pp. 270 ss.

dade e de omnipotência do próprio texto constitucional: a democracia nega o dogma e determina que todas as decisões sejam revogáveis e reversíveis, pois tudo pode sempre ser posto de novo à discussão, encontrando-se disposta a corrigir-se e admitindo que pode agir melhor[209].

Se as decisões irreversíveis são incompatíveis com a democracia[210], então a Constituição de um Estado democrático, nunca se encontrando assistida de um dogma de infalibilidade, é sempre uma obra incompleta e aberta[211]: a Constituição é uma imagem inacabada, um projecto falível e suceptível de revisão.

Compreende-se, por isso, que a consagração constitucional de mecanismos procedimentais de revisão do texto constitucional, traduzindo a abertura da Constituição à relevância da futura vontade popular (artigo 1.º), num claro sinal de exclusão de uma postura de imodificabilidade perpétua da soberania popular subjacente ao legislador constituinte de 1975-76, revele o espírito de sempre se pretender corrigir e actualizar a normatividade constitucional, numa postura de humildade face aos resultados alcançados em cada presente.

A abertura da Constituição à sua modificação, além de mostrar uma postura não dogmática de infalibilidade, comporta também a abertura a um futuro "refrescar" da sua legitimação política: a revisão constitucional permite, em cada momento histórico, o actualizar da vontade popular ou da soberania popular.

II. A Constituição não é, por outro lado, um documento histórico morto, antes se afirma como um projecto de sociedade dinâmico, procurando captar, gerir e projectar as expectativas de toda uma comunidade política num dado momento: essa dinâmica aberta do projecto da Constituição de 1976 sintetiza-se na afirmação do empenho da República "na construção de uma sociedade livre, justa e solidária" (artigo 1.º).

Nada se encontra definitivamente alcançado ou definitivamente conquistado: a construção do modelo de sociedade gizado pela Constituição tra-

---

[209] Neste sentido e para mais desenvolvimentos, cfr. GUSTAVO ZAGREBELSKY, *A Crucificação e a Democracia*, pp. 120 ss. Para uma síntese do pensamento deste autor sobre a sua designada "democracia crítica", cfr. PAULO OTERO, *Instituições...*, I, pp. 421 ss.

[210] Cfr. GUSTAVO ZAGREBELSKY, *A Crucificação...*, p. 139.

[211] Cfr. JÜRGEN HABERMAS, *Droit et Démocratie...*, p. 411. Ainda a propósito do pensamento de Habermas sobre o tema, cfr. JUAN CARLOS VELASCO, *Para Leer a Habermas*, Madrid, 2003, p. 119; MÓNICA VIEIRA, *Jürgen Habermas: uma teoria discursiva da democracia*, in JOÃO CARLOS ESPADA/JOÃO CARDOSO ROSAS, *Pensamento Político Contemporâneo – Uma introdução*, Lisboa, 2004, em especial, p. 332.

duz um esforço permanente, uma meta vinculativa de sucessivas gerações de aplicadores ou executores da Lei Fundamental.

A Constituição de 1976, impondo tarefas fundamentais ao Estado (artigo 9.º), encerra um projecto voluntarista e aberto de transformação da sociedade.

Trata-se de um projecto, porém, que ainda não se encontra alçando, nem se mostra facilmente alcançável em termos de extinguir o seu objecto, pois existem sempre novos desafios, novas necessidades e novos propósitos: a Constituição encontra-se, neste sentido, aberta às expectativas da sociedade e dos seus membros em cada momento histórico.

Igualmente aqui, a revisão periódica da Constituição pode servir de instrumento de actualização da normatividade constitucional, captando a evolução das necessidades e exigências da sociedade e dos seus membros, permitindo reajustar as tarefas fundamentais do Estado e o projecto global de sociedade a edificar.

III. A dinâmica da abertura da Constituição assume-se também como sendo um projecto de inclusão, abrindo-se a diferentes leituras, a diferentes gerações, adaptando-se às mudanças sociais e sempre disposto a ser revisitado, discutido e melhorado: a revisão constitucional revela também que a Constituição é um projecto nas mãos das gerações futuras e que aceita abrir-se a uma renovação periódica da sua legitimação.

Pelo contrário, um modelo constitucional que crie mecanismos formais que dificultem a sua futura modificação, fechando-se sobre si próprio, num desesperado propósito de eternidade e imobilismo, vinculará as gerações futuras ao peso da autoridade dos mortos que foram autores do seu texto originário[212], deixando a essas gerações futuras duas alternativas constitucionais: a submissão ou a subversão constitucional.

Num certo sentido, uma Constituição que nega às futuras gerações a faculdade de modificar o seu texto, recusando-se a reconhecer-lhes aquilo que a geração sua autora teve, encerra uma arbitrária violação temporal do princípio da igualdade: num Estado de Direito democrático nenhuma geração pode, excluindo todas as demais, ter o monopólio de definição do justo constitucional.

Existem limites materiais de revisão constitucional que, interpretados e aplicados no sentido de excluir as gerações futuras do exercício de qualquer margem mínima de liberdade conformadora constituinte, se tornam genuínos instrumentos ao serviço de uma Constituição fechada.

---

[212] Para uma discussão deste tema, cfr., por todos, MIGUEL NOGUEIRA DE BRITO, *A Constituição Constituinte*, Coimbra, 2000, pp. 125 ss.

E uma Constituição fechada às gerações futuras é o melhor incentivo à sua cessação de vigência por via aconstitucional: só uma Constituição estruturalmente aberta resiste ao decurso do tempo.

Neste último sentido, a abertura da Constituição à vontade política das gerações futuras, permitindo uma permanente actualização do substrato humano da vontade popular através de sucessivas revisões constitucionais, torna-se instrumento de longevidade do texto constitucional.

7.3. Abertura normativa

BIBLIOGRAFIA: JORGE MIRANDA, Manual..., II, pp. 36 ss.; PAULO OTERO, Legalidade e Administração Pública, pp. 418 ss. e 558 ss.; IDEM, As instituições políticas e a emergência de uma «Constituição não oficial», in Anuário Português de Direito Constitucional, vol. II, 2002, pp. 83 ss.

I. A Constituição de 1976, apesar de procurar regular a produção de todas as normas formais internas e visar ainda disciplinar as condições de aplicação em Portugal de normas de fonte externa, não pode ter a pretensão de esgotar nos seus 289 artigos a normatividade constitucional: a Constituição instrumental, correspondendo aos 289 artigos do texto escrito e designado como "Constituição da República Portuguesa", é apenas uma parte da normatividade constitucional.

Desde logo, há uma normatividade constitucional proveniente do Direito Internacional geral ou comum que assume a natureza de *ius cogens*, tal como sucede com a Declaração Universal dos Direitos do Homem, e que, heterovinculando todos os Estados independentemente da sua vontade, integra hoje um Direito Constitucional transnacional, traduzindo o designado *ius commune* constitucional e revelando uma indisponível e irrenunciável abertura normativa das Constituições dos Estados que são (e pretendem continuar a ser) membros da sociedade internacional (v. *supra*, n.º 4.2.(a)).

O artigo 16.º, n.º 2, da Constituição, determinando que a interpretação e integração das normas sobre direitos fundamentais se faça de harmonia com a Declaração Universal dos Direitos do Homem, exprime essa heterovinculação do Estado português a um texto de *ius cogens*[213]: aqui, em boa verdade, a abertura normativa da Constituição não é o resultado de uma opção política do legislador constituinte, antes traduz o cumprimento de uma vinculação

---

[213] Cfr. PAULO OTERO, Lições..., I, 2.º tomo, pp. 198 ss.

emergente da própria Declaração Universal e da inserção de Portugal na sociedade internacional – trata-se da abertura a uma normatividade dotada de valor supraconstitucional[214].

II. Para além da abertura normativa da Constituição às normas e princípios internacionais de *ius cogens*, revelando a já mencionada internacionalização da soberania do Estado (v. *supra*, n.° 4.2.), a verdade é que a normatividade constitucional emergente da Constituição de 1976 mostra-se ainda susceptível de revelar a sua abertura a normas que, assumindo natureza constitucional e, nesse sentido, integrando o bloco da constitucionalidade, resultam de duas diferentes proveniências:

(*a*) Podem tratar-se, num primeiro grupo, de normas que são objecto de recepção constitucional através de uma cláusula de constitucionalização emergente da própria Constituição em sentido instrumental;

(*b*) Podem ser, num segundo grupo, normas que, provenientes de processos informais de gestação social, tenham começado por ser expressão de uma factualidade que foi ganhando juridificação, transformando-se numa normatividade constitucional não escrita ou "não oficial", isto no sentido de se ter desenvolvido à margem das normas escritas da Constituição objecto de publicação "oficial".

Em ambas as situações, independentemente de a primeira ser ainda regulada pela Constituição escrita ou "oficial", enquanto a segunda lhe ser completamente alheia, verifica-se um fenómeno de abertura normativa da Constituição.

Observemos as duas situações com mais algum detalhe.

(a) Abertura normativa e cláusulas de constitucionalização

III. A normatividade constitucional vigente em Portugal, não se esgotando na Constituição em sentido instrumental, pode encontrar, todavia, no texto da Constituição instrumental verdadeiras cláusulas de constitucionalização de normas que, provenientes de fontes alheias ao poder constituinte gerador da Constituição de 1976, passam a assumir, por expressa ou implícita decisão da própria Constituição, o valor, a natureza e a força de normas constitucionais: a cláusula de constitucionalização transforma normas não constitucionais em verdadeiras normas constitucionais.

---

[214] Em sentido contrário, cfr. JORGE MIRANDA, *Manual...*, II, pp. 40-41.

Neste último sentido, observa-se a abertura normativa da Constituição de 1976: a Constituição instrumental reconhece, por força das cláusulas de constitucionalização, a existência de normas que, sendo por si recepcionadas, passam a integrar o bloco da constitucionalidade – são Leis Fundamentais que, situadas fora da Constituição instrumental, são, todavia, por ela acolhidas através de cláusulas de constitucionalização ou recepção constitucional.

IV. São seis as cláusulas de constitucionalização existentes na Constituição de 1976 e que, por essa via, permitem a abertura da normatividade constitucional:

(*i*) A cláusula geral de recepção das normas e princípios de Direito Internacional Público geral ou comum (desde que não tenham a natureza de *ius cogens*) existente no artigo 8.º, n 1, que lhes confere valor constitucional;

(*ii*) A cláusula de recepção dos "princípios gerais de direito internacional comummente reconhecidos" que, nos termos do artigo 29.º, n.º 2, tipifica condutas consideradas criminosas, reconhecendo-lhes também valor constitucional;

(*iii*) A cláusula de recepção condicionada do Estatuto de Roma que, envolvendo uma normatividade de Direito Internacional geral ou comum, determina, nos termos do artigo 7.º, n.º 7, atribui-lhe valor constitucional;

(*iv*) A cláusula geral de recepção do Direito da União Europeia prevista no artigo 8.º, n.º 4, habilitando que possa envolver o reconhecimento de um valor constitucional (v. *supra*, n.º 4.3., IV), mostra-se passível de ser entendida como cláusula geral de constitucionalização;

(*v*) O artigo 33.º, n.º 5, permitindo a aplicação das normas de cooperação judiciária penal da União Europeia em sentido derrogatório ao disposto nos n.ᵒˢ 1 a 4 do artigo 33.º, assume também a natureza de cláusula de constitucionalização deste sector do Direito da União Europeia;

(*vi*) O princípio da não tipicidade ou cláusula aberta em matéria de direitos fundamentais, segundo resulta do artigo 16.º, n.º 1[215], já tem sido entendido como procedendo a uma constitucionalização das normas ordinárias criadoras de tais novos "direitos fundamen-

---

[215] Para a génese desta cláusula na Assembleia Constituinte de 1975/76, cfr. JOSÉ DE MELO ALEXANDRINO, *A Estruturação do Sistema...*, I, pp. 597 ss.

tais atípicos"[216], falando-se em "cláusula de constitucionalização"[217], sem embargo da discussão em torno da natureza rígida ou flexível de tais normas jusfundamentais objecto de constitucionalização[218].

V. Uma nota final, ainda a propósito das cláusulas de constitucionalização, quanto aos princípios cooperativos mencionados nos artigos 61.°, n.° 2, e 82.°, n.° 4, alínea a): tais princípios, resultando da Aliança Cooperativa Internacional, não são objecto de qualquer recepção constitucional, antes existe um reenvio ou remissão constitucional para esse conjunto normativo de natureza extrajurídica, sendo tomados como meros elementos de facto pela ordem jurídica portuguesa e não como verdadeiras normas jurídicas[219].

(b) Abertura normativa e normatividade constitucional "não oficial"

VI. Paralelamente ao fenómeno das cláusulas de constitucionalização, a abertura normativa de um texto constitucional também se pode dar num cenário de total independência da vontade da Constituição instrumental ou mesmo contra a sua expressa vontade: o desenvolvimento informal e factual de uma normatividade constitucional "não oficial", enquanto expressão marginal aos processos formais de formação e alteração das normas constitucionais escritas, nunca poderá deixar de permitir visualizar a abertura da formalidade normativa de textos constitucionais escritos e rígidos a processos informais complementares ou subversivos da Constituição "oficial".

A vigência das normas da Constituição escrita, tal como a vigência de qualquer outro acto jurídico formal, depende sempre da efectividade dos seus preceitos, isto é, da sua real capacidade para regular em termos concretos as situações da vida subsumíveis nas respectivas previsões normativas: o sentido último de uma Constituição não se extrai da simples leitura do jornal oficial.

A História ilustra que a dinâmica aplicativa das normas e a sua inerente vivência informal se impõem sempre (mais tarde ou mais cedo) à estática for-

---

[216] Sobre o conceito, cfr. JORGE BACELAR GOUVEIA, *Os Direitos Fundamentais Atípicos*, Lisboa, 1995, p. 40.

[217] Neste último sentido e para mais desenvolvimentos, cfr. JORGE BACELAR GOUVEIA, *Manual de Direito Internacional Público*, 3.ª ed., Coimbra, 2008, p. 453; IDEM, *Os Direitos Fundamentais Atípicos*, em especial, pp. 333 ss.

[218] Cfr. JORGE MIRANDA, *A abertura constitucional a novos direitos fundamentais*, in *Estudos em Homenagem ao Professor Doutor Manuel Gomes da Silva*, Coimbra, 2001, pp. 559 ss.

[219] Para mais desenvolvimentos, cfr. PAULO OTERO, *Legalidade e Administração Pública*, pp. 603-604.

§7.º *Constituição aberta* 181

mal das normas escritas, desenvolvendo uma postura factual "corrosiva" ou complementar da normatividade oficial, mudando-lhe, gradualmente, o conteúdo ou o sentido interpretativo, integrando-a ou subvertendo-a, fazendo surgir, deste modo, uma normatividade de base ou génese factual.

A factualidade assume, num tal contexto, uma projecção jurídica susceptível de revelar a abertura da formalidade constitucional a normas de gestação informal que, provenientes de um poder constituinte sem titularidade definida[220], numa postura complementar ou substitutiva das normas escritas "oficiais", passam a integrar a Constituição: a determinação da normatividade constitucional tem de tomar em consideração um relacionamento interdimensional entre uma dimensão escrita e formal e, por outro lado, uma dimensão não escrita e informal, tornando-se a Constituição uma síntese destas duas normatividades; a própria natureza da revisão constitucional e o conceito de inconstitucionalidade devem ser repensados à luz deste entendimento ampliativo da normatividade constitucional[221].

VII. E quais são, atendendo ao texto escrito da Constituição "oficial" de 1976, os exemplos de uma normatividade informal reveladora da Constituição "não oficial"?

Podemos começar por identificar dois grandes grupos de normas integrantes da Constituição "não oficial"[222]:

(*a*) Primeiro grupo – a normatividade constitucional "não oficial" *prater constitutionem*, neste domínio se integrando os seguintes exemplos:
– A figura do primeiro-ministro indigitado;
– A desvalorização progressiva do papel da Assembleia da República resultante do texto escrito da Constituição (especialmente em cenários de maioria absoluta parlamentar), tanto ao nível do exercício do poder de revisão constitucional, quanto de um alegado primado do exercício da função legislativa;
– A configuração dos partidos políticos como instituição política fundamental, registando-se a progressiva transformação do "Estado de partidos" em "Estado do partido governamental";

---

[220] Cfr. PAULO BONAVIDES, *Curso de Direito Constitucional*, 11.ª ed., São Paulo, 2001, p. 162.
[221] Neste último sentido e para mais desenvolvimentos, cfr. PAULO OTERO, *As instituições políticas e a emergência de uma «Constituição não oficial»*, pp. 115-116.
[222] Cfr. PAULO OTERO, *As instituições políticas e a emergência de uma «Constituição não oficial»*, pp. 91 ss.

– A configuração do poder de exteriorização do Presidente da República;
– O estatuto protocolar da "primeira-dama";
(b) Segundo grupo – a normatividade constitucional "não oficial" *contra constitutionem*, aqui se incluindo os seguintes exemplos:
– Em termos históricos, o princípio socialista existente na versão inicial da Constituição "oficial" foi subvertido, tal como a vertente marxista da Constituição económica que apontava para um sistema económico em transição para o socialismo[223];
– A centralidade política do Governo e, dentro deste, do Primeiro-Ministro, verdadeiro eixo nuclear do sistema de governo, recuperando-se a tradição oriunda de 1933, visível até por um certo apagamento da figura do Presidente da República perante a existência de uma maioria parlamentar absoluta: o dito semipresidencialismo deu lugar a um presidencialismo de primeiro-ministro;
– A subversão do significado das eleições parlamentares: o motivo principalmente determinante da esmagadora maioria dos votos é escolher um candidato a primeiro-ministro e não a eleição de deputados, resultando daqui ser a escolha daquele que determina a eleição destes e não a escolha dos deputados que permite apurar quem será primeiro-ministro.

Em qualquer destas situações, sem prejuízo de múltiplas outras[224], regista-se a abertura normativa da Constituição escrita ou "oficial" a uma normatividade constitucional informal ou "não oficial": a existência de uma Constituição "não oficial" representa, neste sentido, a expressão da abertura (involuntária) da Constituição escrita a uma normatividade que, proveniente de um poder constituinte informal, "difuso, anónimo e político"[225], se mostra susceptível de a complementar ou subverter.

7.4. Abertura política

BIBLIOGRAFIA: JOÃO BAPTISTA MACHADO, *Participação e Descentralização...*, pp. 140 ss.

---

[223] Para mais desenvolvimentos, incluindo referências jurisprudenciais convergentes, cfr. PAULO OTERO, *Legalidade e Administração Pública*, pp. 426 ss.
[224] Para um elenco de exemplos de costume constitucional na vigência da Constituição de 1976, cfr. JORGE MIRANDA, *Manual...*, II, pp. 153 ss.
[225] Cfr. PAULO BONAVIDES, *Curso...*, p. 162.

I. Alicerçada no pluralismo, enquanto expressão valorizadora da vontade popular e da própria dignidade da pessoa humana, e destinada a ser aplicada a uma sociedade plural, a Constituição de 1976, afastando o monismo político e a unicidade partidária, revela-se um texto que não se identifica com qualquer partido, força social ou corrente ideológica[226], sendo possível dela extrair três manifestações nucleares de abertura política:

(*a*) Abertura à alternância democrática;
(*b*) Abertura à liberdade conformadora do legislador;
(*c*) Abertura à participação política dos cidadãos.

Vejamos, sucintamente, cada uma destas manifestações de abertura política da Constituição de 1976.

(a) Abertura à alternância democrática

II. A democracia não se basta com proclamações normativas de a soberania residir no povo (artigo 3.°, n.° 1) e ao povo pertencer a titularidade do poder político (artigo 108.°): a relevância da vontade popular na caracterização da República (artigo 1.°), envolvendo a participação política dos cidadãos na vida pública (artigos 48.° e 109.°), tem o seu momento de verdade na realização de eleições.

As eleições, exigindo sempre um cenário de pluralidade de candidaturas, permitem observar que é no tratamento conferido à oposição que reside a legitimidade dos governantes e a dimensão qualitativa da própria democracia: a liberdade de propaganda, a igualdade de oportunidades e de tratamento entre as diversas candidaturas, a imparcialidade das entidades públicas perante as candidaturas e a transparência das contas (artigo 113.°, n.° 3) são exigências tão básicas numa democracia como a própria realização das eleições, sabendo-se que se tais princípios não forem cumpridos as eleições não serão justas e, sem justiça nas eleições, não há democracia.

A eleição, traduzindo a processo normal de designação dos titulares dos órgãos de soberania, das regiões autónomas e do poder local (artigo 113.°, n.° 1), exige, todavia, que o sufrágio, além de directo, secreto e universal, seja periódico (artigo 113.°, n.° 1): a democracia impõe a periodicidade na realização das eleições.

E é essa natureza periódica das eleições que, revelando o cerne da democracia, permite a alternância política, sendo certo que não há democracia sem a susceptibilidade de existir alternância no exercício do poder.

---

[226] Cfr. João Baptista Machado, *Participação e Descentralização*..., p. 141.

III. A abertura da Constituição à alternância democrática exprime, por outro lado, a essência da forma republicana de governo: não existem cargos vitalícios ou hereditários, determinando o princípio da renovação que, nos termos do artigo 118.º, n.º 1, ninguém pode exercer um cargo político a título vitalício (ou hereditário).

A abertura política à alternância democrática poderá mesmo conduzir, ainda segundo uma decorrência da forma republicana de governo, a uma alternância subjectiva ou entre titulares, visando impedir que a mesma pessoa, apesar de renovar periodicamente a sua legitimação democrática por via eleitoral, se eternize no exercício de um cargo: surgem aqui as limitações ao número de mandatos sucessivos.

Dois exemplos ilustram a consagração constitucional da abertura a essa alternância subjectiva:

(i) O Presidente da República não se pode candidatar a um terceiro mandato consecutivo, nem durante o quinquénio imediatamente subsequente ao termo do segundo mandato consecutivo (artigo 123.º, n.º 1);

(ii) A lei pode fixar limites à renovação sucessiva de mandatos dos titulares de cargos políticos executivos (artigo 118.º, n.º 2).

(b) Abertura à liberdade conformadora do legislador

IV. A alternância democrática pressupõe que aos novos titulares do poder seja sempre conferida a faculdade de inovar, alterar, mudar, substituir: a democracia assenta na reversibilidade e revogabilidade das decisões[227].

Neste sentido, a abertura política de uma Constituição passa por não privar ou fazer precludir a margem de liberdade conformadora do legislador: nem a Constituição pode ser tão detalhada, nem uma maioria pode proceder a uma petrificação ou rigidificação da sua vontade que exclua a relevância futura da vontade de uma diferente maioria.

Numa democracia, o princípio maioritário não se pode suicidar, impedindo que uma futura maioria revogue ou substitua as suas decisões, tal como uma Constituição aberta não pode conferir eternidade jurídica à vontade de uma maioria governamental: a abertura à margem de autonomia política conformadora do legislador é uma abertura à liberdade e ao princípio maioritário – nunca se pode negar, em cada momento histórico, a uma maioria o poder de, respeitados os limites constitucionais, definir o seu pro-

---

[227] Cfr. GUSTAVO ZAGREBELSKY, *A Crucificação...*, p. 139.

jecto de sociedade, redefinindo ou substituindo o projecto de sociedade traçado pela anterior maioria.

V. A alternância democrática, envolvendo a realização de eleições periódicas, é o pressuposto para, à luz do princípio maioritário, se realizarem ou implementarem, em termos sucessivos, diferentes projectos de sociedade dentro do espaço de liberdade conferido pelo texto constitucional: a margem de discricionariedade ou liberdade conformadora do decisor termina quando começam as vinculações constitucionais.

Dentro da referida margem de liberdade, o decisor maioritário goza de uma competência dispositiva, emanando decisões configuradoras da realidade à luz do projecto que foi sufragado pelo eleitorado, tal como possui uma idêntica competência revogatória, fazendo cessar ou reconfigurar o antigo projecto delineado pela anterior maioria: a função legislativa torna-se, neste contexto, o principal instrumento de conformação da realidade social aos ideais de uma maioria dotada de legitimidade política.

Bastando para a aprovação das deliberações dos órgãos colegiais uma maioria simples dos votos (artigo 119.º, n.º 3), a Constituição facilita a alternância de projectos político-legislativos: o resultado jurídico do exercício da liberdade conformadora de uma maioria legislativa pode sempre ser modificado, revogado ou substituído por igual exercício da liberdade conformadora de uma posterior nova maioria política.

A abertura política da Constituição torna-se um traço caracterizador da sua identidade democrática.

(c) Abertura à participação política dos cidadãos

VI. Sabe-se já que o modelo de democracia previsto na Constituição não se esgota na democracia representativa (v. *supra*, n.º 3.3., VI): a Constituição encontra-se também aberta à democracia participativa e à democracia semidirecta.

O aprofundamento da democracia participativa imposto pelo artigo 2.º, além de traduzir o já mencionado reforço ou complemento do princípio democrático, revela, num outro sentido, a abertura da Constituição a uma "concepção processual da democracia" formulada, entretanto, por Habermas[228]: partindo dos alicerces das teorias da comunicação e da discussão, baseadas

---

[228] Cfr. JÜRGEN HABERMAS, *Droit et Démocratie – entre faits e normes*, pp. 311 ss., em especial, pp. 329 ss. Ainda sobre a concepção processual da democracia, cfr. PAULO OTERO, *Instituições...*, I, pp. 417 ss.

nas ideias de liberdade e de justiça, a legitimação das instituições do Estado assenta num quadro de permanente participação e deliberação pública, livre e igualitária dos cidadãos.

Neste modelo processual de democracia, o centro da atenção desloca-se para os aspectos procedimentais e os pressupostos comunicativos subjacentes à deliberação democrática[229]: a legitimação democrática da decisão, em vez de localizada na normatividade habilitante ou no acto de designação do titular do órgão decisor, passa a concentrar-se, preferencialmente, no procedimento usado para a sua adopção.

A concepção processual da democracia acaba por desaguar, afinal, numa legitimação pelo procedimento de raiz luhmanniana[230].

Essa abertura política da Constituição à democracia participativa nunca pode fazer esquecer as coordenadas da vontade popular, nem deixar de ter presente que a vontade popular se submete ao respeito pela dignidade da pessoa humana: a abertura constitucional à concepção processual da democracia nunca pode ser feita com sacrifício, marginalização, derrogação ou ruptura da democracia humana – a legitimação democrática pelo procedimento decisório não anula a dimensão legitimadora que emerge da validade do conteúdo da decisão.

VII. Num outro sentido, a abertura da Constituição à participação política dos cidadãos envolve o acolhimento do instituto do referendo nacional (artigos 115.º e 295.º), regional (artigo 232.º, n.º 2) e local (artigo 240.º), significando isto que a consulta directa à vontade dos cidadãos eleitores, assumindo efeito vinculativo se o número de votantes for superior a metade dos eleitores recenseados (artigo 115.º, n.º 11), atenua a omnipotência decisória dos órgãos representativos.

O referendo revela, neste sentido, uma derrogação da Constituição ao monopólio da democracia representativa na solução de questões de relevante interesse público que se consubstanciem na feitura de actos normativos: através do referendo, os cidadãos são chamados a pronunciar-se directamente sobre tais questões, vinculando os resultados, se se verificarem os respectivos pressupostos, os órgãos do Estado, das regiões autónomas e do poder local.

Há aqui uma indiscutível abertura política da Constituição a uma forma imediata de audição e integração deliberativa da vontade popular: o referendo reforça a ideia de que a soberania pertence de raiz ao povo e não aos seus

---

[229] Cfr. JÜRGEN HABERMAS, *Three Normative Models of Democracy*, in SEYLA BENHABIB (org.), *Democracy and Difference*, Princeton, 1996, p. 29.

[230] Cfr. NIKLAS LUHMANN, *Legitimation durch Verfahren*, Darmstadt e Neuwied, 1969.

representantes, razão pela qual, utilizando uma linguagem de Rousseau, o referendo, fazendo a vontade do povo prevalecer sobre a vontade dos seus representantes, tornando-se o povo o seu autor, revela existir um pontual "resgate" ou uma "avocação" da soberania popular alienada nos seus representantes[231].

Note-se, porém, que o referendo, enquanto instituição democrática e inserida num Estado de Direito democrático, nunca deixa de estar submetido a um princípio geral de reversibilidade (v. *supra*, n.º 7.2., I): não há decisões políticas eternas, irreversíveis ou imodificáveis, podendo sempre os resultados de um referendo ser corrigidos ou substituídos por um referendo subsequente.

Além disso, a abertura constitucional ao referendo, sendo o resultado de um longo processo histórico cheio de desconfianças e receios, nunca pode fazer esquecer que o essencial num Estado de democracia humana e num Estado de Direito democrático não se encontra sujeito a referendo: o referendo nacional, apesar de incidir sobre "questões de relevante interesse nacional" (artigo 115.º, n.º 3), circunscreve-se sempre a uma decisão conforme com a ordem axiológica identificativa da Constituição.

A abertura política da Constituição ao referendo, fazendo os cidadãos participar directamente na decisão política de "questões de relevante interesse nacional", nunca pode traduzir, à luz de uma expressa cláusula de salvaguarda constitucional, qualquer meio de proporcionar uma auto-ruptura constitucional mediada por consulta popular: as alterações à Constituição encontram-se excluídas do âmbito do referendo (artigo 115.º, n.º 4, alínea a)), continuando a Constituição, segundo uma lógica de omnipotência decisória, a reservar para os representantes da soberania do povo com assento na Assembleia da República o exclusivo de modificação formal do texto constitucional.

Pode dizer-se, por isso, que a abertura política do texto da Constituição escrita à participação dos cidadãos através do instituo do referendo não é integral: a Constituição procura ser, neste domínio das alterações formais ao seu próprio texto, uma Constituição fechada – por saber fica, no entanto, se esse propósito se mostra efectivo ou operativo.

---

[231] No sentido de que a soberania não pode ser representada, nem alienada, cfr. JEAN-JACQUES ROUSSEAU, *O Contrato Social*, Liv. II, Cap. I, pp. 31 ss. e Liv. III, Cap., XV, pp. 94-95.

7.5. Abertura interpretativa

7.5.1. Sociedade aberta e interpretação da Constituição

BIBLIOGRAFIA: PETER HÄBERLE, *Hermenêutica Constitucional – A sociedade aberta aos intérpretes da Constituição: contribuição para a interpretação pluralista e "procedimental" da Constituição*, Porto Alegre, 1997; RUI MEDEIROS, *A Decisão de Inconstitucionalidade – Os autores, o conteúdo e os efeitos da decisão de inconstitucionalidade da lei*, Lisboa, 1999, pp. 177 ss.; JORGE MIRANDA, *Manual...*, II, pp. 296 ss.

(a) O problema jurídico da abertura interpretativa da Constituição

I. Uma Constituição compromissória em termos políticos e normativos, procurando traçar equilíbrios entre os interesses contraditórios que consagra, nunca pode deixar de reflectir uma abertura interpretativa, tanto mais que se destina a ter aplicabilidade numa sociedade plural e aberta: se uma Constituição compromissória ou própria de uma sociedade aberta e plural adoptar uma postura fechada em matéria de interpretação, decididamente que terá um curto tempo de vigência.

Ora, a Constituição 1976 reúne, simultaneamente, esses dois traços: é uma Constituição compromissória e tem como palco uma sociedade aberta e plural – a sua interpretação não pode deixar de assumir uma natureza aberta.

II. A abertura interpretativa de um texto constitucional, permitindo encontrar diferentes sentidos das suas normas, até pela existência de uma pluralidade de intérpretes, mostra-se perfeitamente compatível com a evolução do sentido extraído de uma mesma norma, permitindo que um mesmo enunciado linguístico seja objecto de actualização interpretativa, por alteração de circunstâncias temporais ou factuais[232], ou que, em casos de pluralidade de interpretações geradoras de um "consenso de sobreposição" (Rawls), se assista a uma mudança da interpretação até então adoptada.

É que toda a interpretação constitucional, apesar de poder estar assistida da autoridade máxima decorrente da intervenção decisória do Tribunal Constitucional, nunca se pode ter como irreversível e imutável: sem prejuízo da

---

[232] Assim, a título de exemplo, a protecção da filiação, da maternidade e paternidade, segundo resulta dos artigos 36.º e 68.º, apesar de inicialmente pensadas apenas para a procriação natural, são também hoje aplicáveis, por força de uma interpretação actualista, aos filhos gerados através de procriação medicamente assistida.

garantia da salvaguarda do caso julgado das situações concretas, a existência de decisões interpretativas do texto constitucional dotadas de irreversibilidade é incompatível com a democracia.

A existência de uma limitação temporal do mandato dos juízes e uma proibição da sua renovação, tal como sucede com os juízes do Tribunal Constitucional (artigo 222.º, n.º 3), consubstancia uma garantia de abertura interpretativa da Constituição: a estrutura encarregue de dizer a última palavra sobre a interpretação da Constituição é composta por juízes que, sem terem um mandato vitalício, nem a possibilidade de renovação do mandato de nove anos, são periodicamente substituídos, permitindo-se, deste modo, a abertura a novos sentidos "definitivos" do texto constitucional.

(b) Pluralidade de intérpretes da Constituição

III. O Tribunal Constitucional não tem, porém, o monopólio da interpretação constitucional, nem aos tribunais se encontra reservado pela Constituição um exclusivo de interpretar a normatividade constitucional.

A abertura interpretativa da Constituição determina que não exista um *numerus clausus* de intérpretes da normatividade constitucional[233]: todos os órgãos constitucionais e todas as pessoas, sejam ou não destinatários interessados das normas constitucionais, são intérpretes da Constituição ou, se se preferir, são participantes activos no processo aberto de determinação do sentido das normas constitucionais.

Neste domínio, são intérpretes da Constituição:

(i) Os órgãos constitucionais no exercício das suas funções, até porque a validade de todos os seus actos depende da sua conformidade com a própria Constituição (artigo 3.º, n.º 3), sendo impossível agir em conformidade sem primeiro, numa operação intelectual prévia, interpretar as normas constitucionais para delas saber como pautar a conduta sem as violar;

(ii) Igualmente os órgãos não constitucionais de todas as entidades públicas, assim como os seus agentes, fazem interpretação da normatividade constitucional, pois o artigo 266.º, n.º 2, determina a sua subordinação à Constituição (e à lei), nunca podendo existir essa subordinação se não se conhecer o sentido da vinculação que emerge das normas constitucionais;

---

[233] Cfr. PETER HÄBERLE, *Hermenêutica Constitucional...*, pp. 13 ss.

(*iii*) As entidades privadas que, por força da vinculação à aplicabilidade directa de certas normas sobre direitos fundamentais (artigo 18.º, n.º 1), igualmente se encontram habilitadas a proceder à determinação do sentido de tais normas constitucionais;

(*iv*) Os particulares interessados que, judicial ou extrajudicialmente, procuram fazer valer uma pretensão substantiva ou processual, tentando alicerçar a sua posição jurídica (individual ou colectiva) numa norma constitucional;

(*v*) Os cientistas do Direito que, procedendo ao estudo dogmático das normas da Constituição, fazem uma interpretação doutrinal dos seus preceitos, tendo a particularidade de, por efeito da respectiva autoridade científica, poderem influenciar o sentido de quaisquer outros intérpretes, incluindo a jurisprudência do Tribunal Constitucional e dos restantes tribunais;

(*vi*) Qualquer leigo, independentemente de um interesse tutelado pela ordem jurídica, não se encontra impedido de fazer uma interpretação da normatividade constitucional.

Nesta pluralidade de intérpretes do texto constitucional reside uma das principais manifestações da abertura interpretativa da Constituição: esse pluralismo interpretativo, sem prejuízo de se mostrar passível de gerar conflitualidade sobre o exacto sentido dos preceitos constitucionais, torna-se instrumento procedimental de legitimação democrática[234] – cada cidadão é intérprete da Constituição e, por essa via, ampliando-se o número dos seus intérpretes, reforça-se a sociedade livre e aberta fundada na soberania popular.

IV. Não significa essa abertura interpretativa da normatividade constitucional a uma pluralidade de intérpretes, no entanto, que a interpretação proveniente de todos eles goze da mesma força jurídica ou até que tenha relevância jurídica decisória: a existência de uma abertura interpretativa da Constituição a uma pluralidade de intérpretes não determina que se encontre instituído um sistema de dissolução anárquica da fixação do sentido das normas constitucionais.

Os tribunais são aqui os últimos guardiões do sentido interpretativo da maior parte das normas constitucionais, reconhecendo a Constituição ao Tribunal Constitucional a derradeira palavra na matéria, sem prejuízo de também a Assembleia da República poder sempre, por via de um processo

---

[234] Cfr. PETER HÄBERLE, *Hermenêutica Constitucional...*, pp. 36 ss.

de revisão constitucional, emanar uma lei interpretativa de disposições constitucionais.

Sucede até que existem normas da Constituição cuja interpretação derradeira, em vez de ser confiada aos tribunais, se encontra a cargo de um órgão político, sem possibilidade de controlo jurisdicional. É o acontece, a título de exemplo, com o saber se o Governo está ou não a colocar em causa o regular funcionamento das instituições democráticas para efeitos de habilitar o Presidente da República a proceder à sua demissão (artigo 195.º, n.º 2): a avaliação interpretativa desta norma, apesar de poder ser feita por qualquer intérprete, encontra no Presidente da República, por força da Constituição, a última instância cuja decisão tem força obrigatória e é insusceptível de recurso. Trata-se de uma interpretação política, confiada pela Constituição ao Presidente da República e legitimada pela sua eleição por sufrágio universal: assim, quando se elege o Presidente da República estamos também a conferir-lhe uma legitimidade para, atendendo às situações concretas, avaliar, interpretar e aplicar o disposto no artigo 198.º, n.º 2.

7.5.2. *Complexidade e abertura densificadora das normas constitucionais*

BIBLIOGRAFIA: GOMES CANOTILHO, *Constituição Dirigente*..., pp. 401 ss. e 421 ss.; PAULO OTERO, *Legalidade e Administração Pública*, pp. 164 ss.

(a) Sistema normativo aberto: princípios gerais e conceitos indeterminados

I. Se a democracia exige abertura interpretativa da Constituição, a verdade é que a própria normatividade constitucional, independentemente da sua natureza compromissória, revela, cada vez mais, uma "textura aberta"[235] ou "indeterminações significativas"[236]: uma normatividade constitucional de regras, assente nos valores da certeza e da segurança, foi transfigurando-se numa normatividade constitucional de princípios, permitindo o balanceamento ou a ponderação de bens, interesses e valores[237].

---

[235] Expressão de HERBERT L.A. HART, *O Conceito de Direito*, Lisboa, 1986, p. 158.
[236] Expressão de A. CASTANHEIRA NEVES, *Metodologia*..., p. 110.
[237] Para mais desenvolvimentos, cfr. PAULO OTERO, *Legalidade e Administração Pública*, pp. 164 ss.

Essa transfiguração da normatividade constitucional, tornando-se principialista, determinou a substituição de um sistema normativo tendencialmente fechado, segundo uma lógica de "tudo ou nada" própria das regras jurídicas (v.g., são excluídas do âmbito do referendo as alterações à Constituição, artigo 115.º, n.º 4, alínea a)), por um sistema normativo predominantemente aberto, baseado em princípios e conceitos vagos e indeterminados que apelam a pautas gerais de valoração concretizadora (v.g., o referendo só pode ter por objecto "questões de relevante interesse nacional", artigo 115.º, n.º 3).

Sendo certo que não existem normas jurídicas sem necessidade de interpretação, razão pela qual todas as normas constitucionais suscitam problemas de interpretação, verifica-se, no entanto, que as normas que consagram princípios gerais e/ou conceitos vagos e indeterminados, revelando a natureza aberta da normatividade constitucional, reforçam, segundo a amplitude da remissão densificadora que comportam para o intérprete ou aplicador, o problema da abertura interpretativa da Constituição.

Saber o que é a "dignidade da pessoa humana" ou a "construção de uma sociedade livre, justa e solidária", isto para não se sair da letra do artigo 1.º, nunca poderá envolver uma actividade interpretativa fechada: não existe um sentido único, nem uma solução definitiva, perfeita ou completa.

E a proliferação de conceitos indeterminados em normas constitucionais, tal como sucede, a título meramente exemplificativo, com "direitos fundamentais de natureza análoga" (artigo 17.º), "conteúdo essencial dos preceitos constitucionais" (artigo 18.º, n.º 3), "criação cultural" (artigo 42.º), "sectores básicos" (artigo 86.º, n.º 3), "regular funcionamento das instituições democráticas" (artigos 120.º e 195.º), "especificidades regionais" (artigo 227.º, n.º 1, alínea i)), "prossecução do interesse público" (artigo 266.º, n.º 1) ou "interesse público de excepcional relevo" (artigo 282.º, n.º 4), projecta um inevitável efeito de abertura interpretativa da Constituição: a diminuição das zonas de certeza interpretativa da normatividade constitucional é acompanhada de um aumento do espaço de autonomia conformadora dos órgãos encarregues da densificação das normas constitucionais indeterminadas, geradoras de uma interpretação aberta.

Pode mesmo dizer-se que, num certo sentido, toda a interpretação constitucional, deparando com uma normatividade dominada por princípios gerais e conceitos vagos e indeterminados, assume uma postura metodológica complexa e aberta: não há uma única solução interpretativa, apesar de a segurança e a certeza da ordem jurídica exigirem que se atribua sempre a um órgão a última palavra na fixação do sentido das normas constitucionais – o Tribunal Constituição é, à luz da Constituição de 1976, o órgão mandatado constitucionalmente para proferir essa última palavra sobre o sentido interpretativo da Constituição[238].

Todavia, a própria interpretação fixada pelo Tribunal Constitucional, apesar da sua força vinculativa, nunca se pode ter como uma solução imutável e irreversível.

(b) Conceitos pressupostos pelo constituinte: os conceitos pré-constitucionais

II. A abertura interpretativa da Constituição não passa apenas pela utilização no seu texto de conceitos autónomos ou especificamente criados pelas normas constitucionais: paralelamente a esses conceitos criados pela própria Constituição, verifica-se que a normatividade constitucional recorre muitas vezes a conceitos que, caracterizados e cristalizados já por uma tradição legal pré-constitucional ou trabalhados dogmaticamente pela doutrina anterior, surgem como pressupostos pelo legislador constituinte.

É o que sucede, desde logo, com nos seguintes exemplos de conceitos usados na normatividade constitucional e que traduzem realidades anteriores à própria Constituição:

(i) Conceitos objecto de tradição legislativa pré-constitucional – "responsabilidade civil solidária" (artigo 22.º), "capacidade civil" (artigos 26.º, n.ºs 1 e 4, e 36.º, n.º 3), "prisão preventiva" (artigos 27.º, n.º 3, e 28.º), "medida de segurança" (artigos 27.º, 29.º, 30.º e 33.º), "menor" (artigo 27.º, n.º 3), "habeas corpus" (artigo 31.º), "arguido" (artigo 32.º), "processos de contra-ordenação" (artigo 32.º, n.º 10), "família" (artigos 36.º e 67.º), "casamento" (artigo 36.º), "adopção" (artigo 36.º, n.º 7), "direitos de autor" (artigo 42.º, n.º 2), "associações" (artigos 46.º e 51.º), "função pública" (artigo 47.º), "contratação colectiva" (artigo 56.º, n.º 3), "convenções colectivas de trabalho" (artigo 56.º, n.º 4), "freguesias" e "municípios" (artigo 236.º, n.º 1), "tutela administrativa" (artigo 242.º), "direito de regresso" (artigo 271.º, n.º 4);

---

[238] Pode dizer-se que há aqui a transição de um modelo de preponderância do legislador parlamentar na concretização constitucional das bases normativas para um modelo de activismo judicial na densificação de pautas de regulação fixadas em termos muito gerais e vagos pela Constituição, existindo mesmo quem veja nesta normatividade constitucional de princípios uma configuração do Tribunal Constitucional como "legislador paralelo", cfr. JOSÉ LAMEGO, *«Teleologia da Liberdade» e Conceito de Direito...*, pp. 333 ss.

(ii) *Conceitos resultantes do Direito Internacional* – "zona económica exclusiva" (artigo 5.°, n.° 2), "direitos de soberania" do Estado (artigo 5.°, n.° 3), "solução pacífica dos conflitos internacionais (artigo 7.°, n.° 1), "autodeterminação" (artigo 7.°, n.° 3), "União Europeia" (artigos 8.°, n.° 4, e 33.°, n.° 5), "missões humanitárias e de paz" (artigo 275.°, n.° 5);

(iii) *Conceitos emergentes da dogmática científica* – "soberania popular" (artigo 2.°), "subsidiariedade" (artigos 6.°, n.° 1, e 7.°, n.° 6), "autarquias locais" (artigos 6.°, n.° 1, e 235.°), "pessoas colectivas" (artigo 12.°, n.° 2), "direito/dever" (artigo 13.°, n.° 1), "entidades públicas" (artigos 18.°, n.° 1, 269.°, n.° 1, 271.°), "direitos e interesses legalmente protegidos" (artigos 20.°, n.° 1, 266.°, n.° 1, 268.°, 271.°, n.° 1), "processo equitativo" (artigos 20.°, n.° 4, e 33.°, n.° 3), "autoridade pública" (artigo 21.°), "meios graciosos e contenciosos" (artigo 23.°, n.° 2), "órgãos e agentes da Administração Pública" (artigo 23.°, n.° 4), "entidade administrativa independente" (artigos 35.°, n.° 2, e 267.°, n.° 3), "concurso público" (artigos 38.°, n.° 7, e 293.°, n.° 1), "cooptação" (artigos 39.°, n.° 2, e 222.°, n.° 2), "ideologia fascista" (artigo 46.°, n.° 4), "autorização" e "homologação" (artigo 55.°, n.° 3), "interesses difusos" (artigo 60.°, n.° 3), "imposto" (artigo 104.°), "administração directa" e "administração indirecta" do Estado (artigo 199.°, alínea d)), "pessoas colectivas territoriais" (artigos 227.°, n.° 1, e 235.°, n.° 2), "descentralização" e "desconcentração" (artigo 267.°, n.° 2), "associações públicas" (artigo 267.°, n.° 4), "acto administrativo" (artigo 268.°, n.os 3 e 4).

Em qualquer destas situações, sublinhe-se, a Constituição mostra uma abertura infraconstitucional à densificação de tais conceitos[239]: essa densificação, envolvendo sempre o desenvolvimento de uma actividade interpretativa, determina uma remissão constitucional aberta para a lei[240] ou para a doutrina, falando-se, neste contexto, em "reenvio aberto" que, determinando um preenchimento de conceitos "de baixo para cima"[241], se mostra passível de gerar uma Constituição segundo as leis ou segundo a doutrina.

---

[239] Cfr. GOMES CANOTILHO, *Constituição Dirigente*..., pp. 408 ss.

[240] Falando aqui em "legalidade da Constituição" ou "tendência para a legalidade ou legalização da Constituição", cfr. JORGE REIS NOVAIS, *As Restrições aos Direitos Fundamentais Não Expressamente Autorizadas pela Constituição*, Coimbra, 2003, pp. 166 e 167.

[241] Cfr. WALTER LEISNER, *Von der Verfassungsmässigkeit der Gesetze zur Gesetzmässigkeit der Verfassung*, Tübingen, 1964, p. 70.

Independentemente dos efeitos de um tal fenómeno sobre a tradicional configuração das relações entre a Constituição e as fontes infraconstitucionais, tornando aquela prisioneira da legalidade e do contributo dogmático da doutrina, torna-se aqui visível que a densificação de tais conceitos pressupostos pela normatividade constitucional assenta numa inevitável abertura interpretativa da Constituição.

Afinal, nem todos os conceitos usados pelas normas constitucionais podem ser objecto de uma concretização ou definição conceitual feita pela própria Constituição: a utilização constitucional de conceitos já existentes nas leis ou na doutrina e objecto de uma tradicional e cristalizada significação jurídica, envolvendo um reenvio implícito para tais fontes infraconstitucionais, traduz uma manifestação de abertura densificadora da normatividade constitucional e de uma inevitável humildade em reconhecer que cada novo texto constitucional não inventa a linguagem do Direito, antes tem de conviver com conceitos jurídicos que lhe são anteriores e se lhe impõem.

Num outro sentido, a abertura da Constituição a conceitos pré-constitucionais que, funcionando como conceitos pressupostos pelas suas normas que encontram na lei e na doutrina a "chave" do seu significado, se, por um lado, revela a interpenetração entre a normatividade constitucional, a lei e a dogmática jurídica, mostra, por outro, que a tradicional pirâmide normativa pode tornar-se uma verdadeira ficção[242].

(c) Conceitos remissivos para futura densificação

III. A utilização pelo legislador constituinte de conceitos jurídicos já anteriormente existentes a nível legal ou doutrinário, se comporta um reenvio para uma densificação à luz de realidades legais ou dogmáticas pretéritas que, deste modo, passam a estar acolhidas ou pressupostas pela Constituição, deve diferenciar-se, todavia, dos conceitos usados na normatividade constitucional que fazem apelo a uma densificação nova ou futura por via legislativa ou doutrinária.

É o que acontece nos seguintes exemplos: "cidadãos portugueses" (artigo 4.º), "segredo de justiça" (artigo 20.º, n.º 3), "identidade genética do ser humano" (artigo 26.º, n.º 3), "refugiado político (artigo 33.º, n.º 9), "dados pessoais" (artigo 35.º, n.º 2), "redes informáticas de uso público" (artigo 35.º, n.º 6), "objecção de consciência" (artigo 41.º, n.º 6), "publicidade oculta, indirecta ou dolorosa" (artigo 60.º, n.º 2), "direito de autogestão"

---

[242] Neste último sentido, cfr. WALTER LEISNER, *Von der Verfassungsmässigke...*, p. 29.

(artigo 61.º, n.º 5), as autonomias das universidades públicas (artigo 76.º, n.º 2) ou "medidas cautelares adequadas" (artigo 268.º, n.º 4).

Em todas estas situações, regista-se a abertura da Constituição a uma densificação infraconstitucional dos seus preceitos: os conceitos usados, uma vez que não encontram preenchimento normativo, definição ou caracterização dentro da normatividade constitucional, comportam uma expressa ou implícita remissão para uma actividade futura a desenvolver pelo legislador ou pela doutrina.

A normatividade constitucional abre-se agora a uma densificação que, sem prejuízo de sempre se ter de fazer à luz das coordenadas e dos princípios emergentes da Constituição, corre o risco de uma inversão metodológica geradora de um princípio da legalidade da Constituição[243], revelando ainda estarem os preceitos constitucionais que utilizam tais conceitos objecto de reenvio aberto para fontes infraconstitucionais "prisioneiros" da densificação interpretativa que deles for feita pelo legislador ou pela doutrina.

(d) Conceitos remissivos para normas extrajurídicas

IV. Mostra-se ainda possível encontrar no texto da Constituição, simultaneamente, a utilização de conceitos indeterminados cuja densificação e concretização, podendo ser confiadas ao legislador, à Administração ou ao juiz, fazem apelo ou pressupõem conhecimentos e critérios próprios de ciências não jurídicas, registando-se que existe aqui uma remissão implícita de tais normas constitucionais para regras técnicas, científicas ou morais.

Pode falar-se, neste contexto, em conceitos remissivos para normas extrajurídicas que passam, por efeito de uma tal pressuposição normativa implícita, a assumir protagonismo constitucional, uma vez que a determinação do exacto sentido do conteúdo das normas constitucionais que encerram esses conceitos indeterminados, nunca se podendo fazer sem o recurso a critérios ou pautas extrajurídicas, passa a estar dependente ou condicionada por uma normatividade de origem não jurídica (v. *infra*, §16.º).

É o que sucede, a título exemplificativo, com as três seguintes situações:

(i) O princípio da inviolabilidade da vida humana (artigo 24.º, n.º 1) pressupõe que as ciências biomédicas digam quando começa a "vida humana", pois, a partir desse exacto momento, a Constituição garante a sua inviolabilidade;

---

[243] Cfr. GOMES CANOTILHO, *Constituição Dirigente*..., p. 401.

(*ii*) O artigo 149.º, n.º 1, dizendo que a convenção dos votos em número de mandatos ao nível da eleição de Assembleia da República se faz através do "método da média mais alta de Hondt", tem pressuposta uma remissão densificadora do que seja este método para regras das ciências matemáticas;

(*iii*) O artigo 29.º, n.º 2, da Declaração Universal dos Direitos do Homem considera que o exercício dos direitos e o gozo das liberdades se encontra sujeito aos limites que decorrem das "justas exigências da moral", registando-se aqui a utilização de um conceito indeterminado cuja densificação faz apelo a regras morais vigentes.

Em todos estes exemplos, sem prejuízo de muitos outros existentes, verifica-se que a consagração pela Constituição de conceitos indeterminados que envolvem uma remissão para normas extrajurídicas comporta uma inerente abertura densificadora da normatividade constitucional a realidades cujo conteúdo se encontra para além do Direito, comprovando a complexidade e a interdisciplinaridade interpretativa da Constituição.

7.6. Abertura implementadora

BIBLIOGRAFIA: GOMES CANOTILHO, *Constituição Dirigente*..., em especial, pp. 192 ss. e 294 ss.; JORGE MIRANDA, *Manual*..., II, pp. 287 ss.; PAULO OTERO, *O Poder de Substituição*..., II, pp. 591 ss.

(a) A implementação das normas não exequíveis por si mesmas

I. A Constituição de 1976, visando a "construção de uma sociedade livre, justa e solidária" (artigo 1.º), revela-se um texto dotado de normas programáticas, impondo ao decisor político um programa de acção que, sendo finalisticamente orientado, visa transformar a sociedade: é tarefa fundamental do Estado a "transformação e modernização das estruturas económicas e sociais" (artigo 9.º, alínea d)), servindo a cláusula constitucional de bem-estar de permanente imperativo de uma postura voluntarista de intervenção do poder político sobre a realidade[244].

Dentro do programa definido pela Constituição, além da existência de "tarefas fundamentais" (artigo 9.º) ou "incumbências prioritárias" (81.º) con-

---

[244] Cfr. PAULO OTERO, *O Poder de Substituição*..., II, pp. 591 ss.

fiadas ao Estado, há a conversão de certas obrigações do Estado em contrapartidas directas à realização ou efectivação de direitos fundamentais, chamando os particulares, deste modo, à titularidade de posições jurídicas activas que se expressam em prestações e que encontram no Estado o respectivo sujeito passivo.

Sucede, porém, que a transformação da sociedade subjacente às normas programáticas não se opera por mero efeito da Constituição, exigindo uma subsequente intervenção dos poderes constituídos que, implementando tais propósitos programáticos, lhes permita ganhar efectividade: as normas programáticas são, por isso mesmo, normas parcialmente não exequíveis por si mesmas[245], carecendo de mediação concretizadora que, por via de implementação normativa infraconstitucional, lhes confira aplicabilidade efectiva ou prática.

Eis alguns exemplos retirados da normatividade constitucional:

(*i*) O Estado tem como incumbência assegurar as condições de trabalho, retribuição e repouso a que todos os trabalhadores têm direito (artigo 59.º, n.º 2);

(*ii*) O Estado tem de assegurar o direito à protecção da saúde (artigo 64.º, n.º 3), o direito à habitação (artigo 65.º), ao ambiente (artigo 66.º), a proteger a família (artigo 67.º, n.º 2), a paternidade e maternidade (artigo 68.º, n.º 1), a infância (artigo 69.º), a juventude (artigo 70.º) e a terceira idade (artigo 72.º);

(*iii*) O Estado está obrigado a realizar uma política de protecção dos cidadãos portadores de deficiência (artigo 71.º, n.º 2);

(*iv*) O Estado deve promover a democratização da educação e da cultura (artigo 73.º);

(*v*) O Estado promoverá uma política de ordenamento e reconversão agrária e de desenvolvimento florestal (artigo 93.º, n.º 2);

(*vi*) A Administração Pública deverá ser desburocratizada e aproximada dos cidadãos (artigo 267.º, n.º 1), garantindo-se a tutela jurisdicional efectiva das posições jurídicas subjectivas dos administrados (artigo 268.º, n.º 4).

---

[245] Dizemos que as normas programáticas são *parcialmente* não exequíveis por si mesmas uma vez que podem sempre, independentemente da sua implementação, gerar a inconstitucionalidade das normas infraconstitucionais que lhe sejam contrárias, tal como servir de critério de interpretação em conformidade com a Constituição.

(b) Os destinatários da implementação das normas não exequíveis por si mesmas

II. Essa necessidade de mediação implementadora das normas não exequíveis por si mesmas, traduzindo uma vinculação constitucional dirigida aos órgãos dotados de competência normativa, revela uma normatividade constitucional aberta a uma intervenção complementar e sucessiva dos poderes constituídos: essas normas constitucionais como que se encontram incompletas, carecendo de uma intervenção decisória que, conferindo-lhes efectividade aplicativa às situações que visam regular, as torne perfeitas ou completas.

A abertura da Constituição situa-se agora na implementação das suas normas, sem que daqui resulte, todavia, qualquer margem de liberdade quanto ao *se* da decisão e ao seu *fim*: o legislador encontra-se vinculado, sob pena de inconstitucionalidade por omissão (artigo 283.°, n.° 1), a tornar exequíveis as normas constitucionais.

Será o legislador, porém, o único destinatário da implementação das normas não exequíveis por si mesmas?

Será que a abertura implementadora da Constituição tem aqui como únicos beneficiários os órgãos legislativos (: Assembleia da República, Governo e assembleias legislativas da região autónoma dos Açores e da região autónoma da Madeira)?

III. A abertura implementadora das normas constitucionais não exequíveis por si mesmas é, em primeiro lugar, uma abertura a favor do legislador: o artigo 283.°, n.° 1, permite extrair essa vinculação imediata do legislador, tal como o reconhecimento de uma competência legislativa genérica à Assembleia da República (artigo 161.°, alínea c)) habilita a conclusão de que a Constituição configura o legislador como principal destinatário da implementação deste tipo de normas constitucionais.

Acontece, no entanto, que nem toda a implementação das normas constitucionais não exequíveis por si mesmas se situa na zona da reserva de lei, sendo legítimo questionar, atendendo a que a reserva de lei obedece a um princípio de tipicidade constitucional[246], o seguinte: se, não se situando a matéria em reserva de lei e nunca tendo sido objecto de qualquer intervenção implementadora por via legislativa, será que a Administração Pública

---

[246] Para mais desenvolvimentos desta afirmação, justificando-se as razões do designado princípio da tipicidade constitucional da reserva de lei, cfr. PAULO OTERO, *O Poder de Substituição...*, II, pp. 568 ss.

pode também proceder à implementação de tais normas constitucionais não exequíveis por si mesmas?

Respondemos em sentido afirmativo[247]: o Governo goza, por efeito do artigo 199.º, alínea g), de uma competência que lhe permite emanar regulamentos directamente fundados na Constituição e que, exercendo uma normatividade compensadora dos défices da concretização por via legislativa da Lei Fundamental, desempenham o papel de forma subsidiária de implementação das normas não exequíveis por si mesmas.

Pode concluir-se, neste último sentido, que a abertura implementadora da normatividade constitucional não se limita a permitir a intervenção complementar do poder legislativo para tornar exequíveis normas da Constituição, habilitando também o Governo, por via de regulamento fundado no artigo 199.º, alínea g), a exercer essa função implementadora da Lei Fundamental: há aqui, deste modo, uma dupla abertura implementadora da normatividade constitucional.

7.7. Limites à abertura constitucional

BIBLIOGRAFIA: PAULO OTERO, *A Democracia Totalitária*, pp. 231 ss.

I. A Constituição de 1976 é um texto constitucional aberto. Não é, porém, uma Constituição flexível, nem pode dela extrair-se uma permissão habilitante de uma vivência institucional ou aplicativa anárquica ou aconstitucional.

A Constituição institui, neste sentido, mecanismos de defesa que, limitando o grau da respectiva abertura, visam preservar a sua própria identidade estrutural, salientando-se os seguintes:

(a) Limites de revisão constitucional;
(b) Sistema de fiscalização da constitucionalidade;
(c) Cláusula constitucional do Estado de Direito democrático;
(d) Limitação da liberdade de associação;
(e) Intervenção jurídico-criminal: o Direito Penal político.

Vejamos, muito sumariamente, cada um destes limites à abertura constitucional.

---

[247] Cfr. PAULO OTERO, *O Poder de Substituição...*, II, pp. 613 ss.

(a) Os limites de revisão constitucional

II. Um primeiro mecanismo de preservação da identidade estrutural da Constituição, simultaneamente determinante da sua caracterização como Constituição rígida, consiste na existência de limites de revisão constitucional.

A Constituição consagra aqui, aliás, quatro diferentes tipos de limites que, dificultando a alteração do seu texto, funcionam como barreiras a uma abertura constitucional modificativa das suas normas:

(i) Limites temporais: a Constituição só pode ser revista cinco anos após a data de publicação da última lei de revisão ordinária (artigo 284.º, n.º 1) ou, a título extraordinário, em qualquer momento, desde que permitido por uma maioria de quatro quintos dos Deputados em efectividade de funções (artigo 284.º, n.º 2);

(ii) Limites procedimentais: só os Deputados têm iniciativa da revisão constitucional (285.º, n.º 1), existindo um prazo para, tendo sido apresentado um projecto, os outros sejam também apresentados (artigo 285.º, n.º 2), além de que a aprovação das alterações têm de ser feitas por uma maioria de dois terços dos Deputados em efectividade de funções (artigo 286.º, n.º 1);

(iii) Limites circunstanciais: a revisão constitucional não pode ocorrer durante a vigência de estado de excepção constitucional (artigo 289.º);

(iv) Limites materiais: o artigo 288.º consagra um conjunto de matérias que, segundo a intenção do constituinte, tendo de ser respeitadas pelas leis de revisão constitucional, limitam a amplitude da margem de liberdade conformadora do decisor das alterações a introduzir na Constituição.

É precisamente em torno dos limites materiais de revisão constitucional que, atendendo à sua função de defesa da identidade axiológica e estrutural da Constituição escrita, se pode discutir a existência de um excesso de intenção limitativa da abertura constitucional às gerações futuras[248], criando um genuíno "abuso do poder constituinte"[249].

Não obstante sempre se poder dizer que numa primeira revisão é possível alterar ou suprimir o próprio artigo 288.º, isto para, numa revisão subsequente, eliminado já o limite material (v.g., a forma republicana de governo)

---

[248] Cfr. PAULO OTERO, *A Democracia Totalitária*, pp. 237 ss.
[249] Cfr. FRANCISCO LUCAS PIRES, *Teoria da Constituição...*, p. 161.

ou revogados todos os limites materiais, se proceder então à alteração das normas constitucionais que antes estavam petrificadas pelo(s) limite(s) em causa (v.g., substituir o Presidente da República pela figura do rei)[250], a verdade é que se alguns desses limites forem suprimidos e revistas as normas que eles protegiam, uma vez que eles se assumem como traços identificativos desta Lei Fundamental, a abertura constitucional terá conduzido a uma nova Constituição material: a revisão constitucional ter-se-á transformado numa genuína transição constitucional.

Esse será o custo a pagar por uma abertura democrática e inclusiva das gerações futuras na definição da normatividade constitucional: por aqui passa também a renovação da legitimação intergeneracional de uma Constituição.

Não se pode esquecer, no entanto, que existe a necessidade de se estabelecer um equilíbrio: nem os limites à revisão constitucional podem manietar as gerações futuras, privando-as de um poder que foi reconhecido aos fundadores da Constituição, nem a introdução de alterações ao texto constitucional poderá ser feita com a simplicidade de quem modifica uma lei ordinária – nos limites temporais e procedimentais de revisão constitucional reside o segredo moderador da abertura da Constituição, sem embargo da projecção "corrosiva" que as normas consuetudinárias podem aqui desempenhar, propiciando uma informal modificação do texto constitucional[251].

(b) Sistema de fiscalização da constitucionalidade

III. Um segundo veículo limitativo da abertura constitucional e decorrente, por outro lado, da natureza rígida da Constituição diz respeito à existência de um sistema de fiscalização da constitucionalidade, isto num duplo sentido:

(i) Garante que a implementação normativa da Constituição ou o exercício da margem de liberdade conformadora do seu aplicador normativo nunca comporte um grau tal de abertura que se traduza na violação por acção da própria Lei Fundamental – a todos os tribunais é conferido o poder de recusar em concreto a aplicação de normas inconstitucionais (artigo 204.º) e ao Tribunal Constitucional é atribuída a faculdade de as declarar inconstitucionais com força obrigatória geral (artigo 282.º);

---

[250] Cfr. JORGE MIRANDA, *A Constituição de 1976*, pp. 234 ss., em especial, pp. 245 ss.; IDEM, *Manual...*, II, pp. 233 ss.

[251] Neste último sentido, cfr. RUI CHANCERELLE DE MACHETE, *Os princípios estruturais da Constituição de 1976 e a próxima revisão constitucional*, in MÁRIO BAPTISTA COELHO (coord.), *Portugal. O Sistema Político e Constitucional 1974/1987*, Lisboa, 1989, em especial, pp. 1015 ss.

(*ii*) Permite que, diante de normas constitucionais não exequíveis por si mesmas, a inércia do legislador no cumprimento da obrigação de implementação seja considerada uma violação omissiva da Constituição – ao Tribunal Constitucional compete apreciar e verificar a inconstitucionalidade por omissão (artigo 283.º).

Através do sistema de fiscalização da constitucionalidade, a Constituição procura defender a sua identidade a nível infraconstitucional, impedindo que, por via normativa, se proceda à sua descaracterização axiológica ou estrutural: a existência de mecanismos de fiscalização da constitucionalidade das normas garante que a abertura constitucional nunca se faça contra a Constituição.

(c) Cláusula constitucional do Estado de Direito democrático

IV. É ainda tendo em vista a preocupação de defesa de um reduto mínimo de identidade da Constituição nacional que o artigo 8.º, n.º 4, a propósito da recepção do Direito da União Europeia, consagra a referência aos "princípios fundamentais do Estado de direito democrático" (v. *supra*, n.º 4.3., IV), enquanto verdadeira cláusula limitativa desta modalidade de abertura normativa da Constituição. E, em igual sentido, também o artigo 7.º, n.º 6, permite encontrar nos "princípios fundamentais do Estado de direito democrático" uma cláusula limitativa à comunicabilidade (v.g., transferência, exercício em comum) de poderes do Estado português no âmbito da União Europeia.

Há aqui, em qualquer dos casos, a definição constitucional de uma cláusula limitativa da abertura nacional à União Europeia que, nunca podendo envolver a violação do respeito pelos "princípios fundamentais do Estado de direito democrático", assume uma dupla função constitucional:

(*i*) Revela um limite material intransponível no relacionamento entre Portugal e a União Europeia, pois, sendo um traço identificativo da Constituição, desempenha um duplo papel:
  1.º) Serve de padrão de conformidade da normatividade interna de fonte nacional no que se refere à União Europeia (artigo 7.º, n.º 6);
  2.º) Serve também de critério condicionante da aplicabilidade interna da normatividade proveniente da União Europeia (artigo 8.º, n.º 4);
(*ii*) Habilita os tribunais internos a fiscalizarem a validade da normatividade portuguesa referente à União Europeia e, simultaneamente, a controlarem as condições de aplicabilidade em Portugal dos actos provenientes da União Europeia.

Em conclusão, a cláusula constitucional do Estado de Direito democrático, limitando a abertura normativa da Constituição à União Europeia, nunca permite que Portugal se vincule ou tenha de aplicar uma normatividade atentatória dos "princípios fundamentais do Estado de Direito democrático".

(d) Limitação da liberdade de associação

V. A limitação da abertura constitucional não se circunscreve, porém, aos actos normativos e a um inerente sistema de fiscalização da constitucionalidade: a Constituição resolveu limitar a liberdade de criação de associações, instituindo directamente um sistema de controlo da validade da sua constituição e, se for o caso, de extinção de partidos políticos.

Num propósito de blindagem política da amplitude da liberdade de associação, o artigo 46.º, n.º 4, além de proibir associações armadas ou de tipo militar, militarizadas ou paramilitares, exclui a existência de associações racistas ou que perfilhem ideologia fascista.

Independentemente da discussão em torno da validade e da eficácia de um Estado democrático limitar a liberdade de associação por razões de natureza ideológica, proibindo, deste modo, a constituição de partidos políticos fascistas[252], o certo é que o artigo 46.º, n.º 4, traduz uma limitação da abertura política da Constituição: estamos diante de um texto constitucional que, apesar de se basear nos valores da tolerância e do pluralismo, se mostra intolerante face a certas ideologias, sentindo-se legitimado a excluir do jogo democrático organizações políticas que adoptam um programa ideológico de combate contra a ordem constitucional.

Uma tal limitação da abertura constitucional, traduzindo a adopção de um modelo de "democracia militante"[253], acaba por comportar uma redução da liberdade política e da natureza plural do sistema partidário que se pode ter como excessiva face ao propósito de blindagem defensiva e preventiva da identidade constitucional: a proibição de partidos políticos numa democracia representa uma forma de discriminação ideológica[254] e assume uma natureza derrogatória de liberdade de associação política.

E, visando garantir mecanismos limitativos da liberdade de associação, a Lei Fundamental encarregou o Tribunal Constitucional de verificar a vali-

---

[252] Para mais desenvolvimentos, cfr. PAULO OTERO, *A Democracia Totalitária*, pp. 231 ss.
[253] Cfr. KONRAD HESSE, *Grundzüge...*, p. 298.
[254] Neste sentido, cfr. JORGE MIRANDA, *Ideias para uma Revisão Constitucional em 1996*, Lisboa, 1996, p. 35.

dade da constituição dos partidos políticos e de ordenar a respectiva extinção (artigo 223.º, n.º 2, alínea e)), envolvendo a estrutura de topo da justiça constitucional na garantia de uma limitação não democrática à liberdade de associação e, deste modo, esquecendo um ensinamento que se pode extrair da História: se a proibição de partidos políticos que têm uma dimensão insignificante é desnecessária para proteger a democracia, a proibição de partidos políticos que são poderosos poderá mostrar-se pouco eficaz para conseguir proteger a democracia[255].

(e) Intervenção jurídico-criminal: o Direito Penal político

VI. A abertura da Constituição nunca pode conduzir a uma permissibilidade ilimitada de todas as condutas contrárias à normatividade constitucional: a defesa da Constituição exige, à luz dos princípios da adequação e da proibição do excesso, que certas condutas, atendendo à gravidade da lesão ou ao perigo de lesão que comportam para as instituições ou os valores constitucionais, sejam objecto de criminalização.

A incriminação de tais condutas, sendo a última garantia de tutela dos principais valores ou instituições constitucionais, traduz, segundo o princípio da necessidade da intervenção penal, a limitação extrema à abertura da Constituição a condutas anticonstitucionais dolosas: surge aqui a fundamentação da existência de um Direito penal político que, visando a protecção criminal da Constituição, limita a abertura constitucional, excluindo do seu âmbito certo tipo de comportamentos intencionais que colocam em perigo ou geram dano a princípios, bens, poderes ou órgãos constitucionais.

Estamos aqui diante de um instrumento normativo que, limitando a abertura constitucional a certo tipo de comportamentos, pretende responder, a título repressivo e não preventivo, a efectivas acções ou omissões que, de forma tentada ou consumada, tenham dolosamente atacado ou colocado em perigo instituições, princípios ou valores nucleares da Constituição: não está aqui em causa proteger a Constituição pela simples prevenção de comportamentos que possam lesá-la, antes se trata de reprimir comportamentos que já lesaram ou provocaram real perigo de lesão.

Independentemente do papel que hoje deve ser reconhecido a um processo de horizontalização do Direito penal político, envolvendo a criminalização de condutas entre os particulares que atentem contra os valores

---

[255] Cfr. KONRAD HESSE, *Grundzüge...*, p. 298, nota n.º 5.

nucleares de um Estado de direitos humanos[256], pode dizer-se que a limitação jurídico-penal da abertura da Constituição se faz através de dois mecanismos:

(*i*) A responsabilidade criminal dos titulares dos órgãos políticos (artigo 117.º), visando traduzir a especial vinculação a que estes se encontram sujeitos no cumprimento da Constituição durante o exercício das respectivas funções públicas;

(*ii*) A responsabilidade criminal de quaisquer pessoas por condutas contra o Estado, segundo resulta do Código Penal, desde os crimes contra a soberania nacional que visam lesar a independência e a soberania portuguesas (v.g., traição à pátria, espionagem, violação de segredo de Estado), até aos crimes contra a realização do Estado de Direito (v.g., alteração violenta do Estado de Direito, incitamento à guerra civil, atentado contra o Presidente da República, sabotagem, incitamento à desobediência colectiva, coacção ou perturbação de funcionamento de órgão constitucional).

Em todas estas situações, a tutela criminal dos atentados contra a Constituição vem demonstrar a existência de limites à abertura constitucional a comportamentos dolosos contrários à Constituição: num Estado de Direito, uma Constituição aberta não é, nem pode ser, equivalente a uma normatividade cuja violação se encontra desamparada de qualquer sancionamento criminal, tal como não pode significar, à luz do princípio da proporcionalidade, que todo o comportamento anticonstitucional tenha de ser sancionado penalmente.

---

[256] Cfr. PAULO OTERO, *A Democracia Totalitária*, pp. 245 ss.

§8.º
Constituição transfigurada

8.1. A ideia de Constituição transfigurada

I. Tal como um ser vivo ao longo da vida evolui, adoptando sucessivas configurações caracterizadoras da sua identidade como indivíduo, igualmente "qualquer Constituição é um organismo vivo, sempre em movimento como a própria vida"[257].

Nestes termos, a configuração identificativa da Constituição de 1976 tem passado por contínuas mudanças ao longo dos seus anos de vigência: a mudança da sua configuração inicial, adoptando novos e sucessivos traços caracterizadores, consubstancia a ideia de transfiguração constitucional.

Se se comparar o texto da versão inicial da Constituição com os preceitos que hoje a integram, tal como se se confrontar o que está escrito na normatividade "oficial" e aquilo que é a prática ou a vivência efectiva dessas normas constitucionais, verifica-se que existem profundas diferenças: ora, são essas diferenças entre o passado e o presente, entre o texto escrito e o texto vivido que permitem aferir a transfiguração da Constituição.

II. A transfiguração de uma Constituição, pressupondo sempre a manutenção em vigor da mesma Constituição formal, pode ter na sua génese três fenómenos jurídicos distintos:

(*i*) A revisão constitucional, enquanto processo formal de alteração ou modificação das suas normas escritas, sem determinar a passagem a uma nova Constituição material;
(*ii*) A transição constitucional, enquanto processo formal ou informal de emergência de uma nova Constituição material, isto por efeito da alteração de princípios ou valores nucleares do anterior texto;

---

[257] Cfr. JORGE MIRANDA, *Manual...*, II, p. 169.

(*iii*) O desenvolvimento constitucional que, podendo ocorrer por via interpretativa (evolutiva ou actualista) ou modificativa (formal ou informal) das normas, reorienta a sua configuração aplicativa[258].

Mostra-se possível afirmar, por conseguinte, que, em situações de transfiguração extrema ou substancial de uma Constituição, o fenómeno acabe por se reconduzir a uma transição constitucional: ter-se-á então passado, paulatinamente, de uma Constituição material para uma outra Constituição material.

III. Sabendo-se já, em termos introdutórios, que a Constituição de 1976 é hoje um texto axiologicamente transfigurado (v. *supra*, n.º 1.3.), importa indagar a amplitude dessa transfiguração.

Será o que vai fazer de imediato, segundo uma postura metodológica tópica, nos seguintes termos:

(*a*) Iremos, num primeiro momento, procurar elencar os factores de transfiguração da Constituição;
(*b*) E, num segundo momento, vamos referenciar algumas das principais manifestações da transfiguração constitucional.

8.2. Factores de transfiguração

I. Independentemente das alterações constitucionais introduzidas pelas diversas revisões constitucionais, a transfiguração identificativa da Constituição de 1976, fazendo com que existindo ou não modificações do texto escrito das suas normas, se assista a uma mudança da fisionomia originária de interpretação e aplicação das normas ou das instituições delas emergentes, pode resultar de cinco principais factores:

(*a*) O decurso do tempo e a gestação de uma normatividade "não oficial" subversiva;
(*b*) O peso da herança histórica do Estado Novo;
(*c*) A intervenção dos partidos políticos;
(*d*) A integração europeia e o seu aprofundamento;
(*e*) A erosão do domínio reservado dos Estados e o constitucionalismo transnacional.

---

[258] Contestando que o desenvolvimento constitucional conduza à transfiguração ou desfiguração da Constituição, cfr. JORGE MIRANDA, *Manual...*, I, p. 418.

Vejamos, sucintamente, os termos como cada um destes factores gerou uma transfiguração identificativa da Constituição de 1976.

(a) O decurso do tempo e a gestação de uma normatividade "não oficial" subversiva

II. Conhecedores de que a simples análise das normas escritas de um texto constitucional se mostra sempre insuficiente para captar o sentido da respectiva experiência, pois ninguém pode dizer que conhece a realidade constitucional se se limitar a ler e a interpretar as normas da "Constituição oficial", a Constituição de 1976 não revela aqui ser excepção.

Observa-se, ao longo dos mais de trinta anos de vigência do texto constitucional de 1976, a existência de uma dinâmica aplicativa das suas normas e de uma inerente vivência informal que se foi impondo à estática formal de algumas das normas constitucionais escritas, desenvolvendo uma postura factual "corrosiva" ou complementar da normatividade oficial, mudando-lhe, gradualmente, o conteúdo ou o sentido interpretativo, integrando-o ou até mesmo subvertendo-o, fazendo surgir uma normatividade de base ou génese informal – aqui reside a origem de uma normatividade constitucional "não oficial" ou, também dita, "Constituição não oficial".

E se essa normatividade "não oficial" pode assumir uma natureza *praeter constitutionem*, integrando ou complementando o texto oficial da Constituição escrita, a verdade é que poderá também determinar o surgimento de uma normatividade subversiva ou desaplicadora do texto escrito da Constituição "oficial", falando-se agora em normatividade *contra constitutionem*.

Ora, é precisamente ao nível desta normatividade *contra constitutionem*, enquanto parcela da Constituição "não oficial", que se integra um dos principais factores de transfiguração da identidade constitucional: a identidade resultante da normatividade integrante da Constituição oficial é substituída, segundo um processo de inaplicabilidade normativa ou "adormecimento", por efeito de um estado de coma jurídico das normas escritas[259], por uma normatividade "não oficial" superveniente de carácter subversivo ou desconforme com as normas oficiais.

Essa transfiguração da identidade da Constituição traduz, em suma, o resultado final da própria mudança informal da normatividade constitucional:

---

[259] Cfr. PAULO OTERO, *As instituições políticas e a emergência de uma «Constituição não oficial»*, pp. 113 ss.

as normas "não oficiais" passam a ocupar o lugar regulador das normas escritas "oficiais".

A transfiguração constitucional, por efeito da normatividade "não oficial" subversiva, será tanto maior quanto maior for o decurso do tempo e a insusceptibilidade de as normas escritas da Constituição "oficial" ganharem efectividade reguladora: a falta de efectividade de uma norma gerará sempre uma outra norma que, por via de regra, tem um sentido contrário àquela, passando as condutas materiais a ser reguladas por esta última.

III. Sem pretendermos ser exaustivos na influência produzida pela normatividade "não oficial" *contra constitutionem* na transfiguração da identidade da Constituição de 1976, podemos indicar as três seguintes principais áreas de incidência:

(*i*) No que respeita aos princípios fundamentais da versão inicial da Constituição, o princípio socialista foi objecto de uma total subversão informal, inexistindo, após a entrada em vigor da Constituição, uma única decisão política, legislativa ou administrativa que tenha dado implementação às ideias de "transição para o socialismo", "desenvolvimento do processo revolucionário" ou "desenvolvimento das relações de produção socialistas". Não existe, igualmente, qualquer decisão judicial que tenha considerado inconstitucional uma norma ou qualquer acto jurídico por violação do princípio socialista. Ocorreu aqui uma verdadeira supressão "não oficial" da transição para o socialismo, desenvolvendo-se uma prática reiterada e uma aplicação sistemática de preceitos legais em sentido contrário à letra das normas da Constituição "oficial"[260];

(*ii*) No âmbito da Constituição económica, apesar de o texto constitucional originário apontar para uma economia com fortes componentes socialistas de matriz marxista, a verdade é que, desde que a Constituição entrou em vigor e até 2008, não existiu uma única nacionalização, assistindo-se a uma desvitalização e neutralização progressiva dos postulados marxizantes do modelo económico, substituídos, num primeiro momento, por via informal, por uma normatividade "não oficial" típica de uma economia de mercado, e, num segundo momento, após as revisões constitucionais de 1982 e 1989, por normas "oficiais" descomprometidas com o marxismo[261];

---

[260] Cfr. PAULO OTERO, *Legalidade e Administração Pública*, pp. 426 ss.
[261] Cfr. PAULO OTERO, *Legalidade e Administração Pública*, pp. 426 ss.; IDEM, *As instituições políticas e a emergência de uma «Constituição não oficial»*, pp. 102 ss.

(*iii*) No domínio das instituições políticas, a penetração de uma normatividade constitucional "não oficial" na transfiguração da identidade da Constituição de 1976 é visível em diversas áreas, sendo de salientar as seguintes ilustrações[262]:
- Na titularidade e no exercício do poder de revisão constitucional, entre o texto constitucional oficial que confere aos Deputados um poder exclusivo de iniciativa e de decisão e, por outro lado, a existência de acordos de revisão constitucional entre os dois maiores partidos que, por via extraparlamentar, determinam o sentido e até a redacção das alterações constitucionais[263], e, num outro nível, o protagonismo do Governo em negociar e ajustar convenções internacionais no âmbito da União Europeia que são materialmente desconformes com a Constituição, determinando revisões constitucionais por impulso governamental (v. *infra*, n.º 8.3., XIX);
- Na configuração da titularidade do primado do exercício da competência legislativa, entre uma leitura da Constituição "oficial" que o confia à Assembleia da República e, em sentido diferente, uma normatividade "não oficial" que também chama o Governo a um tal primado;
- Nos termos de entendimento da exacta subordinação política do Governo à Assembleia da República, segundo decorre da normatividade "oficial", e, ao invés, desde que exista uma maioria absoluta a suportar o Governo, na responsabilidade política da maioria parlamentar perante o Primeiro-Ministro que é, simultaneamente, o chefe do Governo e o líder da maioria parlamentar;
- Na transfiguração do estatuto secundário do Primeiro-Ministro que emerge das normas da Constituição "oficial", isto ante o protagonismo que, por efeito de uma normatividade "não oficial", o torna hoje o eixo fundamental da decisão político-governativa, falando-se mesmo em "presidencialismo de primeiro-ministro".

(b) O peso da herança histórica do Estado Novo

IV. Num sentido diferente, verifica-se que a transfiguração da identidade da Constituição de 1976 também encontra como factor explicativo o peso da herança histórica do Estado Novo.

---

[262] Cfr. PAULO OTERO, *As instituições políticas e a emergência de uma «Constituição não oficial»*, pp. 91 ss.
[263] Cfr. PAULO OTERO, *O Acordo de Revisão Constitucional: significado político e jurídico*, AAFDL, Lisboa, 1997.

Trata-se, neste domínio, de uma verdadeira herança e não de um simples legado, verificando-se que se projecta ao nível da configuração e aplicação das normas constitucionais: a identidade da Constituição de 1976 tem sofrido uma transfiguração provocada pela herança que "carrega" do Estado Novo.

A Constituição de 1976 foi elaborada e tem sido aplicada por juristas cuja formação dos respectivos quadros mentais se fez à luz da Constituição de 1933, tendo as suas soluções, desde que "expurgadas" de uma carga ideológica evidente, o propósito de funcionar como imediatas respostas a problemas suscitados e à interpretação explicativa de diversos fenómenos cuja raiz histórica se encontra no Estado Novo.

V. A herança do Estado Novo na transfiguração da identidade da Constituição de 1976, dotando-a de traços fisionómicos de semelhança provenientes de 1933, mostra-se visível nas seguintes ilustrações exemplificativas:

(i) A centralidade do Primeiro-Ministro no âmbito do funcionamento do sistema de governo, dominando o parlamento e fazendo (ou tentando fazer) "apagar" a margem de intervenção participativa do Presidente da República na configuração da política interna e externa permitida numa leitura presidencial da Constituição;

(ii) A preponderância do Governo no exercício da função legislativa, relegando para um posicionamento secundário a produção normativa da Assembleia da República, tudo isto à luz do princípio da paridade hierárquico-normativa entre a lei e o decreto-lei;

(iii) O reconhecimento da existência, nos termos do artigo 198.º, n.º 1, alínea c), de uma reserva de competência legislativa a favor do Governo para o desenvolvimento de leis de bases, envolvendo uma inerente limitação do grau de intervenção densificadora do poder legislativo da Assembleia da República na área concorrencial;

(iv) Desde que exista maioria parlamentar, o relacionamento entre o Governo e a Assembleia da República faz-se sob a égide do princípio "o Governo quer, o parlamento aprova; o Governo não quer, o parlamento rejeita";

(v) A desvalorização da função heterovinculativa das autorizações legislativas parlamentares a favor do Governo, verificando-se ser, cada vez mais, o projecto de decreto-lei a autorizar a determinar o sentido da lei de autorização do que, tal como inicialmente se pretendia, a situação inversa;

(vi) Uma vez que os decretos-leis não têm natureza legislativa provisória, antes são actos legislativos tão prefeitos quanto as leis da Assembleia da República, assiste-se a uma progressiva neutralização do sentido e da função do instituto da apreciação parlamentar dos decretos-leis previsto no artigo 169.°;

(vii) O entendimento de que, sendo conferida por lei competência administrativa ao Governo, o seu exercício é de natureza individual, envolvendo apenas o ministro ou os ministros competente(s) em função da matéria, carecendo a intervenção colegial do Conselho de Ministros sempre de expressa previsão normativa;

(viii) O domínio pelo Governo da definição da legalidade administrativa que, em vez de assumir uma configuração de raiz liberal de natureza heterovinculativa, exerce quase sempre uma função autovinculativa para o executivo;

(ix) O papel intragovernamental conferido ao Ministro das Finanças que, tendo intervenção necessária e um verdadeiro poder de veto em todos os actos do Governo que envolvam aumento de despesas ou diminuição de receitas, traduz hoje um princípio constitucional de natureza consuetudinária cuja origem, sendo anterior à própria Constituição de 1933 (v. infra, n.° 10.8.III), expressa uma herança do Estado Novo[264];

(x) Não obstante as proclamações no sentido da descentralização e da desconcentração de poderes, o certo é que a unidade da Administração Pública, sob a direcção, superintendência ou tutela do Governo, mostra-se o princípio dominante e condicionante: o princípio da unidade administrativa, reforçando o protagonismo do Governo, limita a descentralização e a desconcentração, registando-se que não são estas que condicionam a unidade, antes é a unidade que surge como elemento condicionante[265];

(xi) Num sentido diferente, desaparecidos os resquícios socialistas justificativos da intervenção do Estado no campo económico, social e cultural, a verdade é que essa intervenção se mantém, registando-se até que, por vezes, os agentes privados são os principais reivindicadores da presença "paternal" do Estado: a sociedade

---

[264] Para mais desenvolvimentos, cfr. PAULO OTERO, *A intervenção do Ministro das Finanças sobre os actos do Governo de aumento de despesas ou diminuição de receitas*, in *Estudos em Homenagem ao Professor Doutor Pedro Soares Martínez*, II, Almedina, Coimbra, 2000, pp. 163 ss.

[265] Cfr. PAULO OTERO, *O Poder de Substituição...*, II, pp. 692 ss., 720 ss. e 750 ss.

civil portuguesa não pode viver sem a omnipresença do Estado e o Governo habituou-se a ser indispensável no apoio, incentivo e dinamização da actividade económica, social e cultural privada, relegando para o nominalismo constitucional o princípio da subsidiariedade da intervenção do Estado;

(xii) A própria jurisprudência constitucional e administrativa, sendo certo que, à luz do texto da Constituição, poderia algumas vezes fazer uma interpretação mais ampliativa da tutela de posições jurídicas subjectivas, prefere antes, por vezes, optar por soluções interpretativas cautelosas ou pouco garantísticas, num espírito metodológico de fidelidade à herança judicial conservadora de 1933, tornando-se factor de erosão da normatividade constitucional[266].

(c) A intervenção dos partidos políticos

VI. Um terceiro factor de transfiguração da identidade da Constituição resulta da intervenção dos partidos políticos que, dominando as instituições políticas e administrativas, ultrapassa tudo aquilo que o texto escrito da Constituição permite ler: ao lado das estruturas decisórias próprias da organização do Estado, das regiões autónomas e das autarquias locais, os partidos políticos posicionam-se como intermediários, fornecendo pessoas, definindo programas e ditando linhas de actuação decisória.

Como já se escreveu, os partidos políticos, sendo o sangue da democracia, nunca podendo esta viver sem eles, surgem hoje como os senhores da Constituição e os conquistadores do Estado[267].

Para essa centralidade institucional dos partidos políticos contribuiu a própria Constituição que, visando limitar a legitimidade revolucionária e o poder militar que estavam presentes na sua génese na Assembleia Constituinte de 1975, reforçou o papel dos partidos políticos, enquanto estruturas representativas do modelo democrático e do poder civil.

Compreende-se, nesse contexto, que a Constituição, apesar de terem mudado os pressupostos da sua génese, continue a conferir aos partidos políticos uma intervenção política nuclear:

---

[266] Para mais desenvolvimentos ilustrativos, cfr. PAULO OTERO, *Legalidade e Administração Pública*, pp. 533 ss.

[267] Cfr. PAULO OTERO, *As instituições políticas e a emergência de uma «Constituição não oficial»*, p. 101.

(*i*) Os partidos políticos têm, segundo o artigo 151.º, n.º 1, o monopólio na apresentação de candidaturas ao parlamento, via pela qual se lhes reconhece um papel insubstituível na representação política, enquanto únicos mediadores entre a comunidade dos eleitores e os membros do órgão parlamentar: deputado será sempre quem for filiado num partido político ou, pelo menos, ainda que candidato independente, será sempre alguém cuja eleição dependeu da sua integração numa lista partidária;

(*ii*) Eleitos os deputados, o sistema de governo toma a representação partidária existente no parlamento, nos termos do artigo 187.º, n.º 1, como critério principal para a escolha de uma individualidade que, sendo nomeada Primeiro-Ministro, se encontre encarregue de formar Governo: o Governo reflectirá na sua composição, por via de regra, o equilíbrio de forças político-partidárias existente no parlamento;

(*iii*) Formado o Governo, segundo o equilíbrio político-partidário resultante das eleições, o sistema de governo exige uma permanente confiança política do mesmo junto da maioria parlamentar – ou, pelo menos, impõe que o Governo não possa ter contra si a maioria do parlamento –, assegurando sempre aos partidos da oposição mecanismos de controlo da actividade do executivo;

(*iv*) Paralelamente, todas as competências normativas e de fiscalização do parlamento e demais poderes que lhe são confiados pela Constituição relativamente a outros órgãos, tal como sucede com a eleição de titulares de diversos órgãos do Estado, conferem aos partidos políticos uma centralidade singular na organização de todo o poder político e dos próprios tribunais;

(*v*) Essa influência dos partidos políticos faz-se até sentir ao nível de todos os restantes órgãos eleitos das entidades colectivas públicas de população e território (: regiões autónomas, municípios e freguesias), fazendo da Administração regional autónoma e da Administração autárquica, sem esquecer a Administração do Estado, palcos privilegiados de acção dos partidos políticos.

Os partidos políticos traduzem, deste modo, uma forma constitucional de exercício da função política por associações de direito privado, participando mediatamente no exercício de certas funções jurídicas do Estado e demais entidades públicas territoriais.

VII. A verdade, porém, é que, progressivamente, os partidos políticos foram assumindo um sufocante protagonismo, transfigurando a identidade da democracia constitucional numa genuína partidocracia que, permitindo os partidos políticos com representação parlamentar dizer entre si "o Estado somos nós"[268], determinou uma degeneração do "Estado de partidos" numa quase ditadura constitucional dos partidos políticos[269]: a soberania popular foi substituída pela soberania dos partidos políticos, tendo hoje a República como divisa "tudo pelos partidos, nada contra os partidos"[270].

Essa transfiguração do papel constitucional dos partidos políticos, colocando em causa a própria identidade do modelo democrático da Constituição, parcialmente subvertido pelo monopólio partidário na apresentação de candidaturas ao parlamento e pela opacidade dos interesses partidários distantes da vontade popular no domínio da decisão política, conduziu a uma democracia de circuito fechado ou democracia estrangulada[271].

Eis alguns exemplos ilustrativos:

(*i*) A revisão constitucional baseia-se em acordos interpartidários, tendencialmente esvaziadores do papel político da Assembleia da República;

(*ii*) A eleição do Presidente da República não se faz sem apoio partidário, tal como a eleição dos deputados ou dos principais titulares de cargos sujeitos a sufrágio eleitoral universal nunca prescinde da máquina eleitoral e financeira dos partidos políticos;

(*iii*) A própria composição do Governo, fazendo o Primeiro-Ministro criar um equilibro entre os fiéis ao aparelho partidário e os técnicos independentes, acaba quase sempre por fazer prevalecer, talvez com a excepção do sector das finanças, a força política das razões do partido governamental à força da razão dos técnicos, sendo de assinalar o progressivo alinhamento ou integração partidária dos ministros independentes;

(*iv*) A eleição da maioria dos juízes do Tribunal Constitucional, incluindo a repartição da sua presidência, resulta de negociações entre os partidos políticos;

(*v*) Todos os titulares dos principais órgãos (legais ou constitucionais) cuja designação integra a esfera da competência da Assembleia da

---

[268] Cfr. PAULO OTERO, *A «desconstrução» da democracia constitucional*, in *Perspectivas Constitucionais – Nos 20 Anos da Constituição de 1976*, II, Coimbra, 1997, p. 632; IDEM, *A Democracia Totalitária*, p. 214.

[269] Cfr. PAULO OTERO, *A «desconstrução» da democracia constitucional*, pp. 630 ss.

[270] Cfr. PAULO OTERO, *As instituições políticas e a emergência de uma «Constituição não oficial»*, p. 100.

[271] Cfr. PAULO OTERO, *A «desconstrução» da democracia constitucional*, p. 632.

República acabam por ser, directa ou indirectamente, uma expressão da representação dos partidos políticos[272];

(vi) As principais decisões governamentais, regionais e autárquicas são pautadas pelo *timing* político-partidário, apesar de formalmente disfarçadas da mais séria fundamentação justificativa em torno do interesse público;

(vii) A Administração Pública encontra-se na sua quase totalidade colonizada pelos partidos políticos[273], reflectindo a Administração do Estado a cor do partido governamental, existindo até acordos (expressos ou tácitos) entre os dois maiores partidos políticos para a repartição da titularidade dos órgãos dirigentes de algumas estruturas dotadas de personalidade jurídica própria (v.g., Banco de Portugal e Caixa Geral de Depósitos).

Em torno da intervenção dos partidos políticos reside, como se torna evidente, um dos principais factores de transfiguração da identidade da democracia emergente da Constituição de 1976.

(d) A integração europeia e o seu aprofundamento

VIII. Um outro factor de transfiguração da identidade da Constituição reside na integração de Portugal no âmbito da União Europeia e no aprofundamento dessa mesma integração: a Constituição de 1976 deixou de ser, paulatinamente, a Lei Fundamental de um Estado dotado de uma soberania plena, passando antes a expressar o texto constitucional de um Estado-membro da União Europeia, isto é, de um Estado dotado de uma soberania europeizada (v. *supra*, n.º 4.3.).

A Constituição de 1976 perdeu o monopólio definidor do campo material dos órgãos do Estado, devendo procurar-se no Direito da União Europeia a extensão e a natureza dos poderes que restam ao legislador nacional e até o sentido vinculativo a conferir ao exercício interno dos poderes legislativo, administrativo e judicial[274].

---

[272] É o que sucede, sem prejuízo de outras situações, nos termos do artigo 163.º, alíneas g) e h), com os cinco membros do Conselho de Estado, os membros do Conselho Superior do Ministério Público, os dez juízes do Tribunal Constitucional, o Provedor de Justiça, o Presidente do Conselho Económico e Social, sete vogais do Conselho Superior da Magistratura, os membros da entidade de regulação da comunicação social.

[273] Cfr. PAULO OTERO, *Conceito e Fundamento...*, pp. 277 ss.

[274] Cfr. PAULO OTERO, *Legalidade e Administração Pública*, p. 584.

IX. Essa transfiguração progressiva da identidade da Constituição, fazendo-a aproximar-se, cada vez mais, de uma "constituição de tipo regional"[275] ou, pelo menos, de uma Constituição típica de um Estado membro de uma Associação de Estados, tornou-se hoje um elemento revelador de uma nova identidade constitucional, bem diferente da identidade resultante do seu texto originário:

(*i*) A cláusula de empenhamento na construção e aprofundamento da União Europeia ergue-se hoje como um novo princípio fundamental da Constituição de 1976;

(*ii*) Por efeito da transferência ou delegação de poderes do Estado, os órgãos de soberania perderam competência decisória sobre diversas matérias, passando o seu exercício a ser comum com os restantes Estados-membros ou através das instituições da União Europeia;

(*iii*) As próprias garantias constitucionais referentes à expulsão, extradição e direito de asilo mostram-se susceptíveis, por força do artigo 33.º, n.º 5, de ser objecto de limitação por via do Direito da União Europeia;

(*iv*) Há mesmo uma prática reiterada de interpretação e aplicação dos preceitos da Constituição económica em conformidade com o Direito da União Europeia;

(*v*) Todo o Direito interno português passou, por força do primado do Direito da União Europeia, a ter de se pautar por uma regra de compatibilidade com a ordem jurídica comunitária e ainda a ter de ser interpretado em conformidade com o Direito da União Europeia;

(*vi*) A revisão constitucional tornou-se um instrumento que visa harmonizar prévias vinculações políticas assumidas no âmbito da União Europeia com o texto da Constituição, surgindo o Direito da União Europeia como um verdadeiro limite heterónomo ao poder constituinte nacional – é a Constituição que tem de ficar conforme com o Direito da União Europeia e não este último que é elaborado em conformidade com as opções constitucionais.

A integração e o aprofundamento da União Europeia transfiguraram, por tudo isto, a identidade da Constituição de 1976.

---

[275] Cfr. GOMES CANOTILHO, *Direito Constitucional e Teoria da Constituição*, p. 211.

(e) A erosão do domínio reservado do Estado e o constitucionalismo transnacional

X. A transfiguração da identidade da Constituição de 1976 encontra um último factor explicativo na progressiva erosão que o domínio reservado dos Estados, segundo os termos do artigo 2.º, n.º 7, da Carta das Nações Unidas, tem sofrido nas últimas décadas, desenvolvendo novos sectores de um *ius cogens* limitativo da soberania dos Estados e, por essa via, gerando uma progressiva internacionalização da soberania (v. *supra*, n.º 4.2.).

Essa internacionalização da soberania, expropriando áreas de decisão até então exclusivas do Estado, especialmente no domínio do reconhecimento e da garantia dos direitos humanos, determinou que tais matérias passassem para a esfera da comunidade internacional, assistindo-se ao surgimento da consciência de que, num plano superior ao texto constitucional de cada Estado, heterovinculando as suas opções em torno da tutela da dignidade da pessoa humana, existe uma normatividade transnacional: surge aqui a ideia de um *ius commune constitucional*, revelador de uma Constituição transnacional[276].

XI. A Constituição de 1976, apesar de consagrar a vinculação à internacionalização da tutela dos direitos da pessoa humana própria de um Estado de direitos humanos (v. *supra*, n.º 2.4., II), não pode deixar de ser interpretada e configurada no contexto da erosão do domínio reservado do Estado e da emergência de um constitucionalismo transnacional: há aqui, por via de tais fenómenos, uma transfiguração da identidade originária da Constituição.

Essa transfiguração da identidade da Constituição de 1976 através da designada normatividade constitucional transnacional torna patente três efeitos:

(*i*) Regista-se, em primeiro lugar, que a Constituição deixou de ter a pretensão de um monopólio ou de um exclusivo regulador de todas as matérias do âmbito interno do Estado: verifica-se a concorrência entre normas fundamentais internas e normas fundamentais internacionais;

(*ii*) Observa-se, em segundo lugar, que o poder constituinte interno conhece limites materiais de intervenção reguladora, deparando com matérias que, situadas agora fora do domínio reservado do Estado, são pertença da comunidade internacional;

---

[276] Cfr. PAULO OTERO, *Instituições...*, I, pp. 19 e 365 ss. e 376 ss.

(*iii*) Ocorre, em terceiro lugar, uma hetero-subordinação hierárquico-normativa da Constituição interna do Estado às normas de *ius cogens*, revelando bem a prevalência das normas integrantes do *ius commune* constitucional.

Em síntese, a identidade Constituição de 1976 encontra-se transfigurada, por efeito da conjugação destes três fenómenos, num texto constitucional "prisioneiro" de uma normatividade transnacional que, assumindo a natureza de *ius cogens*, reconfigura a Constituição como lei fundamental de um Estado dotado de uma soberania internacionalizada.

8.3. Manifestações de transfiguração

BIBLIOGRAFIA: PAULO OTERO, *A «desconstrução» da democracia constitucional*, pp. 610 ss.; IDEM, *A Democracia Totalitária*, pp. 209 ss.; IDEM, *Legalidade e Administração Pública*, pp. 578 ss.; IDEM, *A subversão da herança política liberal: a presidencialização do sistema parlamentar*, in *Estudos em Homenagem ao Prof. Doutor Armando Marques Guedes*, Coimbra, 2004, em especial, pp. 254 ss.

I. Sem prejuízo de múltiplas manifestações avulsas de transfiguração da identidade da Constituição de 1976, algumas delas já incidentalmente referenciadas, podemos sintetizar em cinco os principais fenómenos visíveis de mutação da identidade constitucional:

(*a*) A desactualização da Constituição económica "oficial";

(*b*) A subversão do significado das eleições parlamentares e o sistema de governo "não oficial": o presidencialismo de primeiro-ministro;

(*c*) A preponderância funcional do Governo sobre a Assembleia da República;

(*d*) A metamorfose degenerativa do "Estado de partidos" em "Estado do partido governamental";

(*e*) A diluição do poder constituinte formal da Assembleia da República.

Observemos, seguida e sucintamente, cada uma destas manifestações transfiguradoras da identidade da Constituição de 1976.

(a) Desactualização da Constituição económica "oficial"

II. A transfiguração da Constituição económica portuguesa[277], tal como resultava do seu texto "oficial", tornando-a mesmo irreconhecível face à normatividade escrita, pode dizer-se que conheceu dois distintos momentos:

(*i*) Um primeiro momento, desenvolvido entre 1976 e 1989, tornou inaplicável a opção económica socialista que determinava o desenvolvimento da propriedade social no contexto de relações de produção socialistas e a progressiva apropriação colectiva dos principais meios de produção, fazendo emergir uma normatividade constitucional "não oficial" que, silenciosa e quase invisivelmente, restabeleceu o funcionamento de todas as principais instituições de uma economia de mercado, marginalizando ou suprimindo, por desuso e posterior costume *constitutionem*, os instrumentos socializantes de cariz marxista do texto constitucional – a história registou aqui a prevalência factual do sentido da Constituição económica emergente da normatividade "não oficial" sobre o texto escrito da Constituição "oficial", provocando a sua transfiguração;

(*ii*) Um segundo momento, iniciado após a adesão de Portugal às Comunidades Europeias e ainda hoje em curso, permite observar que as opções constitucionais em matéria económica se encontram fortemente condicionadas pelo Direito da União Europeia, produzindo-se uma europeização ou comunitarização transfiguradora da normatividade constitucional em tais domínios, isto a três níveis:
1.º) Por via de uma alteração formal do texto através de revisão constitucional;
2.º) Mediante uma reorientação interpretativa do texto constitucional, segundo um princípio de interpretação da Constituição em conformidade com o Direito da União Europeia;
3.º) Através da pura e simples marginalização ou "esquecimento" das normas constitucionais contrárias ou pouco compatíveis com a implementação de imperativos decorrentes do Direito da União Europeia, perdendo tais normas escritas da Constituição "oficial" efectividade, ante uma prática contrária que adquiriu convicção de obrigatoriedade.

---

[277] Falando antes, a este propósito, em "metamorfose da Constituição económica", cfr. VITAL MOREIRA, *A metamorfose da «Constituição económica»*, in Themis – Revista da Faculdade de Direito da UNL – Edição Especial – 30 Anos da Constituição Portuguesa 1976-2006, 2006, pp. 33 ss.

Centremos a atenção neste último fenómeno revelador da transfiguração da Constituição económica "oficial".

III. Sabendo-se que hoje não será pela simples leitura e interpretação do texto constitucional "oficial" que se fica a saber o conteúdo exacto da Constituição económica dos Estados-membros da União Europeia, regista-se que é na normatividade integrante do Direito da União Europeia que reside o cerne da Constituição económica portuguesa.

Assiste-se aqui a uma osmose entre o texto constitucional de cada um dos Estados-membros e o Direito da União Europeia, sem prejuízo da prevalência do sentido interpretativo resultante deste último: o sentido interpretativo da Constituição económica interna encontra-se subordinado ao sentido resultante da normatividade integrante do Direito primário da União Europeia, falando-se em "secundarização" de certas normas ou zonas constitucionais perante o Direito da União Europeia[278] ou até em "dissolução da constituição económica portuguesa na constituição económica europeia"[279].

Tudo começou por ser uma prevalência normativa informal, expressão de uma Constituição económica "não oficial" que se foi desenvolvendo logo após o pedido de adesão de Portugal às Comunidades Europeias, e que, após as sucessivas revisões constitucionais, ganhou uma "oficialidade" parcial, registando-se, todavia, uma subordinação da decisão política fundamental em matéria económica ao Direito da União Europeia. E, por consequência, a prevalência política e normativa deste sector do Direito da União Europeia sobre a própria Constituição.

IV. Sem preocupações de exaustividade, a transfiguração ocorrida ao nível da identidade da Constituição económica por via do Direito da União Europeia pode sintetizar-se nas seguintes ilustrações:

(i) Uma parte significativa das incumbências prioritárias do Estado no campo económico e social, segundo resultam do artigo 81.º, já não são apenas dele, encontrando-se confiadas ao exercício em comum com outros Estados-membros ou atribuídas à própria esfera decisória da União Europeia, ou ainda, em alternativa, se continuam a

---

[278] Cfr. RUI GUERRA DA FONSECA, *Organização Económica*, in PAULO OTERO (coord.), *Comentário...*, II, p. 121.

[279] Cfr. EDUARDO PAZ FERREIRA, *A Constituição de 1976: «que reste-t-il de nos amours?»*, in JORGE MIRANDA, (org.), *Perspectivas Constitucionais – Nos 20 Anos da Constituição de 1976*, I, Coimbra, 1996, p. 408.

competir ao Estado, subordinam-se a directivas e a prioridades decisórias ditadas pelo Direito da União Europeia[280];

(ii) O sentido proteccionista do regime da actividade económica e dos investimentos estrangeiros em Portugal, nos termos do artigo 87.º, não pode colocar em causa as liberdades comunitárias, nem servir de mecanismo habilitante de distorções discriminatórias aos cidadãos ou empresas de Estados-membros da União Europeia: a força normativa do artigo 87.º encontra-se, por isso, diminuída ou parcialmente adormecida[281];

(iii) Os objectivos da política agrícola fixados pelo artigo 97.º, deixando hoje de ter a centralidade inicialmente pretendida pelo legislador constituinte, isto pela erosão provocada pelo Direito da União Europeia, revelam bem, atendendo à definição comunitária de uma política agrícola comum, um domínio de "subalternidade da Constituição económica portuguesa"[282];

(iv) Regista-se mesmo que no âmbito dos auxílios do Estado à actividade agrícola, previstos no artigo 97.º, há, por efeito da força jurídica da política agrícola comum, uma inversão da clássica relação de compatibilidade entre a Constituição e o Direito da União Europeia: as regras da União Europeia sobre auxílios de Estado no domínio agrícola sobrepõem-se ao estatuído pelo artigo 97.º[283];

(v) Igualmente o postulado da participação dos trabalhadores rurais e dos agricultores na definição da política agrícola, segundo exige o artigo 98.º, encontra-se condicionado pelo Direito da União Europeia, transformando-se num verdadeiro mito[284];

(vi) Em sentido semelhante, a definição dos objectivos da política comercial (artigo 99.º) e da política industrial (artigo 100.º), tendo de conviver com tantas e tão profundas limitações provenientes do Direito da União Europeia, revela a existência de espaços de redu-

---

[280] Em sentido próximo, cfr. RUI GUERRA DA FONSECA, *Organização Económica*, in PAULO OTERO (coord.), *Comentário...*, II, p. 201.

[281] Cfr. RUI GUERRA DA FONSECA, *Organização Económica*, in PAULO OTERO (coord.), *Comentário...*, II, pp. 414 ss., em especial, p. 424.

[282] Cfr. RUI GUERRA DA FONSECA, *Organização Económica*, in PAULO OTERO (coord.), *Comentário...*, II, p. 585.

[283] Neste sentido, cfr. RUI GUERRA DA FONSECA, *Organização Económica*, in PAULO OTERO (coord.), *Comentário...*, II, pp. 666 e 667.

[284] Cfr. RUI GUERRA DA FONSECA, *Organização Económica*, in PAULO OTERO (coord.), *Comentário...*, II, pp. 691 e 692.

zida margem de liberdade conformadora do legislador nacional na criação de regimes genuinamente inovadores[285];

(vii) Um sentido ainda mais radical da intervenção transfiguradora do Direito da União Europeia sobre a Constituição económica "oficial", envolvendo um verdadeiro "confisco dos poderes do Estado"[286], diz respeito à normatividade referente ao sistema financeiro e fiscal (artigos 101.º e 107.º): os seus objectivos têm de se harmonizar com a designada Constituição financeira europeia. Isto significa, designadamente, o seguinte:

(1) Redução da liberdade de decisão orçamental do Estado e das restantes entidades públicas infra-estaduais, segundo as vinculações emergentes do Direito da União Europeia originário e ainda do Pacto de Estabilidade e Crescimento, registando-se que a própria execução orçamental e sua fiscalização sofrem essa vinculação, transfigurando o regime dos artigos 105.º a 107.º[287];

(2) A política monetária foi "objecto de uma federalização técnica"[288], entregue que está ao Banco Central Europeu, verificando-se a "independência" do Banco de Portugal face ao Governo e a sua progressiva integração na estrutura organizativa da União Europeia[289];

(3) Observa-se ainda a perda de sectores significativos da soberania fiscal do Estado, transfigurando-se o modelo do sistema fiscal previsto no artigo 103.º, uma vez que o Direito da União Europeia é a ordem jurídica prevalecente na configuração de largas áreas do sistema fiscal nacional[290].

---

[285] Neste sentido, cfr. RUI GUERRA DA FONSECA, *Organização Económica*, in PAULO OTERO (coord.), *Comentário...*, II, pp. 729 ss. e 750 ss.

[286] Cfr. RUI GUERRA DA FONSECA, *Organização Económica*, in PAULO OTERO (coord.), *Comentário...*, II, p. 793.

[287] Cfr. RUI GUERRA DA FONSECA, *Organização Económica*, in PAULO OTERO (coord.), *Comentário...*, II, pp. 792-793, 957 e 1000-1001.

[288] Cfr. EDUARDO PAZ FERREIRA, *Ensinar Finanças Públicas numa Faculdade de Direito*, Coimbra, 2005, p. 131.

[289] Cfr. RUI GUERRA DA FONSECA, *Organização Económica*, in PAULO OTERO (coord.), *Comentário...*, II, pp. 805 ss.

[290] Cfr. RUI GUERRA DA FONSECA, *Organização Económica*, in PAULO OTERO (coord.), *Comentário...*, II, pp. 885-886 e 917-918.

Compreende-se, neste contexto, que se diga que ninguém hoje conhece a verdadeira Constituição económica portuguesa se se limitar à leitura e interpretação do texto da normatividade constitucional "oficial".

(b) Subversão do significado das eleições parlamentares e o sistema de governo "não oficial": o presidencialismo de primeiro-ministro

V. A vivência constitucional das últimas duas décadas, reforçando o protagonismo dos partidos políticos na vida das instituições governativas, diversas vezes reconduzidos à categoria de únicos actores do palco político, provocou uma crescente transfiguração do sentido das eleições para a escolha dos deputados à Assembleia da República e, subvertendo o equilíbrio traçado pelas normas "oficiais" da Constituição em matéria de sistema de governo, vieram transfigurar as relações entre o Governo e a Assembleia da República, assistindo-se à emergência de um sistema de governo "não oficial": o presidencialismo de primeiro-ministro.

Deste modo, a qualificação tradicional do sistema de governo em torno das expressões "parlamentarismo racionalizado" ou "semipresidencialismo" tornaram-se, numa perspectiva que atende à prática do funcionamento do sistema de governo baseado numa maioria parlamentar, desajustadas face à crescente "soberania do primeiro-ministro"[291], enquanto eixo nuclear do sistema governativo: a identidade do sistema de governo traçado pelas normas escritas da Constituição sofreu, por isso, uma transfiguração.

VI. O processo de transfiguração da identidade da Constituição no âmbito do sistema de governo, conduzindo ao presidencialismo de primeiro-ministro, mostra-se visível nos seguintes termos:

(i) A situação de monopólio dos partidos políticos na apresentação de candidaturas à Assembleia da República (artigo 151.º, n.º 1), excluindo a possibilidade de quaisquer candidaturas independentes fora de listas partidárias, permite aos partidos políticos controlarem sempre a composição do parlamento: a eleição dos deputados deixa de ser feita *intuitu personae*, tal como sucedia no modelo liberal, perdendo valor a pessoa do candidato a deputado a favor do partido político que surge como mediador da escolha;

---

[291] Cfr. PAULO OTERO, *A subversão da herança política liberal*, pp. 258 ss.

(*ii*) Neste sentido, especialmente em círculos eleitorais plurinominais de ampla dimensão populacional (v.g., Lisboa, Porto, Braga, Setúbal, Aveiro, Leiria), os eleitores nem conhecem o nome de todos ou da maioria dos candidatos apresentados pelo partido político em que pretendem votar, passando os directórios centrais dos partidos a gozar, por esta via, de uma considerável liberdade na escolha dos candidatos que integram as suas listas: se não se sabe o nome em quem se vota, então é indiferente constar da lista o candidato x ou o candidato y, observando-se aqui a génese de um fenómeno de verdadeira fungibilidade dos deputados eleitos;

(*iii*) Paralelamente, verifica-se que as próprias eleições parlamentares se vão traduzindo numa verdadeira escolha do chefe do governo:

(1) O motivo principalmente determinante do voto nos maiores partidos não é já a pessoa do candidato (ou candidatos) a deputado(s) no respectivo círculo eleitoral, nem a ideologia ou o programa do partido;

(2) Num gesto de verdadeiro desvio de poder do acto de votar, a razão determinante do voto da esmagadora maioria do eleitorado centra-se na escolha de quem se pretende ver como primeiro-ministro;

(3) O primeiro-ministro passa a gozar, por esse efeito, de uma legitimidade política reforçada, verdadeiramente conferida pelo eleitorado em termos directos, bem diferente do modelo resultante das normas constitucionais escritas que baseiam essa legitimidade na investidura presidencial e na confiança (ou não desconfiança) parlamentar;

(*iv*) Uma tal fulanização das eleições parlamentares em torno da escolha do primeiro-ministro, conjugada com a fungibilidade da pessoa dos deputados, determina que estes devem mais a sua eleição à escolha feita pelo eleitorado do candidato a primeiro-ministro apresentado pelo respectivo partido do que este deve as suas funções a uma escolha dos deputados:

(1) Aquilo que determinou a eleição de cada deputado dos grandes partidos foi o voto do eleitorado na escolha do líder do respectivo partido para primeiro-ministro;

(2) O líder do partido, eleito primeiro-ministro, deixa de depender politicamente dos deputados do seu partido, antes estes se encontram politicamente dependentes daquele;

(v) Por consequência, já não é o chefe do governo que resulta da maioria parlamentar, mas esta última que surge por arrastamento da escolha directa do candidato a primeiro-ministro: o modelo normativo resultante da Constituição "oficial" acaba por se inverter, passando a legitimidade política do chefe do governo a imperar sobre a legitimidade dos deputados que o devem fiscalizar politicamente;

(vi) Surge, simultaneamente, uma valorização do papel do líder do partido governamental na direcção das diversas estruturas orgânicas partidárias, sabendo-se que a este vai competir a última (senão mesmo a primeira ou a única) palavra na escolha dos futuros candidatos a deputados do partido a apresentar pelos diversos círculos eleitorais nas eleições seguintes: o partido governamental tenderá, progressivamente, a adoptar um funcionamento interno de tipo estalinista;

(vii) A comprovar esse mesmo contágio estalinista do funcionamento interno do partido governamental, verifica-se que a fungibilidade dos candidatos permite a ascensão no interior do partido dos mais fiéis adeptos do líder que, por sua vez, eleitos deputados, serão dóceis instrumentos nas mãos do líder ou da direcção política do partido, isto sob pena de amanhã, em futuras eleições, caídos em desgraça, deixarem de integrar as listas de candidatos a deputados elaboradas pelo partido;

(viii) Reforçando, garantindo e ampliando todo o modelo descrito, verifica-se que quando um determinado partido ganha as eleições parlamentares e, tal como sucede com todos os sistemas não presidenciais, o respectivo líder é chamado a formar governo, isto determina o surgimento de uma verdadeira união pessoal[292]: a mesma pessoa é, simultaneamente, primeiro-ministro e chefe do partido maioritário no parlamento;

(ix) Em consequência, se tal pessoa, nas funções de primeiro-ministro, controla o executivo e, por esta via, toda a estrutura administrativa hierarquizada do Estado – entretanto objecto de "colonização partidária"–, enquanto chefe do partido maioritário no parlamento, além de exercer funções de direcção no interior do respectivo partido político, também comanda a sua própria bancada parlamentar, a qual, por sua vez, sendo maioritária, expressará sempre a von-

---

[292] Cfr. PAULO OTERO, *Conceito e Fundamento*..., p. 328.

tade determinante no interior do parlamento: assim, em vez de ser o parlamento a controlar o governo, é o primeiro-ministro que, sendo obedecido pela maioria do seu partido, controla o parlamento.

O sistema deste modo traçado quase apontaria, em boa verdade, para uma ditadura temporária do primeiro-ministro: controlando o executivo e, por via da sua função de líder do partido maioritário, também o parlamento, o primeiro-ministro torna-se o centro da vida política durante todo o período da legislatura[293].

Neste sentido, o "Estado de partidos" mais não faz do que encobrir a transfiguração de um sistema de governo parlamentar num verdadeiro "presidencialismo de primeiro-ministro"[294] ou numa "monarquia electiva de primeiro-ministro"[295].

VII. Verifica-se, nos termos expostos, uma transfiguração do funcionamento do sistema de governo que, sem embargo da influência do sistema parlamentar de gabinete britânico ou até mesmo do presidencialismo de primeiro-ministro da Constituição de 1933, traduz o protagonismo do executivo na moderna sociedade de bem-estar, acompanhado pelo "vedetizar" do primeiro-ministro e o subalternizar do parlamento[296]: a inicial "soberania parlamentar" deu origem, num primeiro momento, à "soberania governamental"[297] e, num segundo momento, é possível hoje recortar uma efectiva "soberania do primeiro-ministro", tudo isto sem qualquer alteração das normas escritas da Constituição de 1976.

O funcionamento do "Estado de partidos" gerou, deste modo, verificando-se uma maioria absoluta parlamentar ou uma situação próxima, a falta de efectividade de diversas normas constitucionais relativas à organização

---

[293] Não deixa de ser curioso que, mesmo perante situações de ausência de maioria absoluta parlamentar, o primeiro-ministro continue a exercer um protagonismo decisório sem comparação nas experiências parlamentares clássicas do Estado liberal oitocentista.

[294] Cfr. ADRIANO MOREIRA, *O Regime: Presidencialismo do Primeiro-Ministro*, p. 36.

[295] Neste sentido, cfr. PAULO OTERO, *Sistema eleitoral e modelo político-constitucional*, in *Revista Jurídica*, AAFDL, n.os 16 e 17, 1992, p. 115.

[296] A ilustração deste tipo de funcionamento das instituições constitucionais encontra-se visível nas campanhas eleitorais para a eleição do parlamento em quase todos os Estados europeus: a propaganda eleitoral, designadamente os cartazes, substituíram os símbolos partidários pela fotografia do líder do respectivo partido que se apresenta como candidato a primeiro-ministro (cfr. PAULO OTERO, *Sistema Eleitoral...*, p. 115).

[297] Cfr. PAULO OTERO, *Conceito e Fundamento...*, pp. 319 ss.

e ao funcionamento do sistema de governo, comprovando que ninguém conhece o efectivo sistema de governo vigente num Estado se apenas recorrer à leitura e interpretação das normas escritas da respectiva Constituição "oficial": a realidade constitucional ultrapassa o texto da Constituição formal[298].

O "Estado de partidos" num cenário maioritário, subvertendo as normas escritas da Constituição respeitantes às relações políticas entre o Governo e a Assembleia da República, fez do Primeiro-Ministro o órgão "chave" da decisão política, e, comportando a desvalorização da força normativa da Constituição escrita ao nível do funcionamento do sistema de governo, transfigurou a própria identidade deste domínio da Constituição.

(c) Preponderância funcional do Governo sobre a Assembleia da República

VIII. A transfiguração da identidade constitucional ao nível das relações políticas entre o Governo e a Assembleia da República, fazendo emergir a "soberania do primeiro-ministro", enquanto alicerce identificativo de um sistema de governo caracterizado por um presidencialismo de primeiro-ministro, não pode fazer esquecer uma semelhante transfiguração do relacionamento normativo entre o Governo e a Assembleia da República.

É certo, no entanto, que a simples leitura do texto escrito da Constituição indica-nos a existência de uma preponderância funcional da Assembleia da República face ao Governo, isto por quatro principais ordens de razões:

  (*i*) O Governo é politicamente responsável perante a Assembleia da República (artigos 190.º e 191.º, n.º 1), significando isto que, sob pena de demissão (artigo 198.º, n.º 1, alínea f)), nunca pode ter contra si a maioria absoluta dos deputados em efectividade de funções;
  (*ii*) O Governo só entra em plenitude de funções depois da apreciação do seu programa pela Assembleia da República (artigos 186.º, n.º 5, e 192.º), podendo, se o programa for rejeitado, nunca deixar de ser um governo de gestão, pois encontra-se então demitido (artigo 195.º, n.º 1, alínea d));
  (*iii*) A Assembleia da República, além de ser titular de uma competência legislativa reservada em termos absolutos (artigo 164.º) e

---

[298] Cfr. ROGÉRIO EHRHARDT SOARES, *Direito Público e Sociedade Técnica*, Coimbra, 1969, pp. 11 ss. e 19 ss.

relativos (artigo 165.º), possui uma competência legislativa genérica, podendo fazer leis sobre todas as matérias (artigo 161.º, alínea c));

(*iv*) A Assembleia da República goza de uma competência fiscalizadora sobre a actividade do Governo (artigo 162.º, alínea a)), podendo ainda submeter a apreciação política a maioria dos decretos-leis elaborados pelo Governo (artigos 162.º, alínea c), e 169.º).

Sucede, porém, que essa preponderância funcional da Assembleia da República sobre o Governo, segundo resulta da normatividade constitucional "oficial", se encontra transfigurada: há hoje, ao invés do que resulta das normas escritas da Constituição, uma preponderância funcional do Governo sobre a Assembleia da República. E essa preponderância é mesmo avassaladora em cenários de maioria absoluta parlamentar.

Vejamos melhor o entendimento exposto.

IX. A transfiguração da identidade constitucional no âmbito das relações funcionais entre a Assembleia da República e o Governo, permitindo falar numa preponderância funcional do Governo sobre a Assembleia da República, radicando na conjugação entre a intervenção dos partidos políticos e a existência de normas herdadas na Constituição de 1933 de reforço de poderes decisórios de natureza legislativa a favor do Governo, permite recortar seis razões nucleares[299]:

(*i*) Em primeiro lugar, se o Governo for sustentado por uma maioria parlamentar, a sua responsabilidade política perante a Assembleia da República torna-se um mito, pois sabe-se sempre, antecipadamente, o resultado final de qualquer moção de censura ou de rejeição do programa de governo, tal como o instituto da apreciação parlamentar de decretos-leis não se mostra operativo na fiscalização política da actividade legislativa do executivo;

(*ii*) Verifica-se mesmo, em segundo lugar, que se o Governo é maioritário ocorre uma governamentalização quase total da Assembleia da República, incluindo a perda de significado efectivo das reservas legislativas (absoluta ou relativa) de competência parlamentar: a Assembleia da República só aprova o que o Governo quer e rejeita tudo aquilo que o Governo não quer;

---

[299] Para mais desenvolvimentos, cfr. PAULO OTERO, *A «desconstrução» da democracia constitucional*, pp. 610 ss.

(*iii*) Em terceiro lugar, independentemente da correlação de forças políticas parlamentares que sustentam o executivo, o Governo é titular de poderes decisórios exclusivos em matéria política (v.g., condução da política geral interna e externa, a negociação e o ajuste de convenções internacionais[300]), legislativa (artigo 198.º, n.ᵒˢ 1, alínea c), e n.º 2) e administrativa (artigo 199.º), insusceptíveis de intervenção decisória substitutiva da Assembleia da República, incluindo a titularidade de poderes passíveis de impedir a produção de efeitos de actos parlamentares (v.g. a referenda da promulgação de leis da Assembleia da República);

(*iv*) Em quarto lugar, o Governo possui poderes de decisão concorrentes ou paralelos a idênticos poderes da Assembleia da República: o Governo goza de uma competência legislativa normal e genérica (artigo 198.º, n.º 1, alínea a)), concorrente com a competência legislativa da Assembleia da República, segundo um princípio de igualdade de valor hierárquico entre a lei e o decreto-lei (artigo 112.º, n.º 2), registando-se ainda uma iniciativa legislativa e de referendo genéricas a favor do Governo (artigo 167.º, n.º 1), apesar de os deputados e os grupos parlamentares não poderem apresentar projectos de lei ou de referendo que envolvam no ano económico em curso aumento de despesas ou diminuição das receitas do Estado previstas no Orçamento (artigo 167.º, n.ᵒˢ 2 e 3);

(*v*) O Governo tem ainda, em quinto lugar, o monopólio da iniciativa ou da configuração de certas decisões da Assembleia da República: é o que se passa, desde logo, com a iniciativa legislativa reservada quanto às propostas das grandes opções dos planos nacionais e da lei do orçamento do Estado (artigo 161.º, alínea g)) e ainda com a apresentação pelo Governo de convenções internacionais, por si negociadas e ajustadas, a aprovação parlamentar (artigo 161.º, alínea i));

(*vi*) Em sexto lugar, por último, o Governo goza de mecanismos que lhe permitem servir-se da Assembleia da República contra o Presidente da República (v.g., em caso de veto político de um decreto-lei auto-

---

[300] Poderá mesmo suceder neste domínio de negociação e ajuste de convenções internacionais que, especialmente no âmbito da União Europeia, o Governo proceda a uma expropriação ou esvaziamento da autonomia decisória da Assembleia da República em matéria de revisão constitucional, negociando e aprovando textos que, sendo incompatíveis com a Constituição, exijam para a sua aprovação e ratificação internas alterações à Constituição, passando o Governo a gozar de uma informal iniciativa de revisão constitucional e predeterminação do sentido das modificações a introduzir na Constituição (v. *infra*, XIX).

rizado ou da área concorrencial, o Governo poderá utilizar a sua maioria parlamentar para, mais tarde ou mais cedo, salvo nas situações do artigo 136.º, n.º 3, "obrigar" o Presidente a promulgar o diploma) ou, em alternativa, o Governo pode servir-se do Presidente da República contra o parlamento (v.g., tratando-se de um Governo minoritário que tenha a confiança política do Presidente da República, em vez de elaborar um decreto-lei sujeito a apreciação da Assembleia da República, pode, desde que a matéria se situe fora da reserva de lei e nunca tenha sido objecto de intervenção legislativa, emanar um decreto regulamentar directamente fundado no artigo 199.º, alínea g)).

Em suma, independentemente de as estatísticas também confirmarem que o número de actos legislativos anualmente provenientes do Governo é sempre muito superior ao número de leis aprovadas pela Assembleia da República, verificando-se mesmo que as principais reformas legislativas dos últimos trinta anos sobre matérias da área concorrencial ou da reserva relativa do parlamento têm sido feitas sob a forma de decreto-lei e não de lei, pode extrair-se uma inequívoca conclusão: há preponderância funcional do Governo sobre a Assembleia da República.

X. Essa preponderância funcional do Governo sobre a Assembleia da República, traduzindo uma manifestação da identidade transfigurada da Constituição de 1976, comporta dois importantes efeitos na definição da identidade constitucional:

(i) A "soberania governamental" que caracteriza as relações entre o governo e o parlamento revela que a força de um passado autoritário e concentrador de poderes no órgão executivo teve maior repercussão na configuração normativa da repartição de poderes e na vivência institucional entre Governo e Assembleia da República do que a tradição liberal típica de relacionamento entre ambos os órgãos: a Constituição de 1976 mostra uma efectiva impermeabilidade às concepções político-filosóficas liberais em matéria de repartição de poderes e relacionamento entre parlamento e executivo[301];

(ii) A configuração do conteúdo da legalidade administrativa nunca é totalmente alheia à vontade do poder executivo que, deste modo, e ao invés dos postulados filosóficos liberais, assume uma natureza

---

[301] Cfr. PAULO OTERO, *Legalidade e Administração Pública*, p. 129.

tendencialmente autovinculativa para o Governo[302], razão pela qual já se disse que Portugal é, por via de regra, um Estado de juridicidade simulado (v. *supra*, n.º 3.4.1., IX).

(d) Metamorfose degenerativa do "Estado de partidos" em "Estado do partido governamental"

XI. A circunstância de o "Estado de partidos" se ter transformado num modelo de sociedade política em que nada escapa aos partidos políticos, gerando uma partidocracia em que a soberania popular se encontra substituída pela soberania dos partidos políticos, determinou uma degeneração reconduzível a uma quase "ditadura dos partidos políticos" (v. *supra*, n.º 8.2, VII).

Observemos algumas das manifestações degenerativas do "Estado de partidos":

(*i*) Controlando a apresentação de candidaturas a quase todos os órgãos electivos do aparelho estadual, regional e autárquico e, por esta mesma via, determinando as principais nomeações da Administração Pública, regista-se que todo o Estado repousa nos partidos políticos: os partidos políticos alimentam o Estado (alimentando-se também financeiramente do Estado) e o Estado passa a expressar a vontade dos partidos políticos;

(*ii*) Deste modo, a função política, a função legislativa e uma parte significativa da função administrativa encontram-se totalmente "colonizadas" pelos partidos políticos: o critério de decisão material dos órgãos do Estado é aferido, em primeiro lugar, pelo interesse partidário, verificando-se que apenas em momento posterior se pondera (eventualmente) o interesse público, assumindo-se o *timing* eleitoral o principal fundamento das acções ou omissões decisórias do poder público;

(*iii*) Pode mesmo chegar-se ao extremo de deslocar para o interior das estruturas orgânicas dos partidos políticos ou para conversações e acordos celebrados entre militantes partidários que não ocupam qualquer cargo parlamentar ou governativo aquelas que virão a ser algumas das principais decisões jurídicas do Estado, verificando-se que a sua formalização pelos respectivos órgãos competentes é uma mera fantasia: o acordo entre os dois maiores partidos portugueses

---

[302] Cfr. PAULO OTERO, *Legalidade e Administração Pública*, pp. 130 ss., 197 e 1101.

que esteve subjacente à revisão constitucional de 1997 mostra-se o exemplo mais perfeito desta "sovietização" do Estado[303];

(*iv*) Finalmente, se a última instância judicial com competência de controlo da constitucionalidade tem a maioria dos seus membros escolhidos pelo parlamento, então também o topo do poder judicial repousará no controlo partidário: o tradicional confronto partidário no parlamento será transferido para a estrutura judicial que concentra o controlo da constitucionalidade das normas jurídicas, verificando-se até a observância de uma inaudita subordinação informal ou "não oficial" dos juízes a acordos interparditários[304].

XII. Uma tal metamorfose degenerativa do "Estado de partidos", envolvendo a partidarização completa do Estado, mais do que uma "colonização do Estado pelos partidos"[305], reflecte um perigoso fenómeno de "sovietização" do funcionamento das instituições políticas[306]: tal como no regime soviético o poder estava nas mãos do partido e não nos órgãos do Estado, sendo as grandes decisões políticas tomadas pelos órgãos do partido, apesar de juridicamente provirem dos órgãos do Estado, também agora se importou um modelo de funcionamento do sistema político que transfere para os "partidos do sistema" algumas das decisões da competência do Estado.

Deste modo, sem prejuízo de toda a diferença que separa um sistema de partido único e os sistemas pluripartidários, observa-se que, ao lado da estrutura organizativa do Estado, existe hoje uma estrutura central e local partidária que visa controlar e predeterminar as decisões jurídicas do Estado e demais entidades públicas colonizadas pelos partidos políticos.

Na realidade, sob a capa de uma subordinação da Administração Pública ao poder político, podemos encontrar uma estrutura político-partidária paralela à Administração, susceptível de modificar o seu relacionamento institucional interno e de deslocar para aquela o centro de decisão, isto tudo segundo um modelo de crescente aproximação entre a Administração Pública e o antigo modelo soviético de Estado[307].

---

[303] Para mais desenvolvimentos, cfr. PAULO OTERO, *O Acordo de Revisão Constitucional*, em especial, pp. 12 ss.

[304] É o que sucede, por exemplo, quanto à escolha do nome do Presidente do Tribunal Constitucional.

[305] Neste sentido, cfr. DIOGO FREITAS DO AMARAL, *Uma Solução para Portugal*, 7.ª ed., Mem Martins, 1985, p. 60.

[306] Sobre a "sovietização" do sistema português de revisão constitucional, cfr. PAULO OTERO, *O Acordo de Revisão Constitucional*..., pp. 13 ss.

[307] Neste sentido, cfr. PAULO OTERO, *Conceito e Fundamento*..., p. 285, nota n.º 125.

§8.º Constituição transfigurada

A própria união pessoal entre titulares de órgãos públicos e o exercício de chefia partidária reforça a "sovietização" de todo o sistema: desde a união pessoal entre primeiro-ministro e líder do partido maioritário até à união pessoal entre presidente da câmara municipal e líder concelhio do respectivo partido, todo o sistema aponta para o desenvolvimento de estruturas decisórias partidárias paralelas à estrutura da Administração Pública.

Neste sentido, a degeneração do "Estado de partidos" acabou por conduzir à instrumentalização do Estado pelos partidos: os partidos querem, o Estado obedece ou, talvez melhor, o líder do partido maioritário pensa, o Estado executa.

XIII. A instrumentalização do Estado pelos partidos políticos, tornando o Estado refém desses mesmos partidos, nunca pode esquecer que acaba por concentrar num único partido se for maioritário ou numa coligação maioritária de partidos o protagonismo principal: os sistemas parlamentares, baseados na força do princípio político da maioria, garantem ao partido ou aos partidos que se encontram no governo a personificação de um poder quase ilimitado.

Na realidade, o "Estado de partidos" acaba por se transformar num "Estado do partido maioritário" ou, talvez mais correctamente, num "Estado do partido governamental"[308]:

(*i*) Em primeiro lugar, garante ao partido maioritário a formação de um governo e o controlo do parlamento, incluindo a permanente confiança política ao executivo, além de controlar a composição de todos os órgãos políticos cujos titulares são eleitos pela maioria parlamentar;

(*ii*) Em segundo lugar, passa a deter o monopólio da produção de quase todo o ordenamento jurídico infraconstitucional, incluindo a aprovação de convenções internacionais, impedindo, simultaneamente, o sucesso de quaisquer iniciativas dos partidos da oposição com as quais discorde;

(*iii*) Em terceiro lugar, a própria Administração Pública é objecto de colonização partidária, especialmente pelas sucessivas fornadas de "*fidèles du Gouvernement*" ou "*boys*" nomeados pelo Governo com base na confiança política e para efeitos de coadjuvar os ministros e demais governantes, formando uma hierarquia política paralela

---

[308] Cfr. PAULO OTERO, *A Democracia Totalitária*, pp. 216 ss.

à hierarquia administrativa, exercendo funções preparatórias, decisórias e de execução, segundo um princípio de subordinação política[309];

(iv) Em quarto lugar, num modelo de forte intervencionismo do Estado, o partido governamental alargará a sua influência ao próprio sector empresarial público, incluindo aos meios de comunicação social controlados pelo Estado, podendo assistir-se aqui à sua instrumentalização ao serviço dos interesses e objectivos governamentais ou do partido que suporta o governo: todas as técnicas que a sociedade da informação hoje possibilita poderão ser utilizadas para uma formação manipulada da opinião pública pelos meios de comunicação públicos.

XIV. Sem prejuízo das instituições que garantem o equilíbrio e o pluralismo, a verdade é que o "Estado de partidos", podendo reconduzir-se a um efectivo "Estado do partido governamental", determina, isto pela identificação ou confusão que muitas vezes provoca entre o Estado e o partido governamental, uma curiosa importação ou imitação do modelo soviético de entendimento das relações entre o Estado e o partido: conquistado o Estado pelo partido, aquele torna-se um instrumento ao serviço deste.

Ou, numa formulação mais rigorosa, o "Estado do partido maioritário" ou "Estado do partido governamental" pode resumir-se nos seguintes termos: alcançada a maioria parlamentar, o partido que fica responsável pelo governo lança-se à conquista do Estado, visando, em última análise, fazer deste, durante o período da legislatura, um meio de implementar o seu programa.

Poderá mesmo dizer-se, em consequência, que o programa eleitoral do partido sufragado pelo eleitores, convertendo-se em programa de governo, acaba por se transformar em programa do Estado: o Estado reduz-se a um simples aparelho ao serviço do partido governamental, instrumentalizado à prossecução de interesses definidos à imagem e semelhança das conveniências partidárias, visando, em última análise, ainda que de forma sub-reptícia e nunca claramente assumida, um domínio da maior parte da sociedade.

Numa tal metamorfose degenerativa do "Estado de partidos" reside, por outras palavras, a penetração dos vestígios típicos de um regime totalitário nas modernas sociedades democráticas: em vez de participarem de forma mediata no exercício de certas funções jurídicas, os partidos políticos acabaram por se apoderar do Estado, observando-se que, se, num primeiro

---

[309] Para mais desenvolvimentos, cfr. PAULO OTERO, *Conceito e Fundamento...*, pp. 283 ss.

momento, "o Estado são os partidos", o certo é que, num segundo momento, poderá dizer-se que "o Estado é o partido governamental".

Aqui se regista uma profunda transfiguração da identidade democrática da Constituição de 1976.

(e) Diluição do poder constituinte formal da Assembleia da República

XV. Se o texto escrito da Constituição confia à Assembleia da República o monopólio da aprovação das alterações constitucionais (artigo 161.º, alínea a)), criando mesmo a favor dos deputados uma reserva de iniciativa do processo de revisão constitucional (artigo 285.º, n.º 1), a verdade é que, também aqui, se assiste a uma transfiguração da identidade constitucional, ocorrendo uma diluição do poder constituinte formal da Assembleia da República, isto por cinco distintos factores:

(*i*) A existência de um poder constituinte informal gerador de uma normatividade constitucional "não oficial";
(*ii*) A intermediação partidária determinante de uma desparlamentarização da decisão política de revisão constitucional;
(*iii*) A gestação de um poder constituinte no âmbito da União Europeia;
(*iv*) A edificação de uma informal iniciativa governamental de revisão da Constituição;
(*v*) A subordinação ao *ius cogens*.

Observemos, sucintamente, cada uma destas realidades.

XVI. Um primeiro factor passível de diluir o poder constituinte formal de modificação da Constituição da 1976, tal como resulta dos termos das suas normas escritas ou "oficiais", decorre do reconhecimento da existência de uma normatividade "não oficial" que, por via de processos informais geradores da perda de efectividade das normas escritas da Constituição ou da emergência de normas sem anterior correspondência escrita, traduz um silencioso poder constituinte informal originário[310].

Trata-se de um poder constituinte dotado de uma presença quase invisível, apenas dele se tomando consciência "quando se constatam as transformações já operadas na Constituição sem a interferência do poder constituinte derivado"[311].

---

[310] Cfr. PAULO OTERO, *As instituições políticas e a emergência de uma «Constituição não oficial»*, pp. 111-112.
[311] Cfr. PAULO BONAVIDES, *Curso...*, p. 163.

É, por isso, um poder constituinte que, sem ter uma titularidade definida, se mostra "difuso, anónimo e político"[312].

XVII. Um segundo factor determinante da diluição do poder constituinte formal previsto nas normas escritas da Constituição de 1976 decorre da intermediação dos partidos políticos que, gerando uma desparlamentarização da decisão político-juridica sobre o processo de revisão constitucional, transferem para fora da Assembleia da República a decisão fundamental[313].

São os directórios dos dois maiores partidos políticos que, por via de acordos extraparlamentares, ditam o sucesso ou o insucesso da revisão, as próprias soluções políticas e até as inerentes formas jurídicas de expressão da futura lei de revisão constitucional.

Num tal cenário, a maioria da Assembleia da República limita-se, aquando da discussão e votação das propostas, a homologar os resultados das negociações partidárias extraparlamentares, subvertendo-se, deste modo, a centralidade do parlamento e dos deputados no processo e na decisão de revisão constitucional.

Essa desparlamentarização e sovietização da revisão constitucional traduzem, afinal, a existência de uma democracia de bastidores[314].

XVIII. Um terceiro factor de diluição do poder constituinte formal da Assembleia da República resulta da gestação de um poder constituinte no âmbito da União Europeia[315].

Desde cedo se começou a desenvolver no âmbito da aplicação interna do Direito da União Europeia uma normatividade informal e "não oficial" que, oriunda das instâncias comunitárias e sobretudo do comportamento reiterado dos executivos dos Estados no processo de construção da União Europeia, se foi auto-justificando e impondo, progressiva e paulatinamente, aos textos constitucionais dos Estados-membros, fazendo mesmo emergir, num segundo momento histórico, cláusulas constitucionais implícitas que, por via de uma interpretação evolutiva ou extensiva, procuraram encontrar um fundamento constitucional para a limitação da soberania do Estado decorrente da hemorrágica atribuição de poderes para a esfera decisória comunitária e da prevalência do Direito da União Europeia sobre o seu Direito interno, acabando,

---

[312] Cfr. PAULO BONAVIDES, *Curso...*, p. 162.
[313] Cfr. PAULO OTERO, *O Acordo de Revisão Constitucional...*, p. 12 ss.
[314] Cfr. PAULO OTERO, *O Acordo de Revisão Constitucional...*, p. 18..
[315] Cfr. PAULO OTERO, *Legalidade e Administração Pública*, pp. 581 e 582.

num terceiro momento histórico, por gerar a inevitável imposição de cláusulas constitucionais expressas.

Observa-se aqui, por tudo isto, um verdadeiro poder constituinte informal da União Europeia que, apesar de ainda assente numa base autovinculativa, dita hoje, de forma política e silenciosa, o conteúdo das opções fundamentais de cada Estado-membro em matérias de índole económica, financeira e social, desvalorizando ou subalternizando o texto das respectivas Constituições formais e envolvendo a exigência de uma interpretação evolutiva ou mesmo de uma modificação dos seus preceitos em conformidade com a dinâmica comunitária. Pode até falar-se, neste sentido, que a União Europeia desenvolveu no seu âmbito um "poder constituinte permanente"[316], gerador de um fenómeno de interconstitucionalidade entre esse poder constituinte comunitário e os poderes constituintes formais de cada um dos Estados-membros da União Europeia[317].

Compreende-se que se diga, neste contexto, que o poder constituinte interno dos Estados-membros sofre uma influência da ordem jurídica comunitária que coloca em causa a própria exclusividade decisória do poder constituinte nacional.

Não se poderá afirmar, todavia, que estamos já perante uma segunda via de revisão constitucional, pois este poder constituinte informal da União Europeia age ainda através de meios convencionais que impulsionam processos internos formais de revisão da Constituição ou, em alternativa, gera o desenvolvimento de normas que, assistidas do primado do Direito da União Europeia, impõem uma interpretação dos textos constitucionais em conformidade e, nesse sentido, podem determinar uma desaplicação ou inaplicabilidade das normas da Constituição formal.

Neste último sentido, o primado do Direito da União Europeia poderá envolver uma "revisão tácita da Constituição"[318] ou, talvez mais correctamente, uma informal desaplicação da Constituição assistida de convicção de obrigatoriedade.

Em qualquer caso, porém, a diluição do poder constituinte formal da Assembleia da República torna-se evidente perante a União Europeia.

---

[316] Cfr. MARCEL KAUFMANN, *Permanente Verfassunggebung und verfassungsrechtliche Selbstbindung im Europäischen Staatenverbund*, in *Der Staat*, 1997, p. 530.

[317] Especificamente sobre este fenómeno ao nível europeu, cfr. FRANCISCO LUCAS PIRES, *Introdução ao Direito Constitucional Europeu*, Coimbra, 1997, pp. 17 ss.; GOMES CANOTILHO, *Direito Constitucional e Teoria...*, 6.ª ed., pp. 1057 e 1409 ss.

[318] Neste sentido, cfr. RICCARDO GUASTINI, *Lezioni di Teoria Costituzionale*, Torino, 2001, p. 105.

XIX. Intimamente relacionado com a gestão de um poder constituinte no âmbito da União Europeia verifica-se, enquanto expressão de um quarto factor autónomo de erosão do poder constituinte formal da Assembleia da República, a afirmação de uma informal iniciativa governamental de revisão constitucional e predeterminação do sentido das alterações à Constituição.

A prática tem revelado que o Governo negoceia e aprova no âmbito da União Europeia textos de tratados sujeitos a aprovação parlamentar que são materialmente contrários à Constituição, observando-se que a sua ratificação determina revisões constitucionais em que a Assembleia da República anda a reboque das opções políticas assumidas pelo executivo. Poderá mesmo começar a afirmar-se que, por via da competência governamental de negociação de convenções internacionais no seio da União Europeia, se desenvolveu um poder implícito de o executivo determinar o sentido e a oportunidade da revisão constitucional, subalternizando completamente o parlamento[319].

Nestes casos, diante da força da política do "facto consumado", a Assembleia da República terá de harmonizar o texto constitucional a compromissos políticos assumidos pelo Governo, num cenário em que, andando a reboque de vinculações políticas negociadas à sua margem[320], acaba por reconhecer uma tácita iniciativa governamental de revisão constitucional[321].

XX. Um quinto factor de erosão do poder constituinte formal da Assembleia da República resulta da projecção vinculativa das normas de *ius cogens* sobre a margem de liberdade decisória do conteúdo dos preceitos do texto constitucional.

Neste domínio, conhecedores da internacionalização da soberania em diversos domínios (v. *supra*, n.º 4.2.), pode afirmar-se que no âmbito das matérias integrantes de normas de Direito Internacional geral ou comum imperativas, isto no sentido de serem indisponíveis pelos Estados, não há liberdade constituinte interna: as normas internacionais de *ius cogens* delimitam, negativamente, a margem de liberdade conformadora do poder constituinte interno dos Estados, podendo dizer-se que, sob pena de nulidade[322], o poder constituinte não pode contrariar tais vinculações supra-estatais.

---

[319] Cfr. PAULO OTERO, *Legalidade e Administração Pública*, p. 145.
[320] Cfr. PAULO OTERO, *Legalidade e Administração Pública*, p. 399.
[321] Cfr. PAULO OTERO, *Legalidade e Administração Pública*, p. 579.
[322] No sentido da nulidade dos actos jurídicos internos, incluindo de natureza constitucional, violadores de *ius cogens*, cfr. EDUARDO CORREIA BAPTISTA, *Ius Cogens em Direito Internacional*, Lisboa, 1997, pp. 510 ss., e, em especial, p. 522.

Há aqui uma heterovinculação do Estado que, mesmo no exercício do seu poder constituinte, exerce um efeito "expropriativo" sobre a sua liberdade conformadora do conteúdo das opções constitucionais[323]: a subordinação interna dos Estados às normas de *ius cogens* revela sempre uma correlativa amputação da liberdade decisória do poder constituinte estadual.

Igualmente por esta via se assiste a uma diluição do poder constituinte formal da Assembleia da República que confirma a transfiguração da sua identidade.

---

[323] Não se poderá excluir teoricamente, todavia, que, em áreas materiais de supremacia hierárquica do *ius cogens*, a Constituição formal possa incluir normas programáticas ou prospectivas com um conteúdo subversivo de princípios de *ius cogens*, tal como sucederia, por exemplo, se se dissesse que "Portugal preconiza a abolição da liberdade do Alto Mar": uma tal norma seria, porém, destituída de força jurídica vinculativa, pelo menos enquanto se mantivesse vigente um princípio contrário de *ius cogens*, limitando-se a expressar um simples desejo político de aplicação diferida, nunca gerando, sob pena de nulidade, qualquer dever de acção ou efeito invalidante sobre normas de Direito interno infraconstitucional contrárias (cfr. PAULO OTERO, *Legalidade e Administração Pública*, p. 577).

SECÇÃO 3.ª
Identidade relacional da Constituição

SEÇÃO 3
Identidade relacional da Constituição

§9.º
A identidade relacional da Constituição: introdução

9.1. Conceito de identidade relacional

I. A noção de identidade, além de uma dimensão absoluta que é definida por si própria em função da realidade que está em causa, comporta também uma dimensão relativa ou relacional, extraída da relação ou conexão que essa mesma realidade estabelece com as demais.

A identidade relacional apela, antes de tudo, a uma dimensão histórico-familiar da realidade a identificar: a identidade é também definida em função de uma memória resultante dos antepassados ou antecedentes que, tendo condicionado a existência ou a configuração de determinada realidade, permitem falar em historicidade familiar.

A identidade relacional de uma Constituição é, deste modo, determinada pela sua inserção numa determinada família constitucional, resulte ela da influência da história constitucional do respectivo país ou, em termos complementares ou determinantes, de "contágios" externos provenientes de experiências constitucionais estrangeiras.

É nessa busca da "família" normativa e política de um texto constitucional que se encontra também a identidade de uma Constituição. E a determinação do parentesco normativo (interno e externo) de um texto constitucional é sempre expressão do cerne da sua identidade relacional.

II. Sabendo-se que a identidade relacional de uma Constituição encontra o seu núcleo essencial na "identidade familiar", importa sublinhar que essa identidade, envolvendo sempre a projecção de soluções normativas de anteriores experiências constitucionais sobre a configuração da normatividade constitucional vigente, pode assumir duas diferentes origens:

(i) Pode tratar-se da uma identidade familiar emergente de anteriores textos constitucionais vigentes nesse mesmo país, originando verdadeiros "adquiridos constitucionais"[324], razão pela qual haverá que apelar à respectiva história constitucional para dela extrair a origem dos traços dessa mesma identificação relacional[325];

(*ii*) Poderá, por outro lado, essa identidade resultar de Constituições estrangeiras (vigentes ou não vigentes), determinando, igualmente aqui, uma indagação em torno dos laços "familiares" externos que identifiquem, segundo a mencionada óptica relacional, o texto constitucional interno.

III. Num outro ângulo de análise, tomando agora em consideração o grau ou o nível de proximidade identificativa entre os textos constitucionais relacionados, mostra-se possível encontrar na identidade relacional de uma Constituição dois tipos de parentesco:

(*i*) Poderá tratar-se de uma identidade familiar muito próxima, geradora de um verdadeiro parentesco em linha recta entre normas constitucionais, reconduzível em termos materiais à ideia de "herança", isto em termos tais que, podendo afirmar-se que uma solução constitucional é herdeira de outra, se recortam aqui três situações:

1.ª) Ser uma solução normativa decalcada de outra, apesar de existir diferente enunciado, formulação linguística ou inserção sistemática;

2.ª) Ser uma solução normativa integralmente plagiada de outra, segundo uma formulação literal idêntica;

3.ª) Existir, numa ampliação radical da anterior situação, um plágio constitucional quase integral[326];

(*ii*) Pode, pelo contrário, a identidade familiar entre os textos constitucionais não ser de grau tão próximo, falando-se num parentesco colateral, segundo um processo de mero "contágio" da ideia de uma determinada solução, num espírito material de mero "legado" constitucional, susceptível até de operar por contraste gerador de uma

---

[324] Cfr. AFONSO D'OLIVEIRA MARTINS, *Para uma teoria dos adquiridos constitucionais*, in *Estudos em Homenagem ao Prof. Doutor Rogério Soares*, Coimbra, 2001, pp. 1049 ss.

[325] Em sentido contrário, negando que possa existir "uma tradição constitucional portuguesa comum a todas as constituições", cfr. GOMES CANOTILHO/VITAL MOREIRA, *Fundamentos...*, p. 13.

[326] Essa foi, aliás, a situação que ocorreu entre a Carta Constitucional portuguesa de 1826 e a Constituição brasileira de 1824 (cfr. JORGE MIRANDA, *O Constitucionalismo Liberal Luso-Brasileiro*, Lisboa, 2001, pp. 32 ss.), sendo ainda o que sucede, tal como adiante se referirá, com a solução constitucional que hoje vigora em alguns dos países africanos de expressão portuguesa face ao texto da Constituição portuguesa de 1976.

influência de sentido inverso do texto anterior face à nova solução a consagrar.

Em qualquer das hipóteses, porém, a identidade da Constituição afere-se numa relação de parentesco face a normas de outros textos constitucionais: a Constituição de 1976 também aqui encontra um processo revelador da sua identidade.

9.2. Limites à identidade relacional

I. A identidade da normatividade constitucional que resulta da sua relação de parentesco genético face a outros textos constitucionais, sendo passível de gerar uma identidade familiar ou um vínculo de parentesco entre diferentes Constituições, nunca pode esquecer, todavia, que a identidade relacional não anula a existência de uma identidade absoluta de cada Constituição.

Por outras palavras: por muito semelhantes que sejam duas normas de diferentes textos constitucionais, a identidade racional entre eles encontra-se sempre sujeita a limites. Mesmo as situações de plágio constitucional nunca permitem observar uma perfeita identidade entre as Constituições em causa: a Constituição plagiada e a Constituição plagiadora são duas realidades distintas e as suas normas, apesar de terem uma formulação literal exactamente igual, podem ter interpretações e aplicações radicalmente distintas.

Tal como o facto de uma pessoa pertencer a uma família, sendo possuidora de uma historicidade pessoal, nunca anula a sua individualidade própria, enquanto ser único e irrepetível, igualmente a identidade relacional entre duas normas constitucionais não lhes retira individualidade e vivências próprias: cada Constituição é sempre uma Constituição e nunca existem duas Constituições iguais, nem duas normas constitucionais que, apesar de terem o mesmo enunciado linguístico, desde que tenham tempos ou lugares diferentes de aplicação, se possam considerar exactamente iguais.

II. São quatro os principais limites à identidade relacional entre normas constitucionais:

(*i*) Um primeiro limite decorre da diferente *inserção teleológica* das normas em causa que, apesar de terem uma formulação igual, idêntica ou influenciada, podem encontrar-se integradas em projectos de sociedade radicalmente distintos na sua definição constitucional. Observemos dois exemplos:

- A garantia do direito de propriedade privada tem um sentido totalmente diferente numa Constituição liberal, numa Constituição de Estado social ou numa Constituição marxista;
- O reconhecimento da liberdade de associação é diferente na Constituição de um Estado corporativo e na Constituição de um Estado de Direito democrático;

(*ii*) Um segundo limite à identidade relacional resulta da *localização sistemática* das normas dentro do texto constitucional, sabendo-se que a determinação do seu grau de importância axiológica deve tomar em consideração o respectivo local de integração no contexto global da Constituição, tal como o seu exacto sentido interpretativo depende da relação com outras normas constitucionais:

- Localizar a referência à dignidade da pessoa humana no primeiro artigo da Constituição, concedendo-lhe precedência sobre a vontade popular, ou, pelo contrário, remetê-la para o meio ou o fim da Constituição não se mostra indiferente;
- O reconhecimento do direito de propriedade privada é muito diferente se existe (ou não) também uma norma constitucional que admita o confisco ou a expropriação sem exigência de uma indemnização justa;

(*iii*) Um terceiro limite à identidade relacional emerge da *vivência institucional* a que as normas estão sujeitas, segundo as diferentes coordenadas temporais e espaciais da sociedade a que se destinam, registando-se que normas exactamente iguais podem ter configurações radicalmente contrárias. Assim, a título de exemplo:

- O princípio da igualdade de todos perante a lei não impediu, durante o século XIX, a existência de escravatura, nem o estatuto de inferioridade jurídica da mulher, sendo hoje inadmissível que pudesse habilitar um tal conteúdo;
- O poder de o Presidente da República nomear o Chefe do Governo, apesar de formulado normativamente em termos idênticos, tem uma vivência totalmente diferente na Constituição portuguesa de 1933, na Constituição francesa de 1958 ou na Constituição portuguesa de 1976;

(*iv*) Um quarto limite à identidade relacional surge da sujeição da normatividade constitucional a *diferentes processos de interpretação ou densificação* do seu conteúdo, uma vez que os intérpretes e os aplicadores são outros e, por isso, as pré-compreensões existentes à partida e à chegada têm de ser diversas:

– A ponderação entre a liberdade de informar e a reserva da vida privada ou o segredo de Estado será muito diferente em Estados de tradição liberal ou de histórica relevância da liberdade de imprensa, isto em contraste com a interpretação a fazer por Estados de tradição autoritária ou totalitária;
– A densificação do conceito constitucional de inviolabilidade da vida humana é diferente perante intérpretes dotados de uma formação baseada em valores religiosos de matriz judaico-cristã ou, em alternativa, se se estiver diante de intérpretes de espírito agnóstico e matriz neo-liberal.

Os limites traçados, apesar de relativizarem a identidades relacional dos textos constitucionais, não podem fazer obnubilar, todavia, a importância dos laços "familiares" entre normas de diferentes Constituições.

A essa luz deverá ser entendida a influência da história constitucional portuguesa e das experiencias constitucionais estrangeiras na formação da identidade relacional da Constituição de 1976.

9.3. Excurso: a identidade "exportada"

BIBLIOGRAFIA: JORGE BACELAR GOUVEIA, *Sistemas constitucionais africanos de língua portuguesa: a caminho de um paradigma*, in *Themis – Revista da Faculdade de Direito da UNL – Edição Especial – 30 Anos da Constituição Portuguesa 1976-2006*, 2006, pp. 119 ss.; CARLO BLANCO DE MORAIS, *Tópicos sobre a formação de uma comunidade constitucional lusófona*, in *AB VNO AD OMNES – 75 Anos da Coimbra Editora 1920-1995*, Coimbra, 1998, pp. 55 ss.

I. Tal como uma Constituição pode encontrar a sua identidade em textos constitucionais que lhe são anteriores, gerando um fenómeno relacional de "identidade familiar", também essa mesma Constituição pode funcionar, relativamente a soluções normativas constitucionais que lhe são posteriores, como fonte de influência, contágio ou plágio: haverá aqui, nestas hipóteses, uma identidade constitucional exportada ou a projecção externa da Constituição.

Observemos dois exemplos ilustrativos:

(*i*) A Carta Constitucional francesa de 1814, por influência do pensamento de Benjamin Constant, fez do rei titular do poder moderador, confiando-lhe "a chave de toda a organização política", solução essa que seria importada pela Constituição brasileira de 1824 e, por via desta, exportada para a Carta Constitucional portuguesa de 1826;

(*ii*) A Constituição dos EUA influenciou a consagração no Brasil, nos termos da Constituição de 1891, de um sistema judicial difuso de fiscalização da constitucionalidade das leis, o qual seria acolhido pela Constituição Portuguesa de 1911, por influência do texto constitucional brasileiro.

II. Olhando agora para a Constituição de 1976, cumpre reconhecer que não há aqui apenas um fenómeno de identidade familiar resultante do acolhimento de contributos provenientes de textos constitucionais que lhe são anteriores: a própria Constituição de 1976 goza de projecção externa, tendo já "exportado" soluções normativas para textos constitucionais posteriores.

Mostra-se susceptível, neste último sentido, recortar dois distintos fenómenos de exportação ou projecção externa da identidade da Constituição de 1976:

(*i*) Há, por um lado, casos de projecção externa por "contágio", tal como sucede com a Constituição espanhola de 1978 (v.g., "Estado social e democrático de Direito", a interpretação das normas sobre direitos fundamentais em conformidade com a Declaração Universal dos Direitos do Homem, os estatutos autonómicos), a Constituição brasileira de 1988 (v.g., "Estado democrático de Direito", "sociedade livre, justa e solidária", aplicação imediata das normas definidoras de direitos e garantias fundamentais)[327] e a Constituição de Moçambique de 2004 (v.g., Estado de Direito democrático, direitos fundamentais, princípios de organização económica e designação dos órgãos de soberania);

---

[327] Especificamente sobre a influência da Constituição portuguesa de 1976 sobre a Constituição brasileira de 1988, cfr. MANOEL GONÇALVES FERREIRA FILHO, *Constitucionalismo português e constitucionalismo brasileiro*, in JORGE MIRANDA (org.), *Perspectivas Constitucionais – Nos 20 Anos da Constituição de 1976*, I, Coimbra, 1996, pp. 55 ss.; OSCAR DIAS CORRÊA, *Breves observações sobre a influência da Constituição Portuguesa na Constituição brasileira de 1988*, in JORGE MIRANDA (org.), *Perspectivas Constitucionais – Nos 20 Anos da Constituição de 1976*, I, Coimbra, 1996, pp. 71 ss.; LUÍS ROBERTO BARROSO, *Influência da reconstitucionalização de Portugal sobre a experiência constitucional brasileira*, in *Themis – Revista da Faculdade de Direito da UNL – Edição Especial – 30 Anos da Constituição Portuguesa 1976--2006*, 2006, pp. 71 ss.

(*ii*) Existem, por outro lado, casos de projecção externa por "plágio", verificando-se a reprodução *ipsis verbis* de múltiplos dos seus preceitos, sendo o caso da Constituição de S. Tomé e Príncipe, da Constituição de Cabo Verde[328], da Lei Constitucional da República de Angola e, em certa medida, da nova Constituição de 2010, da Constituição da Guiné-Bissau e da Constituição de Timor-Leste.

Em qualquer destas situações, verifica-se uma projecção externa de elementos identificativos da Constituição portuguesa de 1976 que, independentemente da discussão em torno da existência já de uma matriz constitucional portuguesa, revelam o acolhimento constitucional de soluções ou formulações normativas cuja paternidade imediata habilita recordar uma identidade familiar de natureza "descendente".

---

[328] Cfr. JORGE CARLOS FONSECA, *Do regime de partido único à democracia em Cabo Verde: as sombras e a presença da Constituição de 1976*, in Themis – Revista da Faculdade de Direito da UNL – Edição Especial – 30 Anos da Constituição Portuguesa 1976-2006, 2006, pp. 81 ss.

§10.º
A influência da história constitucional na Constituição de 1976

10.1. A normatividade constitucional anterior a 1820: as Leis Fundamentais do Reino

BIBLIOGRAFIA: PAULO OTERO, *O Poder de Substituição em Direito Administrativo – Enquadramento dogmático-constitucional*, I, Lisboa, Lex, 1995, pp. 172 ss.

I. A história constitucional portuguesa é anterior à Revolução Liberal de 1820, pois desde que Portugal é um Estado que existe uma normatividade reguladora do poder político e das relações entre governantes e governados, verificando-se que essa normatividade assume uma natureza materialmente constitucional, comprovando que não há Estado sem Constituição: Portugal, desde que é Portugal, sempre teve uma Constituição em sentido material, podendo falar-se em Constituição histórica ou institucional.

O que se trata agora é, tendo presente essa normatividade constitucional emergente das Leis Fundamentais do Reino anteriores a 1820, procurar determinar a sua influência na Constituição de 1976: será que o actual texto constitucional permite vislumbrar a influência de soluções provenientes do constitucionalismo anterior a 1820? Em que medida a dimensão histórico-familiar da identidade da Constituição de 1976 tem as suas raízes no período pré-constitucional?

É o que cumpre investigar.

II. Tendo presente anteriores investigações em torno da normatividade constitucional existente antes de 1820, podemos recortar as seguintes principais zonas de influência na Constituição de 1976:
   (1) A ideia de limitação do poder dos governantes: o exercício do poder não é expressão do arbítrio, antes revela a existência uma normatividade subordinante que, fundada no fim último da prossecução da

justiça[329] e na configuração do poder como um dever ou serviço a favor do bem comum[330], não se encontra na disponibilidade dos governantes;

(2) A rigidificação compromissória do processo modificativo das normas constitucionais, pois também a alteração das Leis Fundamentais do Reino exigia um procedimento especial que as diferenciava das restantes leis[331];

(3) A existência de matérias reservadas ou dependentes da intervenção das Cortes e, neste sentido, insusceptíveis de decisão unilateral pelo poder executivo, tal como era o caso do lançamento de novos impostos[332];

(4) Predomínio ou centralidade da vida política pelo órgão de topo do poder executivo, concentrando em si também o exercício normal da função legislativa, registando-se que o Governo é, à luz da Constituição de 1976, o herdeiro desta tradição histórica[333];

(5) Reconhecimento de um princípio de imodificabilidade dos direitos adquiridos dos privados, sem prejuízo de, verificando-se uma superveniente ou inicialmente ignorada suprema utilidade pública, ser possível o exercício de uma *potestas extraordinaria* modificativa por parte do soberano[334];

(6) Alargamento da concepção de justiça que, não se esgotando na actividade de dirimir litígios, passa a sua prossecução a dominar a fun-

---

[329] Para um elenco de diversas manifestações ilustrativas do entendimento da justiça como fim do exercício do poder real, isto em termos doutrinais e legais, cfr. MARTIM DE ALBUQUERQUE, *O Poder Político no Renascimento Português*, dact., Lisboa, 1965, pp. 170 ss.; PAULO OTERO, *O Poder de Substituição...*, I, pp. 182 ss., nota n.º 215.

[330] No expressivo texto do prólogo do Livro I das *Ordenações Manuelinas*, a propósito da afirmação de ser a justiça a função e a virtude de um bom príncipe, acrescenta-se: "(...) pois que por Deus foi dado principalmente não para si, nem seu particular proveito, mas para bem governar seu povo, e aproveitar a seus súbditos, como a próprios filhos".

Esse mesmo entendimento, sublinhando que "o governo existe e deve existir para o bem comum (...)", viria a ser acolhido pelo constitucionalismo formal, encontrando-se expresso na Secção III da Declaração de Direitos da Virgínia, de 16 de Junho de 1776.

[331] Cfr. JOÃO MARIA TELLO DE MAGALHÃES COLLAÇO, *Ensaio sobre a Inconstitucionalidade das Leis no Direito Português*, Coimbra, 1915, pp. 23-24.

[332] Fazendo remontar às Cortes de Leiria de 1254 o princípio da intervenção parlamentar na auto-imposição tributária, cfr. TIAGO DUARTE, *A lei do orçamento e a Constituição de 1976: as duas heranças*, in *Estudos em Homenagem ao Professor Doutor Marcello Caetano*, II, Coimbra, 2006, p. 739.

[333] Cfr. PAULO OTERO, *O Poder de Substituição...*, II, pp. 632, 668, 854 e 860.

[334] Cfr. PAULO OTERO, *O Poder de Substituição...*, I, p. 192.

ção legislativa e a função administrativa, justificando um amplo intervencionismo social, económico e cultural do Estado[335];
(7) A fixação das fronteiras terrestres de Portugal no continente europeu, remontando ao Tratado de Alcanises, celebrado entre D. Dinis e o rei de Castela, Fernando IV, em 12 de Setembro de 1297[336], justifica a referência que o artigo 5.º, n.º 1, da Constituição de 1976 faz ao "território historicamente definido".

Em suma, o Estado pré-constitucional e o Estado constitucional, incluindo aqui a Constituição de 1976, mostram surpreendentes linhas estruturais de continuidade[337], sendo de destacar que a Constituição de 1976, revelando uma efectiva impermeabilidade às concepções político-filosóficas liberais respeitantes à repartição de competências entre o órgão legislativo e o órgão executivo, adopta um modelo de distribuição da função legislativa pelo Governo que se alicerça numa postura pré-liberal[338].

10.2. As Bases da Constituição (1821)

BIBLIOGRAFIA: JORGE MIRANDA (org.), *As Constituições Portuguesas – de 1822 ao texto actual da Constituição*, 4.ª ed., Lisboa, 1997, pp. 21 ss.

I. Aprovadas pelas Cortes Gerais Extraordinárias e Constituintes da Nação Portuguesa, em 9 de Março de 1821, as Bases da Constituição, destinadas a sintetizar os princípios a que iria obedecer a feitura da futura Constituição Política, acabaram por, nos termos do intróito final do texto das próprias Bases, ficar "servindo provisoriamente de Constituição": as Bases da Constituição de 1822, aprovadas em 1821, tornaram-se, deste modo, o primeiro texto constitucional formal português posterior à Revolução Liberal.

Mostra-se relevante, nestes termos, procurar indagar o que, tendo sido consagrado na normatividade integrante das Bases da Constituição, tem ainda hoje vigência na Constituição de 1976, determinando-se a influência deste

---

[335] Para mais desenvolvimentos e referências bibliográficas, cfr. PAULO OTERO, *O Poder de Substituição...*, I, pp. 194 ss.
[336] Para uma leitura do texto deste tratado, cfr. RUI DE PINA, *Crónica de D. Dinis*, ed. Livraria Civilização, Porto, 1945, pp. 51 ss. ou 208 ss.
[337] Cfr. PAULO OTERO, *O Poder de Substituição...*, II, p. 863.
[338] Cfr. PAULO OTERO, *Legalidade e Administração Pública*, p. 129.

texto precursor do constitucionalismo formal português na definição da identidade "familiar" da Constituição vigente.

II. Tomando em consideração o elenco de "direitos individuais do cidadão" que emerge das Bases da Constituição, além da sua inserção sistemática antes das normas referentes à organização do poder político, são as seguintes as influências que ainda hoje se fazem sentir na Constituição de 1976:

(1) Garantia da liberdade, da segurança e da propriedade[339];
(2) Proibição de prisão sem culpa, sem prejuízo da admissibilidade de excepções[340];
(3) A privação do direito de propriedade privada, só podendo ter como fundamento "circunstâncias de necessidade pública e urgente", exige prévia indemnização[341];
(4) Liberdade de comunicação de pensamentos, opiniões e de imprensa, sem dependência de censura prévia, consagrando-se o princípio geral do sancionamento do seu exercício abusivo[342];
(5) Igualdade de todos perante a lei[343];
(6) Princípios da necessidade da lei penal[344], da proporcionalidade da pena face ao delito[345] e da pessoalidade das penas[346];
(7) Proibição de penas cruéis, desumanas e infamantes[347];
(8) Consagração do direito de todos os cidadãos terem acesso a cargos públicos[348];

---

[339] Estes direitos são qualificados (tal como a resistência à opressão), segundo o artigo 2.º da Declaração dos Direitos do Homem e do Cidadão, de 26 de Agosto de 1789, como direitos naturais e imprescritíveis, sendo certo que a sua formulação jurídico-positiva remonta à Secção I da Declaração de Direitos da Virgínia, de 16 de Junho de 1776.

[340] Cfr. Constituição de Cádis de 1812, artigos 287.º e seguintes.

[341] Cfr. Declaração de Direitos do Homem e do Cidadão de 1789, artigo 17.º.

[342] Cfr. Declaração de Direitos do Homem e do Cidadão de 1789, artigos 10.º e 11.º. Especificamente sobre a liberdade de imprensa, cfr. Secção XII da Declaração de Direitos da Virgínia, de 16 de Junho de 1776, acolhendo um aspecto nuclear da Constituição britânica (cfr. DAVID HUME, *Ensayos Políticos*, ed. Tecnos, Madrid, 1987, pp. 3 ss.).

[343] Cfr. Declaração de Direitos do Homem e do Cidadão de 1789, artigo 6.º.

[344] Cfr. Declaração de Direitos do Homem e do Cidadão de 1789, artigo 8.º.

[345] Cfr. Declaração de Direitos do Homem e do Cidadão da Constituição francesa de 1793, artigo 15.º, apesar de a respectiva origem remontar ao n.º 20 da Magna Carta de 1215.

[346] Cfr. Constituição dos EUA (1787), artigo 3.º, Secção III, n.º 2, e Constituição de Cádis (1812), artigo 305.º.

[347] A origem jurídico-positiva do princípio remonta ao *Bill of Rights* britânico, de 1689, sendo retomado pela Secção IX da Declaração de Direitos da Virgínia, de 16 de Junho de 1776.

[348] Cfr. Declaração de Direitos do Homem e do Cidadão de 1789, artigo 6.º.

(9) Reconhecimento do direito de petição[349] e do dever das autoridades examinarem as reclamações, queixas e petições apresentadas;
(10) Inviolabilidade da correspondência.

Uma nota ainda para, apesar de formulada como obrigação de as Cortes fazerem e dotarem de meios estabelecimentos de caridade e instrução pública, existir aqui nas Bases da Constituição uma primeira formulação embrionária de direitos sociais: trata-se da génese do direito à assistência e do direito à educação[350].

III. No que diz respeito aos aspectos de organização política consagrados nas Bases da Constituição, mostram-se ainda hoje operativas as seguintes soluções constitucionais:

(1) Acolhimento do princípio da divisão dos poderes[351], consagrando-se a separação entre os poderes legislativo, executivo e judicial[352];
(2) Recusa de atribuição ao Chefe de Estado de veto absoluto sobre as leis provenientes do parlamento[353];
(3) Reserva do poder judicial para os juízes[354];
(4) Inviolabilidade da pessoa dos deputados e irresponsabilidade pelas suas opiniões[355];

---

[349] O desenvolvimento medieval do direito de petição, implicitamente já subjacente à Magna Carta de 1215, viria a obter expressa consagração jurídico-formal no *Bill of Rights* britânico, de 1689, surgindo depois também no 1.º Aditamento à Constituição dos EUA e no Título 1.º da Constituição francesa de 1791. Para um maior desenvolvimento das origens históricas do direito de petição, cfr. MARIA LUÍSA DUARTE, *O Direito de Petição: cidadania, participação e decisão*, Coimbra, 2008, pp. 36 ss.; JORGE MIRANDA, *Notas sobre o direito de petição*, in *Estudos em Honra do Professor Doutor José de Oliveira Ascensão*, I, Coimbra, 2008, pp. 465 ss.

[350] Cfr. Título 1.º da Constituição francesa de 1791 e ainda os artigos 21.º e 22.º da Declaração de Direitos do Homem e do Cidadão da Constituição francesa de 1793.

[351] Cfr. Declaração de Direitos do Homem e do Cidadão de 1789, artigo 16.º.

[352] Cfr. Secção V da Declaração de Direitos da Virgínia, de 16 de Junho de 1776.

[353] A sua origem, sem embargo do artigo I, Secção VIII, n.º 2, da Constituição dos EUA (1787), remonta à Constituição francesa de 1791, Título III, Cap. III, Secção III, artigo 2.º.

[354] Cfr. Secção I do artigo 3.º da Constituição dos EUA (1787) e o artigo 5.º do Título III da Constituição francesa de 1791.

[355] Cfr. artigo I, Secção VI, n.º 1, da Constituição dos EUA (1787) e ainda artigo 7.º da Secção V, do Cap. I, do Título III da Constituição francesa de 1791. Note-se, porém, que o princípio da irresponsabilidade pelas opiniões expendidas no parlamento remonta ao *Bill of Rights* britânico, de 1689.

(5) Reserva parlamentar na aprovação de tratados de aliança ofensiva e defensiva e respeitantes a tropas estrangeiras em Portugal[356];
(6) Reserva do parlamento quanto à imposição de tributos e a forma da sua repartição[357];
(7) Existência de um Conselho de Estado[358];
(8) As forças militares, sendo um corpo permanente, têm como propósito manter a segurança (interna e externa)[359] e estão sujeitas ao Governo[360].

10.3. A Constituição de 1822

BIBLIOGRAFIA: JORGE MIRANDA (org.), *As Constituições Portuguesas...*, pp. 29 ss.

I. Independentemente das soluções de conteúdo normativo da Constituição de 1976 que têm a sua fonte mais remota na Constituição de 1822, verificam-se, atendendo à factualidade subjacente aos respectivos procedimentos de gestação, os seguintes elementos de identidade:

(1) Ambos os textos constitucionais emergem de processos políticos revolucionários;
(2) As duas Constituições têm na sua génese uma vinculação jurídica anterior, condicionante da sua decisão soberana, sem prejuízo de uma diferença radical que separa as duas situações: na Constituição de 1822, as Bases da Constituição expressam uma autovinculação das próprias Cortes Constituintes; na Constituição de 1976, as duas Plataformas Constitucionais entre o MFA e os partidos políticos representam uma heterovinculação da Assembleia Constituinte;

---

[356] Cfr. Constituição de Cádis de 1812, artigo 131.º, n.ºs 7 e 8.

[357] Não obstante encontrar-se na Magna Carta, de 1215, a origem do princípio do consentimento do "conselho geral do reino" para o lançamento de impostos, e, por força da *Petition of Right*, de 1628, a necessidade de intervenção do parlamento, seria a Constituição francesa de 1791 que, nos termos do seu artigo 1.º, Secção I, Cap. III, Título III, serviria de fonte directa e imediata da solução portuguesa de 1821, sem prejuízo da tradição nacional que, remontando às Cortes de Leiria de 1254, já apontava nesse sentido (v. *supra*, n.º 10.1, II).

[358] Cfr. Constituição de Cádis de 1812, artigo 231.º.

[359] Cfr. Constituição de Cádis de 1812, artigo 356.º.

[360] O princípio da subordinação dos militares à autoridade civil surge já claramente formulado na Secção XIII da Declaração de Direitos da Virgínia, de 16 de Junho de 1776.

§10.° *A influência da história constitucional na Constituição de 1976* 259

(3) Os dois textos constitucionais são o produto final de uma assembleia constituinte cuja expressão de vontade normativa não estava dependente da intervenção posterior de um órgão condicionante da sua existência, validade ou eficácia.

II. Olhando agora para o conteúdo dispositivo da Constituição de 1822 em matéria de direitos e liberdades individuais, regista-se que a sua influência na normatividade da Constituição de 1976, sem tomar em consideração tudo o que já resultou das Bases da Constituição, se centra nos seguintes aspectos:

(1) Inviolabilidade do domicílio: "a casa de todo o Português é para ele um asilo"[361];
(2) Responsabilidade dos funcionários públicos pelos erros de ofício e abusos do poder[362];
(3) Se alguém for preso ou detido sem culpa formada, o juiz tem de, num prazo curto de horas, dar a conhecer ao réu o motivo da prisão[363];
(4) Garantia do caso julgado, proibindo-se a qualquer autoridade "mandar abrir as [causas] findas"[364];
(5) Liberdade de criação privada de estabelecimentos de ensino público[365].

Neste último domínio, implementando o que já havia sido determinado pelas Bases, a Constituição de 1822 determina a obrigação de o Estado criar

---

[361] A fonte da solução, considerando a casa de cada pessoa como um "asilo inviolável", encontra-se no artigo 359.° da Constituição francesa de 1795.

[362] A afirmação do princípio geral da responsabilidade de todos os funcionários encontra-se consagrada no artigo 24.° da Declaração de Direitos do Homem e do Cidadão subjacente à Constituição francesa de 1793, enquanto instrumento de garantia social e conservação dos direitos (em sentido semelhante, cfr. artigo 22.° da Declaração de Direitos e dos Deveres do Homem e do Cidadão, anexa à Constituição francesa de 1795).

[363] Não obstante encontrar-se já um desenvolvimento deste princípio (e de outros conexos) na Secção VIII da Declaração de Direitos da Virgínia, de 16 de Junho de 1776, mostra-se plausível que a fonte directa da solução portuguesa de 1822 se encontre antes na Constituição francesa de 1791 (artigo 11.° do Cap. V, do Título III).

[364] A solução do artigo 176.°, 2.° parágrafo, da Constituição de 1822, posteriormente formulada na Carta Constitucional de 1826 como proibição de qualquer autoridade "fazer reviver os processos findos" (artigo 145.°, §11.°), teve a sua origem jurídico-positiva directa no artigo 243.° da Constituição de Cádis de 1812.

[365] Cfr. Constituição francesa de 1795, artigo 300.°.

escolas, destinadas à instrução da "mocidade Portuguesa de ambos os sexos" (artigo 237.º), e ainda a fundação, conservação e aumento de casas de misericórdia, hospitais (civis e militares) e "quaisquer outros estabelecimentos de caridade" (artigo 240.º): aqui reside a origem dos direitos sociais no constitucionalismo português[366] e, por essa via, o seu posterior desenvolvimento, à luz de uma cláusula de bem-estar, na Constituição de 1976.

III. Tendo presente o disposto na Constituição de 1822 no que diz respeito à organização do poder político, são múltiplas as soluções que permitem, atendendo à normatividade constitucional hoje vigente, reconhecer um parentesco em linha recta:

(1) Eleição por sufrágio directo dos deputados do parlamento[367];
(2) Ausência de limite para a reeleição dos deputados[368];
(3) Divisão da legislatura em sessões[369];
(4) Remissão constitucional da regulação do funcionamento do parlamento para um regimento interno da sua competência[370];
(5) Cada deputado representa toda a colectividade e não apenas a divisão que o elegeu[371];
(6) O prosseguir de um processo criminal contra um deputado exige sempre a intervenção decisória do parlamento[372], tal como pode determinar a suspensão do seu exercício de funções;
(7) Competência do parlamento para fazer leis[373], "promover a observância da Constituição e das leis", autorizar o Governo a contrair empréstimos e a fiscalizar as contas públicas[374];
(8) Os projectos de lei rejeitados não podem ser renovados na mesma sessão legislativa[375];

---

[366] Cfr. PAULO OTERO, *Instituições...*, I, pp. 247-248 e 333 ss.

[367] Cfr. Constituição dos EUA (1787), artigo 1.º, Secção II, n.º 2; Constituição francesa de 1793, artigo 8.º.

[368] O artigo 12.º do Acto Adicional às Constituições do Império (França), de 22 de Abril de 1815, proclamava, em igual sentido, que os deputados da Câmara dos Representantes eram "indefinidamente reelegíveis".

[369] Cfr. Constituição francesa de 1791, artigo 3.º da Secção IV, do Cap. III, do Título III.

[370] Cfr. Constituição de Cádis de 1812, artigo 127.º.

[371] Cfr. Constituição francesa de 1791, artigo 7.º da Secção III, do Cap. I, do Título III.

[372] Cfr. Constituição francesa de 1791, artigo 8.º da Secção V, do Cap. I, do Título III.

[373] Cfr. Constituição francesa de 1791, artigo 1.º da Secção I, do Cap. III, do Título III; Constituição de Cádis de 1812, artigo 131.º.

[374] No que respeita aos empréstimos e à fiscalização das contas públicas, cfr. Constituição de Cádis de 1812, artigo 131.º.

[375] Cfr. Constituição francesa de 1791, artigo 8.º da Secção II, do Cap. III, do Título III.

(9) Exigência de fundamentação pelo Chefe de Estado das razões do seu veto a um diploma parlamentar[376];
(10) Existência de uma comissão permanente de deputados do parlamento que, fora do período de funcionamento deste órgão, exerça funções[377];
(11) Consagração de uma cláusula residual de poderes a favor do executivo[378];
(12) Competência do Chefe de Estado para promulgar as leis, nomear os membros do Governo, as chefias militares e os representantes diplomáticos portugueses[379], além de conceder ou conferir distinções honoríficas[380], indultar ou comutar penas[381] e ainda declarar a guerra e fazer a paz[382];
(13) Necessidade de autorização parlamentar para o Chefe de Estado se ausentar do território nacional[383], sob pena de se entender que, ausentando-se sem esse consentimento, cessa o exercício de funções (: abdicação tácita, em 1822; perda do cargo, em 1976)[384];
(14) O início do exercício de funções do Chefe de Estado exige a prestação de juramento perante o parlamento[385], procedendo à leitura de um texto fixado pela Constituição[386];

---

[376] Cfr. Constituição dos EUA (1787), artigo 1.º, Secção VIII, n.º 2; Constituição de Cádis (1812), artigo 144.º.

[377] Cfr. Constituição de Cádis de 1812, artigos 157.º e seguintes.

[378] A fonte de uma tal solução parece encontrar-se no artigo 47.º da Constituição francesa de 1799, confiando ao governo, chefiado por Napoleão e mais dois cônsules, essa competência residual. E, em sentido semelhante, existia também uma cláusula residual de competência, agora a favor do rei, no artigo 170.º da Constituição de Cádis de 1812.

[379] Cfr. Constituição francesa de 1791, Título III, Secção IV do Cap. II e ainda o Cap. IV.

[380] Cfr. Constituição de Cádis de 1812, artigo 171.º, n.º 7.

[381] Cfr. Constituição dos EUA (1787), artigo 2.º, Secção II, n.º 1; Constituição de Cádis de 1812, artigo 171.º, n.º 13.

[382] Cfr. Constituição de Cádis de 1812, artigo 171.º, n.º 3.

[383] A primeira notícia de uma tal exigência constitucional encontra-se no *Act of Settlement*, de 12 de Junho de 1701.

[384] Tendo por base a factualidade que, por efeito das invasões francesas, levou a Família Real portuguesa a ausentar-se do continente europeu, a fonte jurídica desta solução, igualmente baseada nos circunstancialismos históricos espanhóis decorrentes das invasões napoleónicas, encontra-se no artigo 172.º, n.º 2, da Constituição de Cádis de 1812.

[385] Cfr. Constituição francesa de 1791, artigo 4.º da Secção I, do Cap. II, do Título III.

[386] Cfr. Constituição dos EUA (1787), artigo 2.º, Secção I, n.º 8.

(15) Responsabilidade criminal dos membros do Governo pelo exercício das suas funções, encontrando-se dependente, todavia, de decisão parlamentar[387];
(16) Sujeição de actos do Chefe de Estado a referenda ministerial[388];
(17) Configuração do Conselho de Estado como órgão consultivo do Chefe de Estado[389];
(18) Adopção de um modelo hierarquizado de organização dos tribunais, tendo o Supremo Tribunal de Justiça como órgão superior dos tribunais[390];
(19) Atribuição do julgamento em segunda instância das causas aos Tribunais da Relação;
(20) Admissibilidade de resolução de litígios através de arbitragem[391].

IV. Podem ainda registar-se os seguintes traços normativos que, existentes na Constituição de 1976, encontram a sua primeira formulação constitucional em 1822:

(1) Princípio da irrenunciabilidade a qualquer parte do território nacional;
(2) As alterações à Constituição exigem a aprovação por uma maioria parlamentar de "duas terças partes dos Deputados"[392];
(3) Anualidade da fixação dos impostos[393] e das despesas públicas[394];
(4) Previsão constitucional de um moderno de organização da Administração local[395].

10.4. A Carta Constitucional de 1826

BIBLIOGRAFIA: JORGE MIRANDA (org.), *As Constituições Portuguesas...*, pp. 103 ss.

---

[387] Cfr. Constituição francesa de 1791, artigo 8.º da Secção IV, do Cap. II, do Título III.
[388] Cfr. Constituição francesa de 1791, artigo 4.º da Secção IV, do Cap. II, do Título III.
[389] Cfr. Constituição de Cádis de 1812, artigo 236.º.
[390] Cfr. Constituição de Cádis de 1812, artigo 259.º.
[391] Cfr. Constituição francesa de 1791, artigo 5.º do Cap. V, do Título III.
[392] Importou-se, deste modo, a solução expressa no artigo 5.º da Constituição dos EUA.
[393] Cfr. Constituição francesa de 1791, artigo 1.º do Título V.
[394] A anualidade das receitas e despesas do Estado resulta do artigo 45.º da Constituição francesa de 1799.
[395] Cfr. Constituição francesa de 1791, Secção II, do Cap. IV, do Título III.

§10.° *A influência da história constitucional na Constituição de 1976* 263

I. A Carta Constitucional de 1826, tendo sido até hoje o texto constitucional em sentido formal que durante mais tempo vigorou em Portugal (: cerca de setenta e dois anos), a sua influência na organização política da Constituição de 1976 pode vislumbrar-se nas seguintes principais manifestações:

(1) Existência de um poder moderador, entendido como instrumento de "manutenção da independência, equilíbrio e harmonia dos mais Poderes Políticos" (artigo 71.°)[396];
(2) Cada legislatura tem a duração de quatro anos[397];
(3) Nenhum Deputado pode ser preso sem intervenção permissiva do parlamento, salvo em caso de flagrante delito de certo tipo de crimes[398];
(4) Reconhecimento ao Chefe do Estado do poder de dissolver o parlamento, convocando, imediatamente, novas eleições[399];
(5) Faculdade de o Chefe de Estado convocar extraordinariamente o parlamento[400];
(6) Devolução para a lei da configuração do número, designação e competência dos ministérios[401];
(7) Acolhimento da figura dos juízes de paz[402];
(8) Atribuição ao Governo da obrigação de, anualmente, apresentar ao parlamento uma proposta de orçamento para o ano seguinte[403].

II. Já no que respeita ao capítulo dos direitos e liberdades, a influência da Carta Constitucional de 1826 sobre o texto constitucional de 1976 resume-se nos seguintes termos:

(1) Consagração de um princípio geral de irretroactividade das leis[404];

---

[396] A fórmula é proveniente do artigo 98.° da Constituição brasileira de 1824, acolhendo os ensinamentos de BENJAMIN CONSTANT, *Cours de Politique Constitutionnelle*, I, Paris, 1861, pp. 19 e 176.
[397] Cfr. Constituição brasileira de 1824, artigo 17.°.
[398] Cfr. Constituição francesa de 1791, artigo 8.° da Secção V, do Cap. I, do Título III.
[399] Cfr. Carta Constitucional francesa de 1814, artigo 50.°.
[400] Cfr. Constituição dos EUA, artigo 2.°, Secção III; Constituição francesa de 1791, artigo 5.° da Secção IV, do Cap. III, do Título III.
[401] Cfr. Constituição brasileira de 1824, artigo 131.°.
[402] Cfr. Constituição francesa de 1791, artigo 7.° do Cap. V, do Título III.
[403] Cfr. Constituição brasileira de 1824, artigo 172.°.
[404] Cfr. Constituição dos EUA, artigo 1.°, Secção IX, n.° 3; Declaração de Direitos e dos Deveres do Homem e do Cidadão, anexa à Constituição francesa de 1795, artigo 14.°.

(2) Reconhecimento da liberdade religiosa, da liberdade de circulação de pessoas e de bens dentro e para fora do país[405], tal como a liberdade de trabalho, cultura, indústria ou comércio[406];
(3) Ninguém pode ser sentenciado senão por autoridade competente e desde que essa competência tenha sido fixada em lei anterior[407];
(4) Tutela da propriedade intelectual[408];
(5) Os poderes constituídos não podem suspender a Constituição no que respeita aos direitos fundamentais[409], sem prejuízo de se reconhecer a figura do estado de excepção constitucional e a sua especial vinculação ao princípio da proporcionalidade[410].

10.5. A Constituição de 1838

BIBLIOGRAFIA: JORGE MIRANDA (org.), *As Constituições Portuguesas...*, pp. 165 ss.

I. A Constituição de 1838, revelando-se duplamente compromissória entre a legitimidade democrática que, por via de Cortes Constituintes, a aprovou, e a legitimidade monárquica que, através da rainha, a sancionou, e, por outro lado, entre o modelo normativo liberal "esquerdista" da Constituição de 1822 e o modelo liberal "direitista" da Carta Constitucional de 1826, teve uma vida curta, inferior a quatro anos de vigência: vigou desde 4 de Abril de 1838 até 10 de Fevereiro de 1842, data em que foi restaurada a Carta Constitucional.

Não se pode dizer, porém, que a efémera existência da Constituição de 1838 tenha sido isenta de efeitos inovadores no constitucionalismo português que ainda hoje perduram na Constituição de 1976.

Observemos os principais elementos reveladores dessa influência.

II. Começando pelo domínio dos direitos fundamentais, a normatividade constitucional ainda vigente encontra a sua origem mais remota nos seguintes aspectos oriundos da Constituição de 1838:

---

[405] Cfr. Constituição francesa de 1791, Título I.
[406] Cfr. Declaração de Direitos do Homem e do Cidadão subjacente à Constituição francesa de 1793, artigo 17.º.
[407] Cfr. Constituição de Cádis de 1812, artigo 247.º.
[408] Cfr. Constituição francesa de 1795, artigo 357.º.
[409] Cfr. Constituição brasileira de 1824, artigo 179.º, n.º 34.
[410] Cfr. Constituição brasileira de 1824, artigo 179.º, n.º 35.

(1) Reconhecimento do direito de associação[411], do direito de resistência[412] e dos direitos de autor;
(2) Garantia do direito de reunião[413], sem dependência de autorização prévia[414];
(3) Proibição da retroactividade da lei penal incriminadora: ninguém pode ser "punido senão por lei anterior"[415];
(4) Configuração do ensino público como livre[416], garantindo-se a instrução primária gratuita[417].

III. Tomando agora em consideração a influência da Constituição de 1838 no âmbito da organização do poder político, cumpre salientar as seguintes soluções ainda hoje vigentes:

(1) Possibilidade de o parlamento criar comissões de inquérito[418], examinando qualquer objecto da competência parlamentar;

---

[411] Cfr. Constituição belga de 1831, artigo 20.º. Para mais desenvolvimentos sobre a génese histórica da liberdade de associação nas Cortes Constituintes de 1837/1838, cfr. IVO MIGUEL BARROSO, *A consagração das liberdades de reunião e de associação na Constituição portuguesa de 1838*, in *Estudos de Homenagem ao Prof. Doutor Joaquim Moreira da Silva Cunha*, Coimbra, 2005, pp. 397 ss.

[412] A origem mais remota da respectiva consagração jurídico-positiva terá sido no artigo 2.º da Declaração de Direitos do Homem e do Cidadão de 1789, falando-se aí em direito de "resistência à opressão".

[413] Cfr. 1.º Aditamento à Constituição dos EUA e ainda o Título I da Constituição francesa de 1791. Para mais desenvolvimentos históricos anteriores e posteriores à Constituição de 1838, cfr. IVO MIGUEL BARROSO, *A ausência geral de positivação das liberdades de reunião e de associação no Direito português, entre 1820 e 1870*, in *Estudos em Memória do Professor Doutor António Marques dos Santos*, II, Coimbra, 2005, pp. 173 ss.

[414] Cfr. Constituição belga de 1831, artigo 19.º. Ainda sobre a influência deste texto nos trabalhos constituintes de 1837/1838, cfr. IVO MIGUEL BARROSO, *A consagração das liberdades...*, pp. 403 e 404.

[415] A fonte desta solução, sem prejuízo do princípio geral da irretroactividade da lei consagrado pela Carta Constitucional de 1826, encontra-se no artigo 8.º da Declaração de Direitos do Homem e do Cidadão de 1789.

[416] Cfr. Constituição belga de 1831, artigo 17.º.

[417] Cfr. Constituição brasileira de 1824, artigo 179.º, n.º 32.

[418] Cfr. Constituição belga de 1831, artigo 40.º. Note-se, porém, que a figura do inquérito parlamentar tem a sua origem na Grã-Bretanha, após *Glorious Revolution* de 1688, vindo depois a ser exportada para os EUA, retirando-se implicitamente da Constituição de 1787 essa faculdade do Congresso. Para um desenvolvimento do tema, cfr., por todos, NUNO PIÇARRA, *O Inquérito Parlamentar e os seus Modelos Constitucionais*, pp. 65 ss.

(2) Fixação da exigência de *quorum* para o funcionamento do parlamento[419];

(3) Determinação que se o decreto do Chefe de Estado que dissolve o parlamento não for acompanhada da imediata marcação de novas eleições "será nulo e de nenhum efeito";

(4) Reconhecimento da possibilidade de existirem leis especiais para governar entes territoriais infra-estaduais[420];

(5) Atribuição ao Governo de uma competência excepcional de natureza residual.

10.6. Os Actos Adicionais à Carta Constitucional

BIBLIOGRAFIA: JORGE MIRANDA (org.), *As Constituições Portuguesas...*, pp. 141 ss.

I. Os Actos Adicionais à Carta Constitucional, elaborados durante o período que vai de 1852 a 1907, sendo todos posteriores, por conseguinte, à Constituição de 1838 – incorporando até algumas das suas soluções –, têm a particularidade de materializarem alterações ao texto da Carta que tiverem também influência na normatividade da Constituição de 1976.

Faremos essa investigação partindo da análise de cada um dos Actos Adicionais que contribuíram, efectivamente, para a identidade relacional da Constituição de 1976.

II. Começando pelo Acto Adicional de 1852, são os seguintes os aspectos inovadores que ainda hoje perduram na Constituição:

(1) Todos os tratados internacionais devem ser aprovados pelo parlamento, antes de serem ratificados pelo Chefe de Estado[421];

(2) Anualidade das leis sobre impostos[422];

(3) Afectação da aplicação das despesas públicas ao fim que justificou a sua aprovação[423], salvo existindo leis autorizando a transferência;

---

[419] Cfr. Constituição dos EUA, artigo 1.º, Secção V, n.º 1; Constituição francesa de 1793, artigo 42.º; Constituição belga de 1831, artigo 38.º.
[420] Cfr. Constituição francesa de 1830, artigo 64.º.
[421] Cfr. Constituição francesa de 1848, artigo 53.º.
[422] Cfr. Constituição francesa de 1848, artigo 17.º.
[423] Cfr. Constituição dos EUA, artigo 1.º, Secção IX, n.º 7.

(4) Criação de um Tribunal de Contas;
(5) Abolição (parcial) da pena de morte[424];

III. No que se refere ao Acto Adicional de 1885, a sua influência na normatividade constitucional hoje vigente centra-se em três traços:

(1) O mandato dos deputados não é imperativo[425];
(2) Limitação temporal do poder de dissolução do parlamento;
(3) Estipula-se a exigência de um intervalo mínimo de anos entre duas alterações constitucionais.

IV. Por último, quanto ao Acto Adicional de 1895, sem prejuízo da brevidade da sua vigência face à Carta de Lei de 3 de Abril de 1896, salientam-se as seguintes inovações que se podem considerar precursoras de soluções da Constituição de 1976:

(1) O exercício das funções dos Deputados está sujeito a incompatibilidades decorrentes da colisão de interesses;
(2) Reconhecimento ao executivo de competência para emanar "decretos com força legislativa".

10.7. A Constituição de 1911

BIBLIOGRAFIA: JORGE MIRANDA (org.), *As Constituições Portuguesas...*, pp. 209 ss.

I. Produto directo da Revolução republicana de 5 de Outubro de 1910, a Constituição de 21 de Agosto de 1911 é o primeiro texto constitucional republicano português, apesar de ser o último instituindo um modelo de Estado liberal, revelando-se a sua influência na gestação da normatividade da Constituição de 1976 em múltiplos sectores.

Desde logo, e em termos preliminares, essa influência é visível nos seguintes aspectos gerais:

(1) O preâmbulo da Constituição transmite a ideia de que a Assembleia Constituinte exerceu uma função confirmadora ou ratificadora do

---

[424] Cfr. Constituição francesa de 1848, artigo 5.º.
[425] Cfr. Constituição francesa de 1848, artigo 35.º.

movimento revolucionário que antecedeu a elaboração do texto constitucional;

(2) Observa-se a referência à forma do Estado, qualificado como sendo um Estado unitário;
(3) Adopta-se a forma republicana de governo e a inerente designação do Chefe de Estado como Presidente da República;
(4) Consagra-se a separação entre o Estado e a Igreja;
(5) Preconiza-se a solução pacífica de questões internacionais;
(6) Estipulam-se limites materiais de modificação da Constituição[426];
(7) Inclui-se uma cláusula de ressalva da vigência do direito ordinário anterior, desde que não seja materialmente desconforme com a nova Constituição[427].

Refira-se ainda, a título complementar, que a bandeira nacional é ainda hoje, nos termos do artigo 11.º, n.º 1, da Constituição de 1976, a que foi adoptada na sequência da Revolução de 5 de Outubro de 1910.

II. Tomando agora como referência de análise a influência da Constituição de 1911 sobre a normatividade constitucional de 1976 no domínio dos direitos fundamentais, há a destacar os seguintes contributos:

(1) Equiparação entre portugueses e estrangeiros residentes no país quanto a direitos e garantias individuais[428];
(2) Inviolabilidade da liberdade de consciência;
(3) Ninguém pode ser perseguido ou discriminado por motivo de religião[429], nem perguntado por autoridade alguma acerca das suas convicções religiosas;
(4) Igualdade política e civil de todos os cultos e inerente liberdade de culto público de qualquer religião[430];
(5) Neutralidade religiosa do ensino público[431];
(6) Obrigatoriedade do ensino primário;
(7) Garantia do contraditório na instrução criminal, assegurando-se aos arguidos todas as garantias de defesa;

---

[426] Cfr. Constituição brasileira de 1891, artigo 90, §4.º.

[427] Trata-se de uma solução importada do artigo 83.º da Constituição brasileira de 1891, apesar de já antes ter sido consagrada no artigo 112.º da Constituição francesa de 1848.

[428] Cfr. Constituição brasileira de 1891, artigo 72.º.

[429] Cfr. Constituição brasileira de 1891, artigo 72.º, §28.º.

[430] Em termos continentais, o livre exercício de cultos foi reconhecido pelo artigo 122.º da Constituição francesa de 1793.

[431] Cfr. Constituição brasileira de 1891, artigo 72.º, §6.º.

(8) Proibição absoluta de pena de morte;
(9) Direito à revisão das sentenças condenatórias;
(10) Ninguém é obrigado a pagar impostos que não tenham sido validamente criados ou cuja liquidação e cobrança se não façam nos termos da lei;
(11) Consagração da garantia do *habeas corpus*[432];
(12) A sentença criminal injusta que tenha sido executada gera direito de indemnização;
(13) A privação da liberdade pessoal exige, por via de regra, intervenção judicial;
(14) Constitucionalização de uma cláusula aberta (ou princípio da não tipicidade) dos direitos fundamentais[433];
(15) Remissão para a lei ordinária da definição da aquisição, perda e recuperação da cidadania portuguesa.

III. No que diz respeito à normatividade reguladora da organização política, a Constituição de 1911 permite revelar os seguintes traços da identidade relacional ou "familiar" da Constituição de 1976:

(1) As deliberações do parlamento são tomadas, por via de regra, por maioria de votos[434];
(2) Os deputados carecem de autorização parlamentar para serem jurados, peritos ou testemunhas;
(3) A concessão de amnistias integra a competência do parlamento[435];
(4) O parlamento pode conceder autorizações legislativas ao executivo, encontrando-se proibido o seu aproveitamento, todavia, por mais de uma vez;
(5) Definição de um princípio geral de iniciativa legislativa parlamentar concorrente entre deputados e poder executivo[436];

---

[432] O instituto do *habeas corpus* tem a sua origem no *common law* britânico, remontando a sua formalização jurídico-positiva em lei a 1679, encontrando-se também firmado na Constituição dos EUA, artigo I, Secção IX, n.º 2. A consagração da figura na Constituição de 1911 teve a sua origem directa, todavia, na Constituição brasileira de 1891 (artigo 72.º, §22.º).

[433] Cfr. Constituição brasileira de 1891, artigo 78.º, apesar de a solução brasileira ter sido importada, por sua vez, do 9.º Aditamento à Constituição dos EUA.

[434] A exigência constitucional de uma maioria simples para se apurar o sentido deliberativo do parlamento foi fixada pelo artigo 49.º da Constituição francesa de 1793.

[435] Cfr. artigo 3.º da lei francesa de 25 de Fevereiro de 1875 (Constituição da III República) e, em sentido idêntico, a Constituição brasileira de 1891, artigo 34.º, n.º 27.

[436] Cfr. artigo 3.º da lei francesa de 25 de Fevereiro de 1875 (Constituição da III República).

(6) Só pode ser Presidente da República o cidadão português de origem e maior de trinta e cinco anos;
(7) A eleição do Presidente da República é feita nos sessenta dias anteriores ao termo do mandato;
(8) O Presidente da República, se for membro do parlamento, uma vez que não pode acumular as duas funções, perde a qualidade de deputado;
(9) O Presidente da República toma posse perante o parlamento[437];
(10) Compete ao Presidente da República, sem prejuízo da necessidade de intervenção procedimental do governo e do parlamento, a declaração do estado de excepção constitucional;
(11) Fixação de um desvalor jurídico para a falta de referenda ministerial dos actos do Presidente da República;
(12) Os ministros não podem acumular o exercício de tais funções com quaisquer outras[438], se antes, porém, eram deputados, não perdem o mandato;
(13) Cada ministro é responsável política, civil e criminalmente pelos actos que praticar;
(14) A responsabilidade criminal dos ministros, sem prejuízo de envolver prévia intervenção parlamentar, efectiva-se perante os tribunais ordinários;
(15) Possibilidade de intervenção de júri nos julgamentos[439];
(16) Consagração do princípio geral de irresponsabilidade dos juízes pelas suas decisões;
(17) Os tribunais têm o poder de fiscalizar a conformidade constitucional de todas as normas que aplicam[440];
(18) O julgamento criminal do Presidente da República depende de prévia intervenção do parlamento[441];
(19) Divisão do poder decisório das estruturas administrativas locais em deliberativo e executivo;
(20) Reconhecimento da admissibilidade do referendo local;
(21) Consagração da autonomia financeira da Administração local.

---

[437] Cfr. Constituição francesa de 1848, artigo 48.º.
[438] Cfr. Constituição brasileira de 1891, artigo 50.º.
[439] Cfr. Constituição dos EUA, artigo 3.º, Secção II, n.º 3.
[440] Trata-se de uma solução directamente importada da Constituição brasileira de 1891 e, por essa via, da solução vigente no constitucionalismo norte-americano.
[441] Cfr. Constituição brasileira de 1891, artigo 53.º.

IV. No âmbito das revisões constitucionais da Constituição de 1911, circunscrevendo essa análise às leis de revisão cujo conteúdo se mostra influenciador das soluções da Constituição, cumpre salientar o seguinte:

(i) Lei n.º 891, de 22 de Setembro de 1919:
   (1) Atribuição ao Presidente da República da faculdade de dissolver o parlamento[442];
   (2) Obrigatoriedade, todavia, de o Presidente da República, antes de dissolver o parlamento, ouvir um órgão consultivo (: em 1919, o "Conselho Parlamentar"; em 1976, o "Conselho da Revolução"; e, a partir de 1982, o "Conselho de Estado");
   (3) Em caso de dissolução do parlamento, as eleições serão realizadas segundo a lei eleitoral em vigor ao tempo da dissolução;
   (4) A dissolução do parlamento determina a caducidade das autorizações legislativas;
   (5) Verificando-se dissolução parlamentar, o novo parlamento eleito inicia nova legislatura;
(ii) Lei n.º 1005, de 7 de Agosto de 1920:
   (1) Reconhecimento de autonomia financeira e descentralização legislativa a entes territoriais infra-estaduais;
   (2) Atribuição de competência legislativa a órgãos locais de entes territoriais infra-estaduais.

V. Uma referência final para o Decreto n.º 3997, de 20 de Março de 1918, que, a propósito da reforma eleitoral, motivou uma alteração (in)constitucional, protagonizada por Sidónio Pais, sendo aqui de sublinhar a origem de dois elementos que integram a normatividade constitucional hoje vigente:

(1) A eleição por sufrágio directo do Presidente da República[443];
(2) A configuração do Presidente da República como chefe supremo das forças armadas[444].

---

[442] Cfr. artigo 5.º da lei francesa de 25 de Fevereiro de 1875 (Constituição da III República).
[443] A origem desta solução jurídica, envolvendo a eleição por sufrágio directo do Presidente da República, encontra-se no artigo 46.º da Constituição francesa de 1848.
[444] Cfr. Constituição dos EUA, artigo 2.º, Secção II, n.º 1; Constituição francesa de 1852, artigo 6.º.

10.8. A Ditadura Militar de 1926-1933

BIBLIOGRAFIA: JORGE CAMPINOS, *A Ditadura Militar 1926/1933*, Lisboa, 1975; IDEM, *O Presidencialismo do Estado Novo*, Lisboa, 1978, pp. 19 ss. e 241 ss.; LUÍS BIGOTTE CHORÃO, *A Crise da República e a Ditadura Militar*, Lisboa, 2009.

I. O Movimento Militar de 26 de Maio de 1926, visando colocar termo ao parlamentarismo da I República, veio instituir uma Ditadura Militar que, sem prejuízo de nunca revogar ou abolir a totalidade da Constituição de 1911[445], desvitalizou todas as suas instituições, gerando um verdadeiro interregno constitucional: tratou-se do maior interregno constitucional posterior a 1820, uma vez que vai de Maio de 1926 a Abril de 1933.

Durante esse período de tempo, conhecido como a "Ditadura Militar", as instituições políticas sofreram uma profunda alteração:

(1) Não existia órgão parlamentar ou, pelo menos, o Congresso da República, eleito nos termos da Constituição de 1911, tinha sido dissolvido[446];
(2) Operou-se uma concentração de toda a competência legislativa parlamentar no Poder executivo;
(3) O Presidente da República era militar e passaria, a partir de 1928, a ser eleito por sufrágio directo[447];
(4) O Poder executivo assentava numa estrutura bicéfala: o Presidente da República não governava directamente com os ministros, antes existia um Presidente do Conselho de Ministros que, sendo nomeado e demitido livremente pelo Presidente da República, formava e dirigia o Governo;
(5) O Governo, liderado pelo Presidente do Ministério, passou a ganhar autonomia institucional face ao Presidente da República.

Todas estas profundas alterações constitucionais, apesar de produzidas durante o período da Ditadura Militar, acabaram por vir a ter uma importância decisiva no constitucionalismo posterior: nunca um interregno constitucional foi tão decisivo na configuração e no funcionamento das instituições que se lhe seguiram.

---

[445] Cfr. JORGE MIRANDA, *A Revolução de 25 de Abril e o Direito Constitucional*, sep. do *Boletim do Ministério da Justiça*, n.º 242, Lisboa, 1975, pp. 34-35.

[446] Cfr. Decreto n.º 11.711, de 9 de Junho de 1926.

[447] Cfr. Decreto n.º 15.063, de 25 de Fevereiro de 1928.

§10.º A influência da história constitucional na Constituição de 1976   273

II. Centrando a análise na influência das alterações institucionais geradas pela Ditadura Militar na normatividade da Constituição de 1976, podem-se extrair as seguintes ilações:

(1) A eleição directa do Presidente da República;
(2) A fixação do mandato do Presidente da República em cinco anos, proibindo-se a sua reeleição para mais de dois quinquénios seguidos[448];
(3) A autonomia institucional do Governo perante o Presidente da República;
(4) A configuração do Governo como órgão datado de uma competência legislativa normal;
(5) O protagonismo dos militares na vida política: o golpe de 25 de Abril de 1974 é obra de militares, podendo falar-se, até à revisão constitucional de 1982, na existência de uma cláusula militar implícita na Presidência da República e de uma tutela militar sobre o regime, protagonizada pelo Conselho da Revolução, registando-se que só em 1986 seria eleito um civil como Presidente da República (: o Dr. Mário Soares), remontando a 1926 o último civil a ocupar esse cargo (: o Dr. Bernardino Machado).

III. Reconduz-se ainda ao período da Ditadura Militar a introdução de uma regra que, por efeito das "Condições da Reforma Financeira" que conduziram o Doutor Oliveira Salazar, em 27 de Abril de 1928, a assumir o cargo de Ministro das Finanças[449], passou a exigir a intervenção do Ministro das Finanças em todos os actos governamentais que envolvessem efeitos financeiros, conferindo-lhe um verdadeiro poder de veto[450].

Uma tal solução, fruto de uma exigência de Salazar para assumir a pasta das Finanças, passou a integrar o texto da Constituição de 1933, foi acolhida pelas leis constitucionais do período revolucionário de 1974-1976 e, por último, acabou por ficar consagrada nas sucessivas leis orgânicas dos governos constitucionais, desde 1976 e até ao presente: a necessidade de intervenção do Ministro das Finanças em todos os actos do Governo que envolvam aumento de despesas ou diminuição de receitas é hoje um princípio consuetudinário integrante da Constituição financeira em sentido material[451].

---

[448] Cfr. artigo 2.º do Decreto n.º 15.063, de 25 de Fevereiro de 1928.
[449] Cfr. OLIVEIRA SALAZAR, *Discursos 1928-1934*, I, Coimbra, 1935, pp. 3 ss.
[450] Para mais desenvolvimentos, cfr. PAULO OTERO, *A intervenção do Ministro das Finanças...*, pp. 163 ss.
[451] Cfr. PAULO OTERO, *A intervenção do Ministro das Finanças...*, p. 176.

10.9. A Constituição de 1933

BIBLIOGRAFIA: JORGE MIRANDA (org.), *As Constituições Portuguesas...*, pp. 267 ss.

(a) Aspectos gerais

I. Herdeira política e jurídica da Ditadura Militar, a Constituição de 1933 tem, relativamente à Constituição de 1976, uma proximidade cronológica e, atendendo aos quadros mentais dos protagonistas da feitura desta última, uma proximidade subjectiva que a tornam a influência dominante, isto por sequência ou até por oposição de soluções normativas: dificilmente se poderá conhecer a identidade da Constituição de 1976 sem ter presente que sucedeu à Constituição de 1933.

Acontece, no entanto, que, durante a vigência da Constituição de 1933, além de se ter assistido ao desenvolvimento informal de uma normatividade constitucional "não oficial", foram feitas diversas revisões constitucionais, podendo dizer-se, sem risco de exagero, que a versão vigente em 25 de Abril de 1974 era substancialmente diferente do texto que entrou em vigor em 11 de Abril de 1933.

Importa, neste sentido, procurar indagar o exacto texto da Constituição de 1933 que influenciou a normatividade da Constituição de 1976, razão pela qual, partindo da versão inicial, analisaremos, em momento subsequente, as sucessivas leis de revisão constitucional, procurando extrair as soluções da Lei Fundamental do Estado Novo que foram acolhidas pelo texto constitucional vigente.

II. Numa perspectiva genérica, olhando para as características gerais da Constituição de 1933, pode dizer-se que teve influência nos seguintes aspectos acolhidos pela normatividade constitucional vigente:

(1) Consagração de um modelo de Estado social de Direito que, sob inicial e embrionária formulação de uma cláusula de bem-estar[452], falando em "mínimo de existência humanamente suficiente"[453], define incumbências ao Estado e cria direitos sociais a favor dos particulares;

---

[452] Acolhendo aqui a Constituição de 1933 os ensinamentos da Doutrina Social da Igreja, cfr. LEÃO XIII, *Carta Encíclica Rerum Novarum*, de 15 de Maio de 1891, n.ᵒˢ 24 e 26.

[453] A Constituição alemã de 1919 falava, por sua vez, em "assegurar a todos uma existência humana digna" (artigo 151.º).

(2) Definição constitucional de um projecto político ou programa de acção vinculativo para os poderes constituídos – em 1933, o corporativismo; em 1976, a transição para o socialismo; e, formalmente após a revisão de 1989, a "construção de uma sociedade livre, justa e solidária";

(3) Adopção de um modelo de intervenção económica do Estado, enquanto regulador, coordenador e produtor[454];

(4) Configuração das relações normativas entre o parlamento e o governo, registando-se, por extensão da herança da Ditadura Militar, o domínio da produção legislativa pelo Governo;

(5) Afirmação de uma progressiva centralidade política do Chefe do Governo, isto por via de um informal desenvolvimento da Constituição "não oficial", tornando-se de facto o eixo da vida política: a ideia de um presidencialismo de primeiro-ministro em ambos os textos;

(6) Apelo a um relacionamento internacional de Portugal baseado na adopção de soluções que interessem à paz entre os povos e ao progresso da humanidade.

(b) Texto inicial de 1933

III. Tomando agora como critério circunscrito de análise a temática dos direitos e garantias fundamentais consagrados na Constituição de 1933, verifica-se que a sua influência se projectou nos seguintes termos sobre a Constituição de 1976:

(1) Reconhecimento de limites à completa equiparação de direitos entre nacionais e estrangeiros residentes em Portugal;

(2) Consagração expressa dos direitos à vida[455] e integridade pessoal[456], do direito ao bom nome e reputação, do direito à transmissão da propriedade em vida ou por morte, direito à reparação de toda a lesão;

---

[454] Cfr. Constituição espanhola de 1931, artigo 44.º.

[455] A consagração jurídico-positiva do direito à vida, qualificando-o de direito inato, remonta à Secção I da Declaração de Direitos da Virgínia, de 16 de Junho de 1776, reconhecendo-o também como inalienável a Declaração de Independência dos EUA, de 4 de Julho de 1776.

[456] A referência à salvaguarda da integridade física encontra-se no 5.º Aditamento à Constituição dos EUA.

(3) Garantia do direito de fazer inserir gratuitamente nas publicações periódicas a rectificação ou a defesa de quem foi injuriado ou infamado;
(4) Tutela constitucional expressa da família e dos seus membros[457], estipulando-se um conjunto diversificado de deveres vinculativos do Estado (v.g., construção de habitações[458], protecção da maternidade[459], regulação dos impostos tendo em atenção as famílias, facilitar os pais a instruírem e educarem os filhos[460]);
(5) Postura intervencionista do Estado na promoção e auxilio à formação de entidades corporativas e associativas[461];
(6) Reconhecimento de uma dimensão de serviço público na imprensa;
(7) Subordinação dos funcionários públicos ao serviço do interesse público e sujeição do exercício das suas funções ao princípio da imparcialidade;
(8) Proibição geral de se acumularem empregos públicos;
(9) Protecção dos emigrantes;
(10) Reconhecimento de uma função social à propriedade[462], ao capital e ao trabalho[463];
(11) Atribuição às organizações sindicais de um direito a celebrar contratos colectivos de trabalho;
(12) Vinculação do Estado a promover e favorecer instituições de solidariedade, previdência, cooperação e mutualidade[464];
(13) Existência de um sistema público de ensino[465];
(14) Definição de um elenco de bens pertencentes ao domínio público do Estado;

---

[457] Cfr. Constituição alemã de 1919, artigos 119.º a 122.º; Constituição Espanhola de 1931, artigo 43.º.
[458] Cfr. Constituição alemã de 1919, artigo 155.º.
[459] Cfr. Constituição alemã de 1919, artigo 161.º; Constituição Espanhola de 1931, artigo 43.º.
[460] Cfr. Constituição Espanhola de 1931, artigo 43.º.
[461] Cfr. Constituição alemã de 1919, artigo 156.º, segundo a influência da Doutrina Social da Igreja.
[462] Cfr. Constituição alemã de 1919, artigo 153.º, III, acolhendo, uma vez mais, a Doutrina Social da Igreja.
[463] Cfr. Constituição Espanhola de 1931, artigo 46.º, tendo subjacente o contributo da Doutrina Social da Igreja.
[464] Cfr. LEÃO XIII, *Carta Encíclica Rerum Novarum*, n.ºs 34 ss., PIO XI, *Carta Encíclica Quadragesimo Anno*, de 15 de Maio de 1931, n.ºs 30 ss.
[465] Cfr. Constituição alemã de 1919, artigo 146.º.

§10.º A influência da história constitucional na Constituição de 1976   277

(15) Estipulação de um dever de protecção dos monumentos artísticos, históricos e naturais por parte do Estado[466];
(16) Sujeição do orçamento do Estado aos princípios da unidade e consignação;
(17) Pormenorização da reserva de lei em matéria de impostos.

IV. É no capítulo referente à organização do poder político, no entanto, que de modo mais expressivo a influência da Constituição de 1933 se faz sentir sobre a identidade relacional da Constituição de 1976:

(1) Elenco de órgãos de soberania, nele incluindo, além do Chefe de Estado e do parlamento, o Governo e os Tribunais;
(2) Afirmação de um princípio geral de responsabilidade difusa do Presidente da República;
(3) Por crimes estranhos ao exercício das suas funções, o Presidente da República só responde depois do termo do seu mandato;
(4) Previsão normativa da renúncia do Presidente da República;
(5) Consagração da competência do Presidente da República para dirigir mensagens ao parlamento[467] e marcar o dia das eleições parlamentares;
(6) Admissibilidade de nem todos os actos do Presidente da República estarem sujeitos a referenda ministerial;
(7) Criação de um Conselho de Estado junto do Presidente da República, enquanto seu órgão consultivo, composto por membros designados por inerência e cinco membros nomeados pelo Presidente da República;
(8) Os deputados têm um mandato de quatro anos[468], sem prejuízo da possibilidade de dissolução do parlamento;
(9) Os deputados que forem nomeados membros do Governo, apesar de não perderem o seu mandato, não podem, todavia, exercer esse mandato até cessarem as funções governamentais;
(10) Em caso de dissolução do parlamento, as eleições devem realizar-se nos sessentas dias subsequentes[469];

---

[466] Cfr. Constituição alemã de 1919, artigo 150.º; Constituição Espanhola de 1931, artigo 45.º.
[467] Cfr. artigo 6.º da lei constitucional francesa de 16 de Julho de 1875 (Constituição da III República).
[468] Cfr. Constituição alemã de 1919, artigo 23.º, I; Constituição Espanhola de 1931, artigo 53.º.
[469] Cfr. Constituição alemã de 1919, artigo 25.º, II; Constituição Espanhola de 1931, artigo 81.º, alínea b).

(11) Dissolvido o parlamento, a duração da nova legislatura que se inicia com o parlamento eleito será acrescida do tempo necessário para se completar a sessão legislativa anterior;
(12) Compete ao parlamento tomar as contas do Estado, tendo existindo prévia intervenção do Tribunal de Contas[470] e com "os demais elementos que forem necessários para a sua apreciação";
(13) Integra ainda a competência do parlamento autorizar o Governo a realizar empréstimos;
(14) Competência do parlamento para autorizar o Presidente da República a declarar a guerra e a fazer a paz[471];
(15) Definição de um conjunto de matérias objecto de reserva de lei parlamentar;
(16) As propostas e os projectos de lei apresentados ao parlamento que não tiverem sido discutidos ou votados na respectiva sessão legislativa não carecem de ser renovados na sessão legislativa seguinte da mesma legislatura;
(17) Existência de um órgão consultivo geral, dotado de uma composição de matriz corporativa – em 1933, a Câmara Corporativa; em 1976, o Conselho Nacional do Plano, substituído, a partir da revisão constitucional de 1989, pelo Conselho Económico e Social;
(18) Autonomia constitucional do Governo, integrando o seu Presidente e os Ministros[472];
(19) Os Ministros e demais membros do Governo são nomeados pelo Presidente da República, sob proposta do Chefe do Governo[473];
(20) As funções dos Subsecretários de Estado cessam com a exoneração do respectivo Ministro;
(21) O Chefe do Governo é responsável perante o Presidente da República, sendo os restantes membros do Governo responsáveis perante o Chefe do Governo;
(22) O Chefe do Governo dirige o Governo e coordena a actividade de todos os Ministros[474];
(23) Compete ao Governo, além do exercício de funções legislativas, elaborar regulamentos para a "boa execução das leis";

---

[470] Cfr. Constituição austríaca de 1920, artigo 121.º, n.º 2.
[471] Cfr. Constituição Espanhola de 1931, artigos 76.º, alínea a), e 77.º.
[472] Além da prática política oriunda do período da Ditadura Militar (1926-1933), cfr. Constituição Espanhola de 1931, artigo 86.º.
[473] Cfr. Constituição alemã de 1919, artigo 53.º; Constituição Espanhola de 1931, artigo 75.º.
[474] Cfr. Constituição alemã de 1919, artigos 55.º e 56.º.

(24) O Governo exerce ainda poderes de intervenção intra-administrativa sobre as diversas estruturas Administração Pública, fiscaliza a legalidade da sua actuação e pratica todos os actos respeitantes ao funcionalismo público;
(25) As autorizações legislativas concedias ao Governo, apesar de não poderem ser aproveitadas mais do que uma vez, podem ser utilizadas de forma parcelar;
(26) O parlamento pode fazer cessar a vigência dos decretos-leis através de um procedimento expedito de apreciação política, deixando aqueles de vigorar desde o dia em que for publicada a decisão parlamentar;
(27) O Conselho de Ministros pode ser, a título excepcional, presidido pelo Presidente da República;
(28) Definição do princípio geral que proíbe a existência de tribunais com competência exclusiva para o julgamento de certas categorias de crimes;
(29) Constitucionalização da figura do Procurador-Geral da República;
(30) Consagração do princípio da inamovibilidade dos juízes;
(31) Utilização da expressão "autarquias locais" e previsão da sua sujeição a fiscalização governamental, incluindo a possibilidade de dissolução dos seus órgãos.

(c) As revisões constitucionais de Salazar

V. A revisão constitucional de 1935, segundo os termos resultantes da Lei n.º 1885, de 23 de Março de 1935, permitiu visualizar a introdução das seguintes soluções que foram depois acolhidas pela Constituição de 1976:

(1) Sujeição dos decretos-leis e dos decretos regulamentares a promulgação do Presidente da República, carecendo da sua assinatura os demais decretos governamentais;
(2) Sancionamento da falta de promulgação ou de assinatura pelo Presidente da República com a inexistência jurídica;
(3) A falta de referenda ministerial determina, em igual sentido, a inexistência;
(4) Constitucionalização da designada "lei travão" – os deputados não podem apresentar projectos de lei, nem fazer propostas de alteração, que envolvam aumento da despesa ou diminuição da receita do Estado.

VI. Independentemente das alterações introduzidas, entretanto, pelas revisões constitucionais de 1935[475], 1936[476], 1937[477] e 1938[478], será a revisão de 1945, operada pela Lei n.º 2009, de 17 de Setembro de 1945, que teve repercussão em soluções adoptadas pela Constituição de 1976:

(1) O parlamento, além da tradicional competência para "vigiar pelo cumprimento da Constituição e das leis", passa a também poder "apreciar os actos do Governo ou da Administração";
(2) Expresso reconhecimento de que o parlamento pode funcionar em sessões plenárias e também em comissões permanentes ou ainda constituir comissões eventuais para fins determinados;
(3) Definição de regras de substituição dos Ministros;
(4) Atribuição ao Governo de uma competência legislativa genérica e normal para, em concorrência com a esfera legislativa do parlamento, fazer decretos-leis;
(5) Constitucionalização do Ministério Público.

VII. A revisão constitucional de 1951, efectuada através da Lei n.º 2048, de 11 de Junho de 1951, permite extrair os seguintes contributos para a identidade da Constituição de 1976:

(1) Afirmação do princípio geral de que o Estado não aliena qualquer parte do território nacional ou dos direitos de soberania que sobre ele exerça, salvaguardando, porém, a possibilidade de rectificação de fronteiras;
(2) Introdução da expressão "dignidade humana"[479];
(3) Reconhecimento como direito fundamental do direito ao trabalho;
(4) Definição de um elenco de matérias legislativas da competência exclusiva do parlamento;
(5) A apreciação política pelo parlamento de decretos-leis depende da iniciativa de, pelo menos, dez deputados;

---

[475] Cfr. Lei n.º 1910, de 23 de Maio de 1935.
[476] Cfr. Lei n.º 1945, de 21 de Dezembro de 1936.
[477] Cfr. Lei n.º 1963, de 18 de Dezembro de 1937.
[478] Cfr. Lei n.º 1966, de 23 de Abril de 1938.
[479] Sem prejuízo do possível contributo proveniente da Constituição de Bona (1949), cumpre sublinhar que uma das primeiras referências constitucionais à expressão "dignidade da pessoa humana" encontra-se no projecto de Constituição elaborado pelo Marechal Pétain, após 10 de Julho de 1940, e que nunca chegou a ser oficialmente promulgado. Encontrando-se já referenciada a inspiração que a Constituição de 1933 conferiu ao regime de Vichy (cfr. HELENA PINTO JANEIRO, *Salazar e Pétain – Relações luso-francesas durante a Segunda Guerra Mundial (1940-44)*, Lisboa, 1998, pp. 69 ss.), observa-se agora a influência de Vichy na revisão constitucional portuguesa de 1951.

§10.° *A influência da história constitucional na Constituição de 1976* 281

(6) Admissibilidade limitada de, a propósito da apreciação política pelo parlamento de decretos-leis, ser suspensa a execução do diploma legislativo governamental.

VIII. A revisão constitucional de 1959, segundo os termos da Lei n.° 2100, de 29 de Agosto de 1959, trouxe os seguintes elementos para a normatividade constitucional hoje vigente:

(1) Em caso de ausência do Presidente da República do território nacional, dispensa-se o assentimento do parlamento à simples passagem em trânsito ou a viagens sem carácter oficial de duração não superior a cinco dias;
(2) Previsão constitucional da categoria dos Secretários de Estado como membros do Governo, determinando-se que as suas funções cessam com a exoneração do respectivo Ministro;
(3) Reconhecimento da faculdade de os deputados formularem perguntas sobre quaisquer actos do Governo ou da Administração;
(4) Designação como "decretos" das propostas e projectos aprovados pelo parlamento para serem enviados para promulgação como leis.

(d) A revisão constitucional de Marcello Caetano

IX. A revisão constitucional de 1971, já protagonizada por Marcello Caetano, viria a ser aprovada pela Lei n.° 3/71, de 16 de Agosto, sendo a última alteração da Constituição de 1933 durante a vigência do Estado Novo, tornar-se-ia a versão constitucional imediatamente anterior à Constituição de 1976, motivo pelo qual se podem recortar diversos pontos de identidade:

(1) Qualificação da soberania como sendo "una e indivisível";
(2) Fixação de regras sobre a vigência interna de convenções internacionais;
(3) Criação de regiões autónomas[480];
(4) Expressa consagração de uma cláusula de bem-estar social ao nível das tarefas do Estado;
(5) Definição de funções privativas dos portugueses e reconhecimento da admissibilidade de estrangeiros exercerem "funções públicas com carácter predominantemente técnico";
(6) Tratamento mais favorável, sob cláusula de reciprocidade, aos estrangeiros de língua portuguesa;

---

[480] Cfr. Constituição Espanhola de 1931, artigo 11.°; Constituição italiana de 1947, artigos 114.° e seguintes.

(7) Extensão das garantias previstas para as penas às medidas de segurança;
(8) Constitucionalização do direito de impugnação judicial dos actos administrativos[481];
(9) Configuração da natureza excepcional da prisão preventiva;
(10) Reconhecimento de uma função de carácter público na rádio e na televisão;
(11) A promoção do desenvolvimento económico e social, a justa repartição dos rendimentos e o estímulo à iniciativa privada e à concorrência surgem como propósitos do Estado no campo económico e social;
(12) Reconhecimento de um papel ao presidente do parlamento na substituição do Presidente da República[482];
(13) Introdução do conceito de declaração "com força obrigatória geral" da inconstitucionalidade de normas;
(14) Atribuição de certos casos de iniciativa legislativa parlamentar exclusiva ao Governo;
(15) O parlamento pode, por iniciativa interna ou do Governo, declarar a urgência de qualquer proposta ou projecto de lei, passando a ficar sujeito a uma tramitação procedimental especial;
(16) A ordem do dia das reuniões do parlamento é fixada pelo seu presidente;
(17) Admissibilidade genérica de, aquando da apreciação parlamentar de decretos-leis, ser suspensa a sua execução;
(18) O modelo gizado para a autonomia das regiões autónomas, falando já em "órgãos de soberania da República", obedece às seguintes linhas configurativas:
– A autonomia das regiões não afecta a integridade da soberania do Estado, nem a solidariedade nacional;
– Cada região autónoma é uma pessoa colectiva de direito público;
– Cada região possuirá um estatuto que estabelecerá a respectiva organização político-adinistrativa[483];
– Reconhecimento da existência de órgãos electivos de governo próprio;
– Atribuição de competência legislativa "com respeito pelas normas constitucionais e das emanadas dos órgãos de soberania";

---

[481] Cfr. Constituição espanhola de 1931, artigo 101.º.
[482] Cfr. Constituição espanhola de 1931, artigo 74.º.
[483] Cfr. Constituição espanhola de 1931, artigos 11.º e 12.º.

- Titularidade de um poder executivo próprio;
- Autonomia financeira e patrimonial;
- Existência em cada região de um representante do Estado, vinculado à defesa da soberania do Estado;
(19) Determinação de que, apresentado um projecto de revisão constitucional, quaisquer outros têm de ser apresentados no prazo de trinta dias.

Pode afirmar-se que, num certo sentido, algumas das soluções normativas introduzidas pela última revisão da Constituição de 1933 seriam retomadas pela Assembleia Constituinte de 1975-76, sem prejuízo das influências entretanto impostas pelo período revolucionário.

10.10. A influência do período revolucionário

BIBLIOGRAFIA: JOSÉ-PEDRO GONÇALVES (org.), *Dossier 2.ª República*, 2 vols., Lisboa, 1976-77.

I. Para além de todos os contributos já recolhidos para a definição da identidade familiar da Constituição de 1976, a verdade é que não se pode conhecer a verdadeira identidade relacional da normatividade constitucional de 1976 sem se analisar as influências que a legislação constitucional revolucionária e as duas Plataformas Constitucionais entre o MFA e os partidos políticos comportaram para a nova Lei Fundamental.

Essa análise sobre a projecção do contributo do período revolucionário sobre a normatividade integrante da Constituição de 1976 vai fazer-se obedecendo à seguinte dicotomia:

(*a*) Influência sobre a normatividade constitucional ainda vigente;
(*b*) Influência sobre a normatividade constitucional não vigente.

(a) Influência sobre a normatividade ainda vigente

II. A Lei n.º 3/74, de 14 de Maio, definindo a estrutura constitucional transitória, imediatamente após o Movimento de 25 de Abril, veio comportar as seguintes inovações que ainda hoje integram a normatividade constitucional:

(1) Instituição do sufrágio universal;
(2) Criação da figura do primeiro-ministro;

(3) Reforço da colegialidade governativa: o papel do Conselho de Ministros na definição das linhas gerais de orientação governamental;
(4) Integração de todos os tribunais que exercem funções jurisdicionais no Poder Judicial;
(5) Criação das figuras do "Chefe do Estado-Maior General das Forças Armadas" e dos "Chefes dos Estados-Maiores dos três ramos das Forças Armadas";
(6) Criação do Conselho Superior da Defesa Nacional, presidido pelo Presidente da República.

Por sua vez, o Programa do Movimento das Forças Armadas, objecto de recepção pelo artigo 1.º, n.º 1, *in fine*, da Lei n.º 3/74, de 14 de Maio, permite registar a afirmação da liberdade de formação de associações políticas, "possíveis embriões de futuros partidos políticos", além de expressa garantia da liberdade sindical.

É aqui ainda, à luz do Programa do MFA, que se encontra a definição dos princípios nucleares da política externa portuguesa que, posteriormente, viriam a ser acolhidos pelo artigo 7.º da Constituição: os princípios da independência e da igualdade entre os Estados, da não ingerência nos assuntos internos dos outros Estados e da defesa da paz.

III. A Lei n.º 5/74, de 12 de Julho, tratando da responsabilidade do Governo perante o Primeiro-Ministro, veio, por sua vez, revelar os seguintes contributos que seriam recolhidos pelo texto da Constituição de 1976:

(1) As funções de todos os membros do Governo cessam com a exoneração do Primeiro-Ministro;
(2) Nas suas ausências ou impedimentos, o Primeiro-Ministro é substituído pelo Ministro que indicar ao Presidente da República ou, na falta de tal proposta, pelo Ministro que for designado pelo Presidente da República.

IV. A Lei Constitucional n.º 6/75, de 26 de Março, por outro lado, referindo-se à constituição do governo provisório, viria a projectar a sua influência na normatividade constitucional ainda hoje vigente quanto aos dois seguintes aspectos:

(1) Admissibilidade da existência de Conselhos de Ministros especializados ou restritos;
(2) Atribuição ao Governo de uma competência legislativa reservada em matéria de funcionamento do Conselho de Ministros.

V. Já no que respeita à Primeira Plataforma de Acordo Constitucional celebrada entre o MFA e os Partidos Políticos, em 11 de Abril de 1975, ainda hoje se encontram vigentes as seguintes soluções cuja origem remonta a esse documento heterovinculativo dos constituintes:

(1) A configuração do Presidente da República como Comandante Supremo das Forças Armadas;
(2) Na escolha o Primeiro-Ministro, o Presidente da República deve ouvir os partidos políticos e ter em conta a composição do parlamento;
(3) Responsabilidade política do Primeiro-Ministro perante o parlamento (e o Presidente da República, entretanto revista em 1982);
(4) O parlamento pode votar moções de desconfiança ao Governo;
(5) Compete ao Governo legislar por decretos-leis sobre todas as matérias não reservadas a outros órgãos.

VI. A Segunda Plataforma de Acordo Constitucional, celebrada em 26 de Fevereiro de 1976, viria a introduzir as seguintes vinculações inovadoras à decisão constituinte que ainda hoje perduram:

(1) O Presidente da República é eleito por sufrágio universal, directo e secreto;
(2) As candidaturas para Presidente da República são propostas por um mínimo de 7 500 e um máximo de 15 000 eleitores;
(3) Compete ao Presidente da República declarar o estado de sítio e o estado de emergência;
(4) A dissolução dos órgãos das regiões autónomas integra a competência do Presidente da República;
(5) Fixação do prazo de vinte dias para o Presidente da República promulgar ou vetar politicamente os diplomas legislativos provenientes do parlamento;
(6) O veto político do Presidente da República sobre diplomas provenientes do parlamento pode ser ultrapassado, por via de regra, pelo voto da maioria absoluta dos deputados em efectividade de funções e, a título excepcional, em certas matérias, por maioria de dois terços dos deputados;
(7) A substituição do Presidente da República é feita pelo presidente do parlamento;
(8) Criação de um sistema de fiscalização preventiva da constitucionalidade;
(9) Possibilidade de o parlamento, na sequência de veto por inconstitucionalidade, confirmar o diploma por maioria de dois terços dos

deputados, remetendo-se para o Presidente da República a decisão final sobre a promulgação;

(10) Consagração de um mecanismo de fiscalização da inconstitucionalidade por omissão, verificando-se a ausência das medidas legislativas necessárias para tornar exequíveis as normas constitucionais;

(11) Tratamento diferenciado para a inconstitucionalidade orgânica ou formal de convenções internacionais (depois circunscrita, a partir da revisão de 1982, a tratados regulamente ratificados), possibilitando-se a sua aplicação interna;

(12) Existência de recurso obrigatório para o Ministério Público quando os tribunais recusam a aplicação de norma com fundamento em inconstitucionalidade;

(13) Se uma norma for julgada inconstitucional em três casos concretos, poderá depois ser objecto de declaração de inconstitucionalidade com força obrigatória geral;

(14) Necessidade de o Governo apresentar um programa de governo ao parlamento;

(15) Em caso de demissão, os membros do Governo permanecem em funções até à posse do novo Governo;

(16) O Presidente da República não pode recusar a promulgação da lei de revisão constitucional.

(b) Influência sobre a normatividade não vigente

VII. Um domínio particularmente importante da normatividade da versão inicial da Constituição de 1976 dizia respeito à autonomia de inserção organizativa e da regulação jurídica das Forças Armadas e demais questões militares, afastada que esteve, até à revisão constitucional de 1982, a subordinação dos militares ao poder civil protagonizado pelo Governo[484].

A construção de um tratamento jurídico específico para os militares, objecto de uma posterior recepção pela versão originária da Constituição de 1976, teve a sua génese, todavia, durante o período revolucionário:

(1) A Lei n.º 4/74, de 1 de Julho, disciplinando os poderes do Conselho dos Chefes dos Estados-Maiores das Forças Armadas, deslocou

---

[484] Para uma síntese do processo de transição que levou, em 1982, à efectiva subordinação das Forças Armadas ao poder civil, segundo resultou da 1.ª revisão constitucional e da subsequente proposta de Lei da Defesa Nacional e das Forças Amadas, incluindo referências aos argumentos e contra-argumentos então usados, cfr., por todos, DIOGO FREITAS DO AMARAL, *Politica Externa e Política de Defesa (Discursos e outros textos)*, Lisboa, 1985, em especial, pp. 120 ss. e 209 ss.

§10.º *A influência da história constitucional na Constituição de 1976* 287

o exercício da função legislativa sobre matérias militares para um órgão composto integralmente por militares;
(2) A Lei n.º 5/75, de 14 de Março, que, extinguindo a Junta de Salvação Nacional e o Conselho de Estado, institui o Conselho da Revolução, conferiu-lhe competência legislativa no domínio militar;
(3) Por força da 1.ª Plataforma de Acordo Constitucional, salientam-se as seguintes soluções constitucionais:
– Referência à aliança entre o Movimento das Forças Armadas (MFA) e o povo;
– Institucionalização constitucional do MFA;
– Configuração do Conselho da Revolução como órgão de soberania, dotado de poderes legislativos, políticos e de fiscalização da constitucionalidade das normas;
– O Presidente da República como presidente do Conselho da Revolução;
– Independência do poder militar face ao poder civil durante o período transitório;
– A configuração das Forças Armadas como garantes e motor do processo revolucionário;
(4) A 2.ª Plataforma de Acordo Constitucional, por sua vez, determinou as seguintes vinculações:
– A dissolução do parlamento pelo Presidente da República carecia, por via de regra, de parecer favorável do Conselho da Revolução;
– Determinação da composição e de vastos poderes de intervenção decisória e consultiva do Conselho da Revolução;
– Criação da Comissão Constitucional, presidida por um membro do Conselho da Revolução, como órgão auxiliar ao Conselho da Revolução em matéria de apreciação de questões de constitucionalidade;
– Consagração da paridade de valor hierárquico-normativo entre os diplomas legislativos do Conselho da Revolução, as leis do parlamento e os decretos-leis do governo.

VIII. Um segundo sector particularmente importante da versão inicial da Constituição de 1976 diz respeito ao princípio socialista e ao contributo resultante da vertente revolucionária, sendo aqui de salientar, sem prejuízo dos projectos constitucionais apresentados pelos partidos da esquerda, os seguintes aspectos da 1.ª Plataforma de Acordo Constitucional:

(1) Constitucionalização dos desenvolvimentos do Programa do MFA impostos pela dinâmica revolucionária;
(2) Vinculação do país à via original de um "socialismo português".

O projecto de construção do socialismo viria, entretanto, após o 11 de Março de 1975, a ser objecto de implementação económica, procedendo o governo provisório a um vasto programa de nacionalizações que seriam depois constitucionalizadas como "conquistas irreversíveis das classes trabalhadoras" (artigo 83.º, n.º 1).

IX. Uma terceira área de incidência da normatividade revolucionária que viria a ser acolhida pelo texto inicial da Constituição de 1976 diz respeito à perseguição das pessoas envolvidas com o regime do Estado Novo:
(1) O Decreto-Lei n.º 612-B/74, de 15 de Novembro, definindo um conjunto de incapacidades eleitorais, ditadas por motivos ideológicos, verdadeiras punições por via legislativa, seria recepcionado pelo artigo 308.º da Constituição de 1976;
(2) O impedir o acesso à função pública e a adopção de medidas de saneamento político na função pública de pessoas que "não dêem garantias actuais de integração no espírito democrático do Programa do Movimento das Forças Armadas" foram inicialmente objecto de competência da Junta de Salvação Nacional, segundo o preceituado pela Lei n.º 3/75, de 19 de Fevereiro, sendo depois a solução acolhida pelo artigo 310.º da Constituição.

Refira-se, por último, que a legislação incriminadora dos agentes e responsáveis da PIDE/DGS, segundo os termos da Lei n.º 8/75, de 25 de Julho, com as alterações introduzidas pela Lei n.º 16/75, de 23 de Dezembro, e pela Lei n.º 18/75, de 26 de Dezembro, tendo sido recepcionada pelo artigo 309.º do texto primitivo da Constituição de 1976, ainda hoje continua inscrita na Constituição (actual artigo 292.º), sem embargo da sua inconstitucionalidade originária por se tratar de leis que, sendo retroactivas e de natureza incriminadora, violam o artigo 11.º, n.º 2, da Declaração Universal dos Direitos do Homem[485].

---

[485] Neste ultimo sentido e para mais desenvolvimentos, cfr. PAULO OTERO, *Declaração Universal dos Direitos do Homem e Constituição: a inconstitucionalidade de normas constitucionais?*, in *O Direito*, 1990, pp. 616 ss.

§11.º
As influências constitucionais externas na Constituição de 1976

11.1. As influências externas na génese da Constituição

BIBLIOGRAFIA: GOMES CANOTILHO, *Direito Constitucional e Teoria...*, p. 199; GOMES CANOTILHO/VITAL MOREIRA, *Fundamentos...*, pp. 15 ss.; JORGE MIRANDA (org.), *Constituições de Diversos Países*, 2 vols., Lisboa, 1979.

I. A identidade relacional da Constituição de 1976 mostra-se também passível de ser encontrada nas influências que textos constitucionais estrangeiros tiveram na génese das suas normas.

Sucede, todavia, que as influências externas na génese da Constituição de 1976 têm duas origens distintas: há situações de influência directa na formulação dos seus preceitos, encontrando-se a respectiva fonte em textos constitucionais estrangeiros, e, por outro lado, existem casos em que essa influência é meramente indirecta, uma vez foi mediada por soluções normativas provenientes de outros textos constitucionais portugueses, sabendo-se que a origem destas últimas reside em Constituições estrangeiras.

II. Circunscrevendo a análise às influências externas que se produziram directamente na génese dos preceitos da versão inicial da Constituição de 1976, mostra-se possível diferenciar quatro vertentes distintas:

– A influência alemã (ocidental);
– A influência francesa;
– A influência italiana;
– A influência socialista.

(a) Influência alemã

III. Em matéria de direitos fundamentais, a Lei Fundamental de Bona, de 23 de Maio de 1949, esteve na origem das seguintes soluções acolhidas pela Constituição de 1976[486]:

(1) A centralidade axiológica e sistemática conferida à dignidade da pessoa humana: em ambos os textos constitucionais surge no seu 1.º artigo;
(2) A aplicabilidade directa dos preceitos sobre direitos fundamentais e a vinculação dos poderes públicos;
(3) A admissibilidade de razões ideológicas limitarem a liberdade de associação;
(4) O reconhecimento da socialização do solo, recursos naturais e meios de produção;
(5) A proibição de extradição dos nacionais;
(6) O reconhecimento do direito de asilo aos perseguidos políticos;
(7) A exigência de reserva de lei para a restrição de direitos fundamentais;
(8) As restrições aos direitos fundamentais devem revestir carácter genérico e não podem afectar o conteúdo essencial;
(9) A garantia da tutela judicial face à violação de qualquer direito;
(10) Atribuição de direito de sufrágio a todos os cidadãos maiores de 18 anos;
(11) Consagração do princípio *non bis in idem*;
(12) A decisão judicial que ordene ou mantenha a privação de liberdade deve ser comunicada a um parente ou pessoa de confiança do detido.

Igualmente ao nível da organização política, a Constituição de Bona se mostra influente nas soluções normativas de 1976:

(13) Afirmação do postulado da soberania popular – todo o poder emana do povo;
(14) Consagração do princípio da prevalência do Direito do Estado sobre o direito proveniente de entes infra-estaduais.

---

[486] Especificamente sobre a influência da Constituição alemã sobre a génese da Constituição de 1976, cfr. JOSÉ MANUEL CARDOSO DA COSTA, *A Lei Fundamental de Bonn e o Direito constitucional português*, in *Boletim da Faculdade de Direito da Universidade de Coimbra*, vol. LXV, 1989, pp. 1 ss.

(b) Influência francesa

IV. A Constituição francesa de 1958, apesar de ser diversas vezes invocada pelo seu alegado semipresidencialismo ter influenciado o sistema de governo, mostra-se revelar um contributo assinalável sobre os seguintes aspectos da normatividade da Constituição de 1976:

(1) A dimensão universalista de inserção dos direitos fundamentais;
(2) O sistema eleitoral para a eleição do Presidente da República;
(3) A existência de um órgão constitucional como as funções de assegurar o regular funcionamento dos poderes – em França, o Presidente da República; em Portugal, o Conselho da Revolução e, a partir da revisão constitucional de 1982, o Presidente da República;
(4) A competência do Presidente da República para acreditar os representantes diplomáticos estrangeiros;
(5) O Governo como estrutura superior da Administração Pública;
(6) A responsabilidade política do Governo perante o parlamento;
(7) A titularidade pelo Governo de um poder regulamentar independente ou directamente fundado na Constituição;
(8) O reconhecimento ao Governo de competência para solicitar prioridade na fixação da ordem do dia das reuniões do parlamento;
(9) A possibilidade de o Governo requerer um voto de confiança junto do parlamento;
(10) A exigência de um número mínimo de deputados para subscrever uma moção de censura ao Governo e de um tempo de reflexão entre a sua apresentação e a respectiva votação;
(11) Os signatários de uma moção de censura rejeitada não podem apresentar outra durante a mesma sessão legislativa;
(12) A criação de um sistema de fiscalização preventiva da constitucionalidade das leis;
(13) Até à revisão constitucional de 1982, o controle preventivo da constitucionalidade estava a cargo de um órgão não jurisdicional;
(14) A consagração constitucional do Conselho Superior de Magistratura;
(15) A existência de limites circunstanciais de revisão constitucional.

(c) Influência italiana

V. Igualmente a Constituição italiana, de 27 de Dezembro de 1947, revela a sua influência na génese da Constituição de 1976, salientando-se o seu contributo nas seguintes matérias:

(1) O exercício da soberania, pertencendo ao povo, só se pode fazer nas formas e nos termos da Constituição;
(2) A configuração da descentralização no contexto de um Estado dotado de regiões autónomas;
(3) A tutela da cultura, da pesquisa científica e tecnológica, da paisagem e do património histórico e artístico;
(4) A proibição de extradição de estrangeiros por motivos políticos;
(5) Remissão para a lei da fixação do prazo máximo de prisão preventiva;
(6) Consagração do direito a ajuda económica para acesso à justiça;
(7) A presunção de inocência estende-se até ao momento da condenação definitiva;
(8) A responsabilidade civil solidária entre funcionários e empregados públicos e as pessoas colectivas públicas;
(9) A tutela dos direitos dos pais quanto aos filhos e uma expressa referência à protecção aos filhos nascidos fora do casamento;
(10) Protecção da família, da maternidade, da infância e juventude, além dos deficientes;
(11) A saúde como expressão de um direito fundamental e a vinculação do Estado a protegê-la;
(12) Tratamento desenvolvido dos direitos dos trabalhadores e de direitos decorrentes do exercício do trabalho, incluindo a vinculação do Estado a garantir um direito a meios de protecção dos cidadãos em caso de acidente, doença, invalidez, velhice e desemprego;
(13) Garantia da liberdade sindical e do direito à greve;
(14) Reconhecimento do direito de os trabalhadores colaborar na gestão das empresas;
(15) Definição de um princípio geral de liberdade de iniciativa económica privada, sem prejuízo da sua inserção num sistema de concorrência entre iniciativa económica privada e iniciativa pública;
(16) Admissibilidade de, existindo fins de utilidade geral, tendo em vista o seu carácter de interesse geral preponderante, se proceder a nacionalizações ("expropriações") de empresas ou categorias de empresas ou ainda à reserva de certas actividades a favor de entidades públicas ou de "comunidades de trabalhadores ou utilizadores";
(17) Habilitação expressa para a lei fixar deveres e restrições à propriedade privada rural;
(18) Reconhecimento de um sector social da economia;
(19) Configuração da defesa da Pátria como dever fundamental;

(20) Existência de um sistema fiscal baseado em critérios de progressividade;
(21) As autorizações legislativas do parlamento ao Governo definem princípios e critérios directivos de actuação, têm duração limitada e versam assuntos definidos;
(22) O Governo deve comparecer no parlamento nos dez dias posteriores à sua formação;
(23) O desencadear de uma moção de censura exige um número mínimo de subscritores e só pode ser votada dias depois de ter sido apresentada;
(24) Definição de um princípio de responsabilidade colectiva dos Ministros pelos actos tomados em Conselho de Ministros;
(25) Vinculação da Administração Pública aos princípios da eficiência e da imparcialidade;
(26) A justiça é feita em nome do povo;
(27) Os juízes são independentes, inamovíveis e estão apenas sujeitos à lei;
(28) A constitucionalização da existência de um Conselho Superior de Magistratura;
(29) O exercício da competência legislativa das regiões autónomas não pode entrar em conflito com o interesse nacional;
(30) As regiões têm tributos próprios, um domínio e um património próprios e gozam ainda de iniciativa legislativa junto do parlamento nacional;
(31) As regiões não podem impedir a livre circulação de pessoas e bens, nem limitar o direito dos cidadãos a exercer a sua profissão, emprego ou trabalho em qualquer ponto do território nacional;
(32) O órgão parlamentar regional pode ser dissolvido pelo Presidente da República;
(33) Em cada região existe um representante do Estado;
(34) Admissibilidade de, a título temporário, existirem limitações ao direito de voto e à elegibilidade de dirigentes do regime fascista.

(d) Influência socialista

VI. Num plano diverso, alicerçado à vertente socialista da versão inicial da Constituição de 1976, faz-se também sentir a influência da Constituição da República Socialista Federativa da Jugoslávia, de 21 de Fevereiro de 1974, sendo isso visível nos seguintes aspectos:

(1) Afirmação do direito de cada povo à autodeterminação (propósito este ainda hoje vigente no artigo 7.º, n.º 3);
(2) Valorização da propriedade social dos meios de produção, enquanto expressão de relações sócio-económicas socialistas, e sua ligação à autogestão dos trabalhadores;
(3) A edificação de uma "democracia socialista de autogestão", justificando a solução do artigo 90.º, n.º 3, da Constituição – a evolução do sector empresarial público para formas autogestionárias.

VII. Nem será de excluir, neste contexto da vertente socialista da Constituição de 1976, o contributo proveniente da Constituição da República Democrática Alemã, de 6 de Abril de 1968, segundo a versão resultante da Lei de 7 de Outubro de 1974:

(1) A condenação do imperialismo e do sistema colonial e a aposta no desarmamento geral (aspectos ainda hoje presentes no artigo 7.º, n.º 2);
(2) A referência a "relações de produção socialistas";
(3) A relevância conferida à planificação económica, enquanto instrumento de construção de uma economia socialista;
(4) A afirmação do princípio da propriedade socialista dos meios de produção.

Num certo sentido, a própria expressão (ainda hoje vigente) de "legalidade democrática", introduzida pela Constituição de 1976, será a adaptação, num contexto próprio de um sistema pluralista, da expressão "legalidade socialista".

11.2. As influências externas nas revisões constitucionais

BIBLIOGRAFIA: JORGE BACELAR GOUVEIA, *As Constituições dos Estados da União Europeia*, Lisboa, 2000; JORGE MIRANDA (org.), *Constituições de Diversos Países*, 2 vols.

(a) Aspectos gerais

I. As sucessivas revisões constitucionais que, desde 1982, a Constituição de 1976 tem sofrido são passíveis de ser agrupadas em dois propósitos nucleares:

(i) Num primeiro momento, correspondendo à década de oitenta, as revisões foram norteadas pelo propósito de "expurgar" as manifestações revolucionárias e marxizantes do texto oficial da Constituição, isto ao nível dos seus princípios fundamentais, organização política e económica, procedendo-se a uma completa "ocidentalização" da sua normatividade;

(ii) Num segundo momento, as revisões constitucionais, além de revelarem uma preocupação de aperfeiçoamento da democracia, são marcadas pelo processo de aprofundamento da integração europeia, registando-se que as alterações introduzidas no texto da Constituição são mais a expressão de "ditados" provenientes de textos negociados pelo Governo (e cuja aprovação e ratificação dependem de alteração das normas constitucionais) do que o resultado de uma vontade política autónoma do decisor formal das leis de revisão constitucional (v. *supra*, n.° 8.3., XIX).

II. Pode dizer-se, na realidade, que algumas das alterações constitucionais introduzidas pelas últimas revisões constitucionais têm a sua origem em textos negociados e assinados pelo Governo no âmbito da União Europeia e que, sendo materialmente desconformes com a Constituição, a sua aprovação e ratificação exigem uma prévia e inevitável revisão do texto constitucional, gerando-se aqui uma verdadeira heterovinculação política informal à decisão constituinte da Assembleia da República.

Regista-se, neste domínio, uma influência externa atípica sobre a revisão da Constituição. Não serão objecto de análise, porém, tais manifestações de influência externa sobre as revisões da Constituição.

Atendendo ao propósito de traçar a identidade relacional da Constituição de 1976, concentraremos a nossa atenção, única e exclusivamente, na influência externa directamente proveniente dos ordenamentos constitucionais alemão, francês e italiano sobre algumas das principais alterações introduzidas pelas revisões da Constituição de 1976.

(b) Principais contributos

III. O contributo da Lei Fundamental de Bona para as revisões da Constituição de 1976 pode resumir-se nos seguintes principais aspectos:

(1) Instituição, em 1982, de um Tribunal Constitucional dotado de competência concentrada para fiscalizar a constitucionalidade das normas;

(2) Reconhecimento, em 1982, da admissibilidade expressa de serem criadas restrições ao exercício de certos direitos fundamentais por militares e agentes militarizados;
(3) Consagração, em 1992, de uma cláusula habilitadora de uma (limitada) transferência de poderes do Estado para a União Europeia;
(4) Estipulação, em 1992, de normas reguladoras de obrigações específicas de relacionamento institucional entre o governo e o parlamento em assuntos respeitantes à União Europeia;
(5) Constitucionalização expressa, em 1997, do direito ao livre desenvolvimento da personalidade;
(6) Relevância conferida, no âmbito das revisões de 1992 e de 2004, aos princípios fundamentais de um Estado de Direito democrático e ao princípio da subsidiariedade para o empenhamento constitucional do Estado na edificação da União Europeia.

IV. Quanto às manifestações reveladoras da influência da Constituição francesa de 1958 nas revisões da Constituição portuguesa de 1976, podem indicar-se as seguintes principais:

(1) A configuração, a partir de 1982, do Presidente da República como garante do regular funcionamento dos poderes públicos;
(2) A criação, em 1989, da figura das leis orgânicas, exercendo uma função complementar da Constituição e encontrando-se sujeitas a um procedimento parlamentar especial de aprovação, exigindo-se a maioria absoluta de votos, e ainda a um sistema próprio de fiscalização preventiva da constitucionalidade, alargando-se a legitimidade processual activa para além do Presidente da República;
(3) A configuração, a partir de 1989, do referendo nacional como decisão do Presidente da República;
(4) A substituição, em 1989, do Conselho Nacional do Plano por um órgão cuja designação é "Conselho Económico e Social", instituição esta prevista no artigo 69.º da Constituição Francesa.

V. Por último, a influência da Constituição italiana sobre as revisões da Constituição de 1976 centra-se nos seguintes tópicos:

(1) Configuração, a partir de 1982, do Presidente da República como garante da unidade do Estado;
(2) Proibição, também pela revisão de 1982, de o Presidente da República dissolver o parlamento nos últimos seis meses do seu mandato;
(3) Criação, em 1982, do Tribunal Constitucional;

(4) Definição, igualmente em 1982, do princípio geral de que o acesso à função pública é feito, por via de regra, através de concurso;
(5) Garantia, ainda em 1982, da autonomia das universidades;
(6) Reconhecimento, em 1989, que o direito de acesso aos tribunais não serve apenas para defesa de direitos, incluindo-se também a referência à tutela dos interesses legítimos;
(7) Admissibilidade, em 1989 e 1997, da existência de referendo nacional, o qual terá natureza vinculativa em matéria legislativa, se tiver participado na votação a maioria dos eleitores;
(8) Atribuição, em 1997, da iniciativa legislativa a grupos de cidadãos e ainda da iniciativa do referendo (apesar de, nesta última situação, essa iniciativa em Portugal ter sempre de passar por decisão da Assembleia da República).

ÍNDICE

NOTA PRÉVIA 7
PLANO DA OBRA 9
ELEMENTOS DE ESTUDO REFERENTES À CONSTITUIÇÃO DE 1976 11

CAPÍTULO I
Identidade Constitucional

SECÇÃO 1.ª
Identidade axiológica da Constituição

§1.º A identidade axiológica da Constituição: introdução 21
   1.1. Conceito de identidade axiológica da Constituição 21
   1.2. Identidade axiológica: efeitos e limites 23
   1.3. Evolução da identidade axiológica da Constituição 26

§2.º Estado de direitos humanos 31
   2.1. O conceito de Estado de direitos humanos 31
      (a) Os alicerces do Estado de direitos humanos 31
      (b) Estado de direitos humanos e tipos de sociedade política 33
   2.2. Respeito pela dignidade da pessoa humana 34
      (a) Dignidade da pessoa humana e vontade popular: o fundamento ... 35
      (b) A dignidade da pessoa humana como obrigação universal 37
   2.3. Garantia e defesa da cultura da vida 40
      (a) Inviolabilidade da vida humana 40
      (b) Livre desenvolvimento da personalidade 42
      (c) Vinculação teleológica da investigação científica e tecnológica ... 43
      (d) Solidariedade 43
      (e) Vinculação do Poder e incumprimento 45
   2.4. Portugal: um Estado de direitos humanos perfeito? 46
      (a) Vinculação internacional à tutela dos direitos fundamentais ... 46
      (b) Eficácia reforçada das normas constitucionais 47
      (c) Poder político democrático 48
      (d) Ordem jurídica axiologicamente justa 48
      (e) Conclusão 49

§3.º Estado de Direito democrático	51
3.1. O sentido constitucional do "Estado de Direito democrático"	51
(a) Conceito e origem	51
(b) Ampliação do sentido: a projecção face à União Europeia	52
3.2. Elementos do Estado de Direito democrático	53
(a) A exegese do artigo 2.º da Constituição	53
(b) Os pressupostos dogmáticos do artigo 2.º da Constituição	55
3.3. Pluralismo e princípio democrático	56
3.3.1. Fundamento do pluralismo e modelos de democracia	56
3.3.2. Pluralismo, democracia e vontade do povo	58
(a) Pluralismo e direitos fundamentais	59
(b) Pluralismo e legitimação política: o "Estado de partidos" e a legitimidade político-democrática da decisão pública	60
(c) Pluralismo e organização do Poder político	63
(d) Pluralismo e intervenção participativa	65
(e) Os limites do pluralismo	66
3.3.3. Pluralismo, democracia e vontade da nação	68
(a) O modelo constitucional herdeiro do positivismo-legalista de Rousseau: vontade da maioria e democracia formal	68
(b) Um modelo democrático alternativo: o apelo à vontade da nação	69
(c) A receptividade constitucional à função democrática da nação: um modelo democrático concorrente	72
3.4. Juridicidade e princípio do Estado de Direito	75
3.4.1. As coordenadas jurídicas do Estado de Direito	75
(a) A materialidade do Estado de Direito: a "consciência jurídica geral" ..	76
(b) Idem: goza o Direito escrito de uma presunção de justiça?	80
(c) O problema da obediência ao Direito inválido	81
3.4.2. Os corolários axiológicos do Estado de Direito	85
(a) Reversibilidade das decisões	85
(b) Tutela da segurança e protecção da confiança	87
(c) Subordinação geral aos princípios do artigo 266.º, n.º 2	90
(d) Tutela jurisdicional efectiva	94
3.4.3. O "momento da verdade" do Estado de Direito: a execução pela Administração Pública das decisões judiciais	97
(a) A "pedra de fecho" do Estado de Direito	97
(b) Coordenadas constitucionais do regime infraconstitucional	99
3.5. Bem-estar e princípio do Estado social	100
(a) O fundamento da cláusula constitucional de bem-estar	100
(b) A efectivação da cláusula constitucional de bem-estar	102
3.6. Mecanismos de garantia do Estado de Direito democrático	106
(a) Fiscalização da constitucionalidade e da legalidade das normas	107
(b) Controlo da legalidade da actuação administrativa	109
(c) Responsabilidade civil dos Poderes Públicos	112
(d) Responsabilidade criminal dos titulares de cargos políticos	114
(e) Mecanismos de excepção: resistência, desobediência e insurreição ...	115

ÍNDICE

NOTA PRÉVIA 7
PLANO DA OBRA 9
ELEMENTOS DE ESTUDO REFERENTES À CONSTITUIÇÃO DE 1976 11

CAPÍTULO I
Identidade Constitucional

SECÇÃO 1.ª
Identidade axiológica da Constituição

§1.º A identidade axiológica da Constituição: introdução 21
  1.1. Conceito de identidade axiológica da Constituição 21
  1.2. Identidade axiológica: efeitos e limites 23
  1.3. Evolução da identidade axiológica da Constituição 26

§2.º Estado de direitos humanos 31
  2.1. O conceito de Estado de direitos humanos 31
    (a) Os alicerces do Estado de direitos humanos 31
    (b) Estado de direitos humanos e tipos de sociedade política 33
  2.2. Respeito pela dignidade da pessoa humana 34
    (a) Dignidade da pessoa humana e vontade popular: o fundamento 35
    (b) A dignidade da pessoa humana como obrigação universal 37
  2.3. Garantia e defesa da cultura da vida 40
    (a) Inviolabilidade da vida humana 40
    (b) Livre desenvolvimento da personalidade 42
    (c) Vinculação teleológica da investigação científica e tecnológica 43
    (d) Solidariedade 43
    (e) Vinculação do Poder e incumprimento 45
  2.4. Portugal: um Estado de direitos humanos perfeito? 46
    (a) Vinculação internacional à tutela dos direitos fundamentais ... 46
    (b) Eficácia reforçada das normas constitucionais 47
    (c) Poder político democrático 48
    (d) Ordem jurídica axiologicamente justa 48
    (e) Conclusão 49

§3.º **Estado de Direito democrático** 51
   3.1. O sentido constitucional do "Estado de Direito democrático" 51
      (a) Conceito e origem 51
      (b) Ampliação do sentido: a projecção face à União Europeia 52
   3.2. Elementos do Estado de Direito democrático 53
      (a) A exegese do artigo 2.º da Constituição 53
      (b) Os pressupostos dogmáticos do artigo 2.º da Constituição 55
   3.3. Pluralismo e princípio democrático 56
     3.3.1. Fundamento do pluralismo e modelos de democracia 56
     3.3.2. Pluralismo, democracia e vontade do povo 58
      (a) Pluralismo e direitos fundamentais 59
      (b) Pluralismo e legitimação política: o "Estado de partidos" e a legitimidade político-democrática da decisão pública 60
      (c) Pluralismo e organização do Poder político 63
      (d) Pluralismo e intervenção participativa 65
      (e) Os limites do pluralismo 66
     3.3.3. Pluralismo, democracia e vontade da nação 68
      (a) O modelo constitucional herdeiro do positivismo-legalista de Rousseau: vontade da maioria e democracia formal 68
      (b) Um modelo democrático alternativo: o apelo à vontade da nação 69
      (c) A receptividade constitucional à função democrática da nação: um modelo democrático concorrente 72
   3.4. Juridicidade e princípio do Estado de Direito 75
     3.4.1. As coordenadas jurídicas do Estado de Direito 75
      (a) A materialidade do Estado de Direito: a "consciência jurídica geral" 76
      (b) Idem: goza o Direito escrito de uma presunção de justiça? 80
      (c) O problema da obediência ao Direito inválido 81
     3.4.2. Os corolários axiológicos do Estado de Direito 85
      (a) Reversibilidade das decisões 85
      (b) Tutela da segurança e protecção da confiança 87
      (c) Subordinação geral aos princípios do artigo 266.º, n.º 2 90
      (d) Tutela jurisdicional efectiva 94
     3.4.3. O "momento da verdade" do Estado de Direito: a execução pela Administração Pública das decisões judiciais 97
      (a) A "pedra de fecho" do Estado de Direito 97
      (b) Coordenadas constitucionais do regime infraconstitucional 99
   3.5. Bem-estar e princípio do Estado social 100
      (a) O fundamento da cláusula constitucional de bem-estar 100
      (b) A efectivação da cláusula constitucional de bem-estar 102
   3.6. Mecanismos de garantia do Estado de Direito democrático 106
      (a) Fiscalização da constitucionalidade e da legalidade das normas 107
      (b) Controlo da legalidade da actuação administrativa 109
      (c) Responsabilidade civil dos Poderes Públicos 112
      (d) Responsabilidade criminal dos titulares de cargos políticos 114
      (e) Mecanismos de excepção: resistência, desobediência e insurreição 115

§4.º Estado de soberania internacionalizada e europeizada 119
4.1. Soberania e independência nacional 119
    (a) O Estado como valor e instituição constitucional: a dimensão clássica da soberania 119
    (b) A independência nacional como garantia da soberania 121
    (c) A pluridimensionalidade constitucional da soberania 123
4.2. A internacionalização da soberania 124
    (a) Factores externos da internacionalização da soberania 125
    (b) Factores internos da internacionalização da soberania 128
4.3. A europeização da soberania 130
    (a) A heterovinculação de base autovinculativa 130
    (b) A cláusula constitucional de empenhamento na construção e aprofundamento da União Europeia 132
    (c) Idem: o sentido do artigo 8.º, n.º 4 133
    (d) A desvalorização deslizante da soberania constitucional 135

§5.º Estado unitário descentralizado 139
5.1. Unidade e Constituição 139
    (a) Estado unitário e soberania interna do Estado 139
    (b) Garantia constitucional da soberania interna do Estado 140
5.2. Unidade e descentralização 141
    (a) A descentralização como fenómeno do Estado 141
    (b) A unidade no pluralismo 143
5.3. Unidade e interesses gerais da colectividade 145
    (a) Reserva de poderes a favor do Estado 145
    (b) Prevalência do Direito do Estado 147
    (c) Supletividade do Direito do Estado 148
5.4. Subsidiariedade, descentralização e unidade 149

SECÇÃO 2.ª
Identidade estrutural da Constituição

§6.º Constituição compromissória 155
6.1. A ideia de Constituição compromissória 155
6.2. Compromissos genéticos 157
    (a) Compromisso entre militares e partidos políticos 157
    (b) Compromisso entre diferentes projectos de partidos políticos 160
6.3. Compromissos normativos 163
    (a) Compromisso normativo interno 164
    (b) Compromisso normativo externo: as fontes constitucionais concorrentes ... 166
6.4. Compromissos aplicativos 167
6.5. Compromissos político-procedimentais: a projecção futura da natureza compromissória da Constituição 169

§7.º Constituição aberta 173
7.1. A ideia de Constituição aberta 173

7.2. Abertura estrutural	174
7.3. Abertura normativa	177
(a) Abertura normativa e cláusulas de constitucionalização	178
(b) Abertura normativa e normatividade constitucional "não oficial"	180
7.4. Abertura política	182
(a) Abertura à alternância democrática	183
(b) Abertura à liberdade conformadora do legislador	184
(c) Abertura à participação política dos cidadãos	185
7.5. Abertura interpretativa	188
7.5.1. Sociedade aberta e interpretação da Constituição	188
(a) O problema jurídico da abertura interpretativa da Constituição	188
(b) Pluralidade de intérpretes da Constituição	189
7.5.2. Complexidade e abertura densificadora das normas constitucionais	191
(a) Sistema normativo aberto: princípios gerais e conceitos indeterminados	191
(b) Conceitos pressupostos pelo constituinte: os conceitos pré-constitucionais ..	193
(c) Conceitos remissivos para futura densificação	195
(d) Conceitos remissivos para normas extrajurídicas	196
7.6. Abertura implementadora	197
(a) A implementação das normas não exequíveis por si mesmas	197
(b) Os destinatários da implementação das normas não exequíveis por si mesmas	199
7.7. Limites à abertura da Constituição	200
(a) Limites de revisão constitucional	201
(b) Sistema de fiscalização da constitucionalidade	202
(c) Cláusula constitucional do Estado de Direito democrático	203
(d) Limitação da liberdade de associação	204
(e) Intervenção jurídico-criminal: o Direito Penal político	205
§8.º Constituição transfigurada	207
8.1. A ideia de Constituição transfigurada	207
8.2. Factores de transfiguração	208
(a) O decurso do tempo e a gestação de uma normatividade "não oficial" subversiva	209
(b) O peso da herança histórica do Estado Novo	211
(c) A intervenção dos partidos políticos	214
(d) A integração europeia e o seu aprofundamento	217
(e) A erosão do domínio reservado do Estado e o constitucionalismo transnacional	219
8.3. Manifestações de transfiguração	220
(a) Desactualização da Constituição económica "oficial"	221
(b) Subversão do significado das eleições parlamentares e o sistema de governo "não oficial": o presidencialismo de primeiro-ministro	225
(c) Preponderância funcional do Governo sobre a Assembleia da República	229
(d) Metamorfose degenerativa do "Estado de partidos" em "Estado do partido governamental"	233
(e) Diluição do poder constituinte formal da Assembleia da República	237

SECÇÃO 3.ª
Identidade relacional da Constituição

§9.º A identidade relacional da Constituição: introdução 245
   9.1. Conceito de identidade relacional 245
   9.2. Limites à identidade relacional 247
   9.3. Excurso: a identidade "exportada" 249

§10.º A influência da história constitucional na Constituição de 1976 253
   10.1. A normatividade constitucional anterior a 1820: as Leis Fundamentais do Reino   253
   10.2. As Bases da Constituição (1821) 255
   10.3. A Constituição de 1822 258
   10.4. A Carta Constitucional de 1826 262
   10.5. A Constituição de 1838 264
   10.6. Os Actos Adicionais à Carta Constitucional 266
   10.7. A Constituição de 1911 267
   10.8. A Ditadura Militar de 1926-1933 272
   10.9. A Constituição de 1933 274
      (a) Aspectos gerais 274
      (b) Texto inicial de 1933 275
      (c) As revisões constitucionais de Salazar 279
      (d) A revisão constitucional de Marcello Caetano 281
   10.10. A influência do período revolucionário 283
      (a) Influência sobre a normatividade ainda vigente 283
      (b) Influência sobre a normatividade não vigente 286

§11.º As influências constitucionais externas na Constituição de 1976 289
   11.1. As influências externas na génese da Constituição 289
      (a) Influência alemã 290
      (b) Influência francesa 291
      (c) Influência italiana 291
      (d) Influência socialista 293
   11.2. As influências externas nas revisões constitucionais 294
      (a) Aspectos gerais 294
      (b) Principais contributos 295

ÍNDICE 299